インターネット・クレーマー
判例分析を踏まえて
対策の法理と実務

升田 純 〔著〕
Masuda Jun

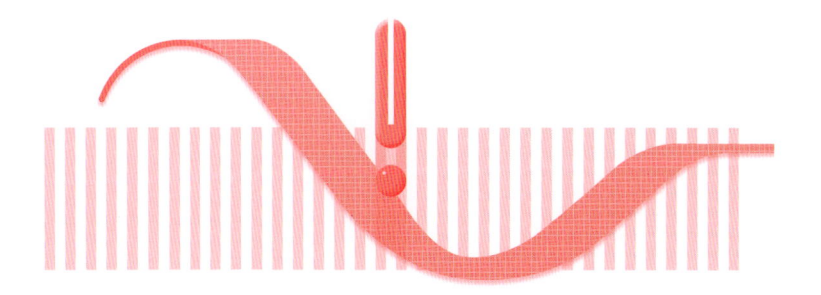

発行 民事法研究会

はしがき

　本書は、現代社会においてわれわれの日常生活から経済活動に至るまでさまざまな場面で自ら利用し、あるいは他人の利用によって依存せざるを得なくなっているインターネットの利用に伴う弊害・被害をめぐる問題を法的な観点から検討し、分析したものである。インターネットは、われわれ一般人が本格的に利用し始めてから数年を経ただけであるが、すでにわれわれの活動全般に大きな影響を与えている。この影響は、インターネット・システムの発展、コンピュータ機器の開発、利用範囲の拡大等に伴ってさらに強化、深化されることが予想され、われわれの諸活動だけでなく、考え方、意思の決定の仕方、人格そのものにも大きな影響を与えようとしている（すでにこのような影響を受けた者を見かけることもある）。現代社会は、見方によれば、インターネットの時代、インターネットの社会が到来したということもできるのである。

　インターネットの社会においては、インターネットのもつ利便性が重視され、強調されるが、光には影が伴うように、インターネットの利用に伴う弊害・被害も無視できない状況が生じ、その状況が悪化することも否定できないし、すでにその兆候はさまざまな事件からうかがうことができる。

　本書は、インターネットの利便性、利用の仕方を紹介するものではなく、前記の問題意識から、インターネットの影の部分のうち、インターネットの利用による各種の権利侵害、法益侵害の実情、背景を紹介するとともに、被害の救済の方法・手続を紹介しようとするものである。インターネットの利用に伴って生じている弊害・被害の実情は、その性質上、氷山の一角がわずかに表面化するにすぎないが、その弊害・被害は、インターネットそのものの特徴を反映したものであり、防止することは相当に困難である。しかも、インターネットの利用による弊害・被害がいったん発生すると、その被害を救済することは、法的な救済手続の性質上、さまざまな障害によって大変に

はしがき

　困難である。本書は、インターネットの利用に伴う弊害・被害を現実に救済する場合、実際には大きな限界があることを明らかにしているが（特に関連する多数の判例を紹介し、具体的にその限界を明らかにしている）、このことは、逆に日々のインターネットの利用にあたってさまざまな注意、配慮、警戒を怠らないことの重要性をあらためて明らかにするものである。

　われわれは今後、その程度、態様は別として、インターネットと深くかかわって考え、意思を決定し、生活し、経済活動を行うことが必要であるが、従来の実社会における注意をするだけでは足らず、インターネット上の情報の交換、仮想社会における諸活動にも注意、配慮、警戒を行って生活することが必要になり、後者の注意等がますます重要になっている。われわれが平穏な生活を送るためには、インターネットの利用に伴う弊害・被害を明確に認識し、その事前の防止、事後の救済の内容を理解しておくことが必要な時代がすでに到来しているのである。

　本書の企画の段階から本書の実現に至るまで、民事法研究会社長の田口信義氏、編集部の輿石祐輝氏にはお世話になった。この場を借りて感謝を申し上げたい。

　　平成25年6月

　　　　　　　　　　　　　　　　　　　　　　　　　　　升田　　純

●本書の利用の仕方●

1 判例の掲載方法

　本書中において、目次および第2章の判例に付している「判例番号」は、本書に収録した判例全体の言渡年月日順の通し番号である。

　判例番号の一覧は「判例索引」として、巻末に収録しているので、ご参照いただきたい。

2 凡　例

　法令・条文の引用については、以下に記載した以外は大方の慣例による。

〔判　例〕

　判例の表記は次の例によるほか、一般の慣例による。

　　　最大判（決）昭和63・1・1　民集42巻1号1頁
　　　　　　　　　　　　　　＝最高裁判所昭和63年1月1日大法廷判決（決定）

　　大＝大審院　　　　　　簡＝簡易裁判所
　　最＝最高裁判所　　　　家＝家庭裁判所
　　最大＝最高裁判所大法廷　支＝支部
　　高＝高等裁判所　　　　判＝判決
　　地＝地方裁判所　　　　決＝決定

〔判例集・雑誌集〕

　民集＝最高裁判所民事判例集

　刑集＝最高裁判所刑事判例集

　裁判集〔民事〕＝最高裁判所裁判集〔民事〕

　高民集＝高等裁判所民事判例集

　下民集＝下級裁判所民事裁判例集

　金商＝金融・商事判例（経済法令研究会）

　金法＝金融法務事情（金融財政事情研究会）

　裁時＝裁判所時報

本書の利用の仕方

重判解＝重要判例解説（有斐閣）
主判解＝主要民事判例解説（判例タイムズ社）
ジュリ＝ジュリスト（有斐閣）
曹時＝法曹時報（法曹会）
中労時＝中央労働時報（労委協会）
判時＝判例時報（判例時報社）
判タ＝判例タイムズ（判例タイムズ社）

目 次

第1章 インターネット・トラブルの概要と裁判の実効性

1 インターネットの普及とトラブルの増大 ／2

1 コンピュータ社会の到来 …………………………………………… 2
 (1) 日本社会とコンピュータとの一般の出会い ………………… 2
 (2) コンピュータ社会の推進・浸透 ……………………………… 2
 (3) コンピュータ社会の近未来 …………………………………… 4
2 コンピュータをめぐるトラブル …………………………………… 4
 (1) コンピュータ社会の裏側 ……………………………………… 4
 (2) コンピュータ・トラブルの傾向と実情 ……………………… 5
 (3) コンピュータ・インターネット社会を平穏に生きる ……… 6
3 インターネット社会の到来 ………………………………………… 7
 (1) インターネット社会の特徴 …………………………………… 7
 (2) インターネット社会の実像 …………………………………… 8
 (3) インターネットをめぐるトラブル対策の性質・実態 ……… 10
 (4) トラブル対策の必要性と限界 ………………………………… 11
4 インターネット利用に伴う法的な対策・手段 …………………… 12
 (1) 概 要 …………………………………………………………… 12
 (2) 負担の度合い …………………………………………………… 14

2 インターネット上の権利侵害の背景事情 ／15

1 情報攻撃 ……………………………………………………………… 15
 (1) 個人・法人・事業主をめぐる被害の差異と共通性 ………… 15

目　次

　　(2)　現代社会における侵害類型 ……………………………………… 16
　　(3)　インターネット利用による侵害類型 …………………………… 17
　2　侵害類型の多様性・拡大とその対策 …………………………………… 18
　　(1)　インターネット利用による侵害の特徴 ………………………… 18
　　(2)　今後の侵害類型の動向 …………………………………………… 19
　　(3)　事前防止対策の重要性 …………………………………………… 20
　3　インターネット利用による被害の事情・特徴 ………………………… 21
　　(1)　インターネット特有類型の峻別 ………………………………… 21
　　(2)　インターネット特有の事情・特徴 ……………………………… 21

3　クレーマー時代におけるインターネットの利用に伴う被害　/24

　1　はじめに ……………………………………………………………………… 24
　2　クレーマー社会の到来 …………………………………………………… 24
　　(1)　クレーマー社会 …………………………………………………… 24
　　(2)　クレーマー社会の現象 …………………………………………… 25
　3　クレーマー社会とインターネット利用 ………………………………… 26
　　(1)　クレーム武器としてのインターネット ………………………… 26
　　(2)　クレーマーの特徴 ………………………………………………… 27
　　(3)　クレーマー予備軍としてのインターネット利用者 …………… 27
　4　インターネット・クレーマー …………………………………………… 29
　　(1)　インターネット・クレーマーをめぐる環境 …………………… 29
　　(2)　過失型クレーマーの防止策 ……………………………………… 29
　　(3)　過失型クレーマーを待ち受けるリスク ………………………… 30

4　インターネットをめぐる権利侵害の内容・態様　/31

　1　法的責任追及と権利侵害の内容・態様 ………………………………… 31
　　／コラム1　「訴訟も辞さない」ははたして有効か　32

2 被害が生じた場合の法的手段 …………………………………… 32
(1) 被害の内容・態様の証明 …………………………………… 32
　／コラム2　自分が受けた被害とは——権利・法益　33
(2) 加害者の特定 ……………………………………………… 34
　／コラム3　海外がからむ被害救済の真の困難性　36
(3) 訴訟手続の選択——示談という選択肢—— …………… 36
(4) 勝訴判決・和解と権利の実現 …………………………… 37
(5) 被害・加害に関する証拠収集の重要性 ………………… 37

3 救済の法的根拠と態様 ………………………………………… 38
(1) 損害賠償の根拠 …………………………………………… 38
(2) 被害救済・回復の方法 …………………………………… 39
(3) 将来の被害の救済・予防 ………………………………… 40
(4) 複数人による不法行為 …………………………………… 41
　／コラム4　安易に煽ったり便乗するとどうなるか　42

4 名誉毀損 ………………………………………………………… 43
(1) 名　誉 ……………………………………………………… 43
(2) インターネット利用における名誉毀損 ………………… 43
(3) 保護の範囲 ………………………………………………… 44
(4) 要　件 ……………………………………………………… 44
(5) 社会的評価の低下の判断基準 …………………………… 45
　／コラム5　インターネットの危険性　46
(6) 仮名、匿名、イニシアルの場合 ………………………… 47
(7) 法的責任の内容 …………………………………………… 48
(8) 免　責 ……………………………………………………… 48
(9) 名誉毀損の争点 …………………………………………… 50
　／コラム6　公共性の意味とは　52
(10) 名誉毀損事件の実情 ……………………………………… 57

5 プライバシーの侵害 …………………………………………… 58
- (1) 個人に関する情報・プライバシー ……………………………… 58
- (2) プライバシーの侵害 ……………………………………………… 59
  - ／コラム7　プライバシーは広がりつつあるが、それでよいのか　59
- (3) 要　件 …………………………………………………………… 61
- (4) 法的責任の内容 ………………………………………………… 62
- (5) インターネット利用によるプライバシーの侵害 …………… 62
  - ／コラム8　プライバシー侵害の巣窟としてのインターネット　63

6 肖像権の侵害 ……………………………………………………… 64
- (1) 肖像権 …………………………………………………………… 64
- (2) 肖像権の侵害 …………………………………………………… 65
- (3) 肖像権の侵害と承諾 …………………………………………… 65
  - ／コラム9　写真・動画の掲載はどこまで適法か　68

7 個人情報の違法な取扱い ………………………………………… 69
- (1) 概　要 …………………………………………………………… 69
- (2) 法的責任の内容 ………………………………………………… 70
- (3) 個人情報の違法な取扱い ……………………………………… 70
- (4) インターネット利用の場合 …………………………………… 72
  - ／コラム10　気軽に個人情報を掲載するとどうなるのか　73

8 氏名冒用 …………………………………………………………… 73
- (1) 氏名冒用 ………………………………………………………… 73
- (2) 氏名冒用の不法行為 …………………………………………… 74
  - ／コラム11　Facebookやtwitterで他人になりすますとどうなるか　74
- (3) 権利・法益侵害の内容・態様 ………………………………… 75

9 営業の妨害、侵害 ………………………………………………… 77
- (1) 営業の妨害、侵害 ……………………………………………… 77
- (2) 法的責任の内容 ………………………………………………… 78

／コラム12　企業の悪口を掲示板に書き込むとどうなるか　79
　(3) 不正競争防止法所定の法的責任 ………………………………… 79
10　プロバイダ責任制限法による開示請求権 ……………………… 80
　(1) プロバイダ責任制限法 …………………………………………… 80
　(2) 用語の定義（2条） ……………………………………………… 80
　(3) 特定電気通信役務提供者の責任（3条） ……………………… 80
　(4) 発信者情報の開示請求権（4条） ……………………………… 82
　(5) インターネット利用の場合 ……………………………………… 84
11　その他の権利 ……………………………………………………… 85

⑤　裁判の利用と実効性　／87

1　多種・多様なインターネット・システム ……………………… 87
2　インターネット利用による被害救済の障害 …………………… 88
　(1) 概　要 ……………………………………………………………… 88
　(2) 被害認知の障害 …………………………………………………… 88
　(3) 証拠収集・確保の障害 …………………………………………… 89
　(4) 発信者特定の障害 ………………………………………………… 89
　(5) 外国からの侵害の障害 …………………………………………… 91
　(6) 責任資産の障害 …………………………………………………… 92
　(7) プロバイダへの情報の提供停止を求める警告の有効性 ……… 92
3　裁判の利用 ………………………………………………………… 93
　(1) 裁判の利用 ………………………………………………………… 93
　(2) 民事訴訟の利用 …………………………………………………… 93
　(3) 代理人訴訟・本人訴訟の選択 …………………………………… 94
　(4) 判決の限界と加害者の資力調査の重要性 ……………………… 95

目次

第2章 インターネット・トラブルをめぐる判例と被害救済の実情

1 侵害情報による被害の防止、救済の対策 /98

1 概　要 …………………………………………………………………… 98
2 被害拡大の防止 ………………………………………………………… 98
  (1) インターネット上の侵害情報の性質 ……………………………… 98
  (2) 防止の手段・方法 …………………………………………………… 99
3 被害の未然防止 ………………………………………………………… 99
4 被害の救済 ……………………………………………………………… 101
  (1) 救済の手順 …………………………………………………………… 101
  (2) 損害賠償の実現 ……………………………………………………… 101

2 侵害類型にみる判例 /103

1 営業権の侵害、営業の侵害・妨害 …………………………………… 103
  (1) 事業活動に伴うリスク ……………………………………………… 103
  (2) 営業権の侵害、営業の侵害・妨害をめぐる不法行為 …………… 103
  (3) インターネット利用の場合 ………………………………………… 106
  (4) 証拠収集・保管、加害者の特定 …………………………………… 107
  (5) 営業権の侵害、営業の侵害・妨害をめぐる判例 ………………… 107

  判例番号 1　得意先（顧客）を失ったことによる逸失利益が否定された事例
　　　　　　　（浦和地判昭和35・1・29）…………………………………… 107

  判例番号 2　営業権に基づく営業の妨害禁止請求が理論的に肯定された事例
　　　　　　　（釧路地判昭和47・6・30）…………………………………… 108

  判例番号 4　営業権に基づく妨害排除請求が理論的に否定された事例
　　　　　　　（岐阜地判昭和52・10・3）…………………………………… 108

x

目 次

判例番号		
10	営業権に基づく文書の配布禁止請求が肯定された事例（浦和地判昭和58・6・28）	109
11	営業妨害による営業上の逸失利益が肯定された事例（福岡高判昭和58・9・13）	110
14	営業妨害による営業上の逸失利益が肯定された事例（横浜地判昭和59・10・29）	110
20	営業権の侵害に基づく営業妨害禁止、損害賠償が肯定された事例（東京地判平成4・3・25）	111
22	ビル建築の反対運動につき住民らの不法行為が否定された事例（浦和地川越支判平成5・7・21）	112
24	ビル建築の反対運動において訴訟係属中に追加した垂れ幕につき住民らの不法行為が肯定された事例（東京高判平成6・3・23）	112
33	施設建築の反対運動につき営業権に基づく妨害排除、妨害予防請求が肯定された事例（京都地決平成9・12・10）	113
36	マンション建築の反対運動につき妨害排除、妨害予防請求が否定された事例（横浜地決平成10・11・16）	114
37	葬儀社の営業所設置の反対運動につき営業妨害が否定された事例（京都地判平成10・12・18）	114
42	建物建築の反対運動につき営業権侵害が肯定された事例（横浜地判平成12・9・6）	115
49	マンション建築の反対運動につき営業妨害が否定された事例（名古屋地決平成14・7・5）	116
50	出店の妨害につき不法行為が肯定された事例（札幌地判平成14・12・19）	116
67	労働組合の街頭宣伝活動につき営業権侵害等が肯定された事例（東京地判平成16・11・29）	117

xi

目次

　　　判例番号 87　出店の妨害につき不法行為が肯定された事例
　　　　　　　　（最三小判平成19・3・20） ……………………………… 118
　　　判例番号 91　日本弁護士連合会の平穏に業務を遂行する権利に基づく侵害
　　　　　　　　行為の差止請求が肯定された事例
　　　　　　　　（東京地判平成19・7・20） ……………………………… 118
　　　判例番号 103　労働組合の妨害活動につき差止請求が肯定された事例
　　　　　　　　（東京地決平成21・9・10） ……………………………… 120

2　営業妨害・業務妨害 ……………………………………………………… 123
　(1)　営業妨害・業務妨害と不法行為等 …………………………………… 123
　(2)　営業妨害・業務妨害をめぐる判例 …………………………………… 123
　　　判例番号 39　顧客による営業妨害が肯定された事例
　　　　　　　　（東京地判平成11・7・1） ……………………………… 123
　　　判例番号 94　電子掲示板の記載による業務妨害につき不法行為が肯定された
　　　　　　　　事例（東京地判平成20・10・1） ………………………… 124
　　　判例番号 112　ウェブサイト上の記載につき業務妨害が否定された事例
　　　　　　　　（東京地判平成23・4・22） ……………………………… 125

3　信用毀損 ………………………………………………………………… 127
　(1)　信用毀損と不法行為 …………………………………………………… 127
　(2)　インターネット利用による信用毀損 ………………………………… 127
　(3)　損害賠償額 ……………………………………………………………… 128
　(4)　信用毀損をめぐる判例 ………………………………………………… 129
　　　判例番号 3　新聞記事による信用毀損が肯定された事例
　　　　　　　　（東京地判昭和52・7・18） ……………………………… 129
　　　判例番号 5　地方自治体の担当者による信用毀損が否定された事例
　　　　　　　　（東京高判昭和54・2・22） ……………………………… 130

判例番号		
6	地方自治体による名誉毀損（信用毀損）が肯定された事例 （東京地判昭和54・3・12）	130
7	新聞記事による信用毀損が肯定された事例 （東京高判昭和54・3・12）	131
8	雑誌の記事による名誉毀損（信用毀損）が肯定された事例 （札幌地判昭和56・3・26）	131
12	看板設置による信用毀損が肯定された事例 （東京地判昭和59・5・10）	132
15	看板設置による名誉毀損（信用毀損）が肯定された事例 （横浜地判昭和63・5・24）	133
18	看板の設置、ビラの配布等による名誉毀損（信用毀損）が肯定された事例（東京地判平成3・11・27）	133
19	ミニコミ誌への情報提供による名誉毀損（信用毀損）が否定された事例（東京地判平成4・1・23）	134
21	新聞記事による名誉毀損（信用毀損）が否定された事例 （大阪地判平成5・3・26）	135
25	雑誌の記事による信用毀損が否定された事例 （東京地判平成7・2・16）	135
26	チラシの配付による名誉毀損（信用毀損）が肯定された事例 （東京地判平成7・5・30）	136
27	銀行作成に係るブラックリストによる名誉毀損（信用毀損）が否定された事例（東京地判平成7・10・25）	136
28	週刊誌の記事による信用毀損が否定された事例 （東京地判平成8・12・17）	137
30	ビラの貼付等による信用毀損が肯定された事例 （東京地判平成9・7・9）	138

目 次

判例番号 31 公的機関による名誉毀損（信用毀損）が否定された事例
（東京地判平成9・8・29）……………………………… 138

判例番号 32 新聞社への情報提供による名誉毀損（信用毀損）が否定された
事例（和歌山地判平成9・10・22）…………………… 139

判例番号 43 テレビ放送による名誉毀損（信用毀損）が否定された事例
（さいたま地判平成13・5・15）……………………… 140

判例番号 47 テレビ放送による名誉毀損（信用毀損）が否定された事例
（東京高判平成14・2・20）…………………………… 140

判例番号 48 インターネット上の電子掲示板への匿名の書込みによる名誉
毀損（信用毀損）が肯定された事例（東京地判平成14・6・26）
……………………………………………………………… 141

判例番号 51 インターネット上の電子掲示板への匿名の書込みによる名誉
毀損（信用毀損）が肯定された事例（東京高判平成14・12・25）
……………………………………………………………… 141

判例番号 56 インターネット上の電子掲示板への書込みによる名誉毀損
（信用毀損）が肯定された事例（東京地判平成15・7・17）
……………………………………………………………… 142

判例番号 58 ミニコミ誌の記事、インターネット上の電子掲示板による
信用毀損が否定された事例（横浜地判平成15・9・24）……… 143

判例番号 59 テレビ放送による名誉毀損（信用毀損）が肯定された事例
（最一小判平成15・10・16）…………………………… 144

判例番号 64 インターネット上の電子掲示板への書込みによる名誉毀損
（信用毀損）が否定された事例
（東京地判平成16・5・18）…………………………… 144

判例番号 69 インターネット上の電子掲示板への匿名の書込みによる名誉
毀損（信用毀損）が否定された事例
（名古屋地判平成17・1・21）………………………… 145

xiv

目次

判例番号		
72	新聞の記事による名誉毀損（信用毀損）が肯定された事例（東京地判平成17・3・14）	145
81	ホームページ上の記載による信用毀損等が否定された事例（東京地判平成18・6・6）	146
82	新聞の記事による名誉毀損（信用毀損）が否定された事例（東京高判平成18・8・31）	147
83	住民らの看板の設置による名誉毀損（信用毀損）が否定された事例（東京地判平成18・9・14）	148
90	ホームページへの書込みによる信用毀損等が肯定された事例（東京地判平成19・6・25）	149
94	インターネット上の電子掲示板への書込みによる名誉毀損（信用毀損）が肯定された事例（東京地判平成20・10・1）	150
96	インターネット上の電子掲示板への書込みにつき名誉毀損が否定された事例（神戸地判平成21・2・26）	151
101	インターネット上の電子掲示板への書込者につき名誉毀損（信用毀損）が肯定された事例（東京高判平成21・6・17）	152
102	事件の経過をホームページ上に記載したこと等による信用毀損等が肯定された事例（東京地判平成21・7・28）	153
110	事件の経過をホームページ上に記載したこと等による信用毀損が肯定された事例（東京高判平成22・11・25）	154
112	インターネット上の動画による名誉毀損が肯定された事例（東京地判平成23・4・22）	155
115	企業、経営者に対する好ましくない人物との付き合い等のホームページ上の記載、反社会的勢力との関係を示唆等する記者会見につき名誉毀損が否定された事例（東京地判平成23・7・19）	156

XV

目次

判例番号 117 他の事業者が権利侵害をしている旨の注意書をウェブサイト上に掲載したことにつき虚偽の事実の流布が肯定された事例（知財高判平成24・2・22） ················ 157

判例番号 118 インターネット上のウェブサイトにおける批判記事につき名誉毀損が肯定された事例（最二小判平成24・3・23） ············ 158

4 名誉毀損 ································· 159
(1) 名誉毀損の実情 ····························· 159
(2) インターネット時代の名誉毀損 ················ 159
(3) 名誉毀損の判断基準 ························· 160
(4) 名誉毀損をめぐる判例 ······················· 161

判例番号 29 書込みをした者の名誉毀損、システムオペレータ、システムを運営する事業者の不法行為が肯定された事例（東京地判平成9・5・26） ················· 161

判例番号 35 会員番号の盗用の疑いを指摘する書込みにつき名誉毀損が否定された事例（東京地判平成9・12・22） ················ 162

判例番号 40 書込みをした者の名誉毀損が肯定され、設置者の不法行為が否定された事例（東京地判平成11・9・24） ·········· 163

判例番号 45 電子会議室への書込みにつき名誉毀損が否定された事例（東京地判平成13・8・27） ·············· 164

判例番号 46 書込みをした者の名誉毀損が肯定され、システムオペレータの不法行為が否定された事例（東京高判平成13・9・5） ······ 165

判例番号 48 電子掲示板上の名誉毀損に係る書込みにつき運営・管理者の条理上の義務違反による不法行為が肯定された事例（東京地判平成14・6・26） ············· 165

xvi

判例番号		
51	電子掲示板上の名誉毀損に係る書込みにつき運営・管理者の被害拡大防止義務違反による不法行為が肯定された事例 （東京高判平成14・12・25）	166
55	電子掲示板上の名誉毀損に係る書込みにつき運営・管理者の送信防止措置義務違反による不法行為が肯定された事例 （東京地判平成15・6・25）	167
56	電子掲示板上の名誉毀損に係る書込みにつき運営・管理者の削除すべき信義則上の義務違反の不法行為が肯定された事例 （東京地判平成15・7・17）	168
57	ホームページ上に歯科医師の登録取消処分の記載が欠格期間を経過後も掲載されたことにつき名誉毀損が肯定された事例 （名古屋地判平成15・9・12）	168
64	電子掲示板上の名誉毀損に係る書込みにつき運営・管理者の常時監視すべき義務が否定された事例 （東京地判平成16・5・18）	169
81	ホームページ上の記載による名誉毀損等が否定された事例 （東京地判平成18・6・6）	170
90	ホームページへの書込みによる名誉毀損等が肯定された事例 （東京地判平成19・6・25）	171
94	管理者の電子掲示板上での書込みによる名誉毀損につき条理上の削除義務違反の不法行為が肯定された事例 （東京地判平成20・10・1）	172
96	大学内の電子掲示板での書込みにつき名誉毀損が否定された事例（神戸地判平成21・2・26）	173
101	インターネット上の電子掲示板への書込みによる誹謗中傷につき、開設者、書込者の一部の者による名誉毀損が肯定された事例（東京高判平成21・6・17）	174

目次

- 判例番号 102　事件の経過をホームページに記載したこと等による名誉毀損等が肯定された事例（東京地判平成21・7・28）……………… 175
- 判例番号 104　各自のホームページ上でなされた相手方を批判する書込みにつき一方の名誉毀損が否定され、他方の名誉毀損が肯定された事例（千葉地松戸支判平成21・9・11）……………………… 176
- 判例番号 110　事件の経過をホームページ上に記載したこと等による名誉毀損が肯定された事例（東京高判平成22・11・25）………… 177
- 判例番号 112　インターネット動画上でされた誹謗等につき名誉毀損が肯定された事例（東京地判平成23・4・22）………………………… 177
- 判例番号 118　ウェブサイト上の書込みにつき名誉毀損が肯定された事例（最二小判平成24・3・23）……………………………………… 178
- 判例番号 119　匿名の者による電子掲示板上の書込みにつき開示関係役務提供者の損害賠償責任が否定された事例（金沢地判平成24・3・27）……………………………………………………… 179

5　プライバシーの侵害 …………………………………………………… 181
(1)　プライバシーの侵害による慰謝料額の算定 ………………………… 181
(2)　インターネット時代のプライバシーの侵害の実情 ………………… 182
(3)　プライバシーの侵害をめぐる判例 …………………………………… 182

- 判例番号 38　電子掲示板上の氏名・電話番号等の書込みにつきプライバシーの侵害が肯定された事例（神戸地判平成11・6・23）……… 183
- 判例番号 66　電子掲示板上の個人情報の書込みにつきプライバシーの侵害が肯定され、不法行為が否定された事例（東京地判平成16・11・24）……………………………………………… 183
- 判例番号 80　インターネット・サービス・プロバイダによる個人情報流出につき不法行為が肯定された事例（大阪地判平成18・5・19）……………………………………………………………… 184

判例番号
　　　⑧⑤　事業者のホームページから顧客情報が流出したことにつき
　　　　　プライバシーの侵害が肯定された事例
　　　　　　　（東京地判平成19・2・8）……………………………… 185
　　　判例番号
　　　㊈㊁　事業者のホームページから顧客情報が流出したことにつき
　　　　　プライバシーの侵害が肯定された事例
　　　　　　　（東京高判平成19・8・28）……………………………… 186
　　　判例番号
　　　㊈㊄　電子掲示板上の個人情報の書込みにつきプライバシーの侵害
　　　　　が肯定された事例（東京地判平成21・1・21）…………… 186
　　　判例番号
　　　㊈㊇　議員宿舎の建設に反対する者の個人情報の開示につき不法行
　　　　　為が肯定された事例（東京地判平成21・4・13）………… 187
　　　判例番号
　　　㊈㊈　近隣の住民間のトラブルにおける監視カメラの設置、ホーム
　　　　　ページ上の記載につきプライバシーの侵害が肯定された事例
　　　　　　　（東京地判平成21・5・11）……………………………… 188
　　　判例番号
　　　⑩㊈　コンビニエンス・ストアに設置された監視カメラによる撮影、
　　　　　映像のテレビ局への提供につき不法行為が否定された事例
　　　　　　　（東京地判平成22・9・27）……………………………… 189

6　肖像権の侵害……………………………………………………………… 191
 (1)　肖像権の侵害の実情 …………………………………………………… 191
 (2)　肖像権の侵害をめぐる判例 …………………………………………… 191
　　　判例番号
　　　㊃①　同僚の写真をホームページ上に掲載したことにつき肖像権の
　　　　　侵害等の不法行為が肯定された事例
　　　　　　　（東京地判平成12・1・31）……………………………… 191
　　　判例番号
　　　㊆㊆　公道通行者の写真をウェブサイト上に掲載したことにつき肖
　　　　　像権の侵害が肯定された事例（東京地判平成17・9・27）…… 192
　　　判例番号
　　　㊆㊇　写真の広告利用につき肖像権の侵害が肯定された事例
　　　　　　　（東京地判平成17・12・16）……………………………… 193

xix

目 次

判例番号 108 漫画の描写による肖像権の侵害が肯定された事例
（東京地判平成22・7・28）……………………………… 194

判例番号 109 コンビニエンス・ストアに設置された監視カメラによる撮影、映像のテレビ局への提供につき肖像権の侵害が否定された事例（東京地判平成22・9・27）………………………… 194

判例番号 114 被疑者の死後に被疑者の写真をウェブサイト上に掲載したことにつき不法行為が肯定された事例
（東京地判平成23・6・15）……………………………… 195

7 データの流出 ……………………………………………………… 197
(1) データ保管の問題 ……………………………………………… 197
(2) データ流出をめぐる判例 ……………………………………… 197

判例番号 75 不正なプログラムによる捜査関係情報の流出につきプライバシーの侵害が肯定された事例（札幌地判平成17・4・28）…… 198

判例番号 80 インターネット・サービス・プロバイダによる個人情報の流出につき不法行為が肯定された事例（大阪地判平成18・5・19）
……………………………………………………………… 199

判例番号 85 事業者のホームページから顧客情報が流出したことにつきプライバシーの侵害が肯定された事例（東京地判平成19・2・8）
……………………………………………………………… 199

判例番号 92 事業者のホームページから顧客情報が流出したことにつきプライバシーの侵害が肯定された事例（東京高判平成19・8・28）
……………………………………………………………… 200

8 著作権等の侵害 …………………………………………………… 202
(1) 著作権等の侵害 ………………………………………………… 202
(2) 著作権等の侵害をめぐる判例 ………………………………… 202

判例番号		
52	音楽著作物を無料でダウンロードできるサービスを提供した事業者につき著作権侵害が肯定された事例 （東京地判（中間）平成15・1・29）	203
61	音楽著作物を無料でダウンロードできるサービスを提供した事業者につき著作権侵害が肯定された事例 （東京地判平成15・12・17）	204
63	電子掲示板上に著作物が無断で掲載されたことにつき電子掲示板の運営・管理者の著作権侵害者性が否定された事例 （東京地判平成16・3・11）	204
71	電子掲示板上に著作物が無断で掲載されたことにつき、電子掲示板の運営・管理者による著作権の侵害が肯定された事例 （東京高判平成17・3・3）	205
105	動画投稿・共有サービスを提供する事業者につき著作権の侵害が肯定された事例（東京地判平成21・11・13）	206
113	ウェブサイトに掲載した文章につき著作権の侵害が否定された事例（知財高判平成23・5・26）	206

9 守秘義務違反 208

(1) 守秘義務違反 208

(2) インターネット時代の守秘義務違反 208

(3) 守秘義務違反をめぐる判例 208

判例番号		
84	弁護士がホームページ上で受け取った相談内容の一部を開示したことにつき守秘義務違反が肯定された事例 （大阪地判平成18・9・27）	209
86	弁護士がホームページ上で受け取った相談内容の一部を開示したことにつき守秘義務違反が否定された事例 （大阪高判平成19・2・28）	209

③ インターネットの利用・侵害方法類型にみる判例 /211

1 電子掲示板をめぐる判例 …………………………………… 211
(1) 電子掲示板の実情 ………………………………………… 211
(2) 電子掲示板をめぐる判例 ………………………………… 212

判例番号 29 揶揄的、侮辱的発言の書込みにつき名誉毀損、システムオペレータの削除義務違反による不法行為が肯定された事例
（東京地判平成9・5・26）……………………………… 212

判例番号 35 誹謗中傷する内容の掲示につき名誉毀損が否定された事例
（東京地判平成9・12・22）…………………………… 213

判例番号 38 個人情報の無断掲示につきプライバシー侵害が肯定された事例
（神戸地判平成11・6・23）…………………………… 213

判例番号 45 誹謗中傷を内容とする書込みにつき名誉毀損・侮辱が否定された事例 （東京地判平成13・8・27）………………… 214

判例番号 46 システムオペレータの削除義務違反による不法行為が否定された事例 （東京高判平成13・9・5）…………………… 214

判例番号 48 誹謗中傷を内容とする書込みにつき電子掲示板運営者の条理上の削除義務違反による不法行為が肯定された事例
（東京地判平成14・6・26）…………………………… 215

判例番号 51 誹謗中傷を内容とする書込みにつき電子掲示板運営者の被害拡大防止・削除義務違反による不法行為が肯定された事例
（東京高判平成14・12・25）………………………… 215

判例番号 55 誹謗中傷を内容とする書込みにつき電子掲示板運営者の防止措置義務違反による不法行為が肯定され、掲示板運営者に対する情報開示請求が否定された事例
（東京地判平成15・6・25）…………………………… 216

目 次

判例番号 56　誹謗中傷を内容とする書込みにつき電子掲示板運営者に信義則上の削除義務による不法行為が肯定された事例
　　　　　（東京地判平成15・7・17）……………………………………… 216

判例番号 58　インターネット上の電子掲示板による信用毀損等が否定された事例（横浜地判平成15・9・24）…………………………… 217

判例番号 63　著作権侵害物の掲載につき電子掲示板運営者に対する差止請求が否定された事例（東京地判平成16・3・11）……………… 217

判例番号 64　電子掲示板の開設者の常時監視義務が否定された事例
　　　　　（東京地判平成16・5・18）……………………………………… 218

判例番号 66　電子掲示板への掲載後に削除された記載内容につき電子掲示板運営者の不法行為が否定された事例
　　　　　（東京地判平成16・11・24）…………………………………… 218

判例番号 69　電子掲示板への書込みにつき名誉毀損等が否定された事例
　　　　　（名古屋地判平成17・1・21）…………………………………… 219

判例番号 71　著作権侵害物の掲載につき電子掲示板運営者の著作権の侵害が肯定された事例（東京高判平成17・3・3）………………… 219

判例番号 94　電子掲示板への書込みにつき電子掲示板管理者の削除義務違反の不法行為が肯定された事例（東京地判平成20・10・1）… 220

判例番号 95　電子掲示板への氏名・住所等の掲載につきプライバシーの侵害が肯定された事例（東京地判平成21・1・21）……………… 221

判例番号 96　電子掲示板への評論の掲載につき名誉毀損が否定された事例
　　　　　（神戸地判平成21・2・26）……………………………………… 221

判例番号 116　従業員の勤務中における電子掲示板への書込みにつき使用者責任が否定され、書込者の不法行為責任が肯定された事例
　　　　　（東京地判平成24・1・31）……………………………………… 222

判例番号 119　電子掲示板運営者のプロバイダ責任制限法4条4項の責任が否定された事例（金沢地判平成24・3・27）………………… 222

xxiii

目 次

2 ホームページ等のウェブサイトをめぐる判例 ……………………… 224
　(1) ホームページの実情 ………………………………………………… 224
　(2) ホームページ等のウェブサイトをめぐる判例 …………………… 225

判例番号 **40** ホームページ管理者の削除義務違反による不法行為が否定された事例（東京地判平成11・9・24）………………………… 225

判例番号 **41** 社用パソコンを利用して作成された従業員の私用ホームページ上の書込みにつき会社の使用者責任が否定された事例
（東京地判平成12・1・31）……………………………………… 225

判例番号 **44** ホームページ運用を妨害した行為をめぐる捜査差押えの違法性が否定された事例（東京地判平成13・5・29）…………… 226

判例番号 **52** ファイル共有サービスの提供につき著作権侵害が肯定された事例（東京地判（中間）平成15・1・29）…………………… 227

判例番号 **57** ホームページ上に歯科医師の登録取消処分が欠格期間を経過後も掲載されたことにつき名誉毀損が肯定された事例
（名古屋地判平成15・9・12）…………………………………… 227

判例番号 **61** ファイル共有サービスの提供につき著作権侵害が肯定された事例（東京地判平成15・12・17）………………………………… 228

判例番号 **68** ホームページを利用した宣伝内容につき掲載者の不法行為が否定された事例（大阪地判平成17・1・12）……………………… 228

判例番号 **76** ホームページの作成、提供サービス事業者につき発信者情報の開示義務が肯定された事例（東京地判平成17・8・29）…… 229

判例番号 **77** ウェブサイト上に無断で写真を掲載したことにつきウェブサイト運営者の肖像権の侵害が肯定された事例
（東京地判平成17・9・27）……………………………………… 229

判例番号 **78** 写真のウェブサイト用広告利用につき肖像権侵害が肯定された事例（東京地判平成17・12・16）………………………………… 230

判例番号		
81	ホームページを利用した注意文書の掲載につき不法行為が否定された事例（東京地判平成18・6・6）	231
84	弁護士がホームページ上で受け取った相談内容の一部を開示したことにつき守秘義務違反が肯定された事例（大阪地判平成18・9・27）	231
85	ウェブサイト中の情報が流出したことにつきウェブサイト運営者のプライバシーの侵害が肯定された事例（東京地判平成19・2・8）	232
86	弁護士がホームページ上で受け取った相談内容の一部を開示したことにつき守秘義務違反が否定された事例（大阪高判平成19・2・28）	233
89	ホームページ上に掲載した評論につき名誉毀損が否定された事例（横浜地判平成19・3・30）	233
90	ホームページ上に掲載した誹謗中傷につき不法行為が肯定された事例（東京地判平成19・6・25）	234
96	投稿された評論につきウェブサイト管理者の名誉毀損および削除義務が否定された事例（神戸地判平成21・2・26）	235
99	ホームページ上に近隣の者に関する記事を掲載したことにつき不法行為が肯定された事例（東京地判平成21・5・11）	235
101	ホームページ上に根拠のない商品クレームを書き込んだことにつき名誉毀損、信用毀損が肯定された事例（東京高判平成21・6・17）	236
102	ホームページに事件の経過等を掲載したことにつき名誉毀損、信用毀損が肯定された事例（東京地判平成21・7・28）	237
104	ホームページ上における地方議会議員同士の書込みにつき名誉毀損が肯定・否定された事例（千葉地松戸支判平成21・9・11）	238

目次

> 判例番号 106 　ウェブサイト上に掲載された批評記事につき名誉毀損が肯定された事例（東京地判平成22・1・18）………………………… 238
>
> 判例番号 110 　ホームページに事件の経過等を記載したことにつき信用毀損が肯定された事例（東京高判平成22・11・25）………………… 239
>
> 判例番号 112 　動画サイトに投稿された動画につき名誉毀損が肯定された事例（東京地判平成23・4・22）……………………………… 239
>
> 判例番号 114 　配信されたニュース記事のウェブサイト上の掲載につきウェブサイト運営者の共同不法行為責任が肯定された事例（東京地判平成23・6・15）……………………………… 240
>
> 判例番号 118 　ウェブサイト上に掲載された記事につき名誉毀損が肯定された事例（最二小判平成24・3・23）……………………… 240

3　ブログ ……………………………………………………………… 242

(1)　ブログの実情 …………………………………………………… 242

(2)　ブログをめぐる判例 …………………………………………… 242

> 判例番号 93 　ブログに掲載された内容につき名誉・信用毀損が肯定された事例（東京地判平成20・9・9）……………………………… 242
>
> 判例番号 111 　ブログに刑事告訴等したことを記載したことにつき名誉毀損が肯定された事例（長野地上田支判平成23・1・14）………… 243

④　行為者類型別にみる判例　／242

1　プロバイダ、システム管理者の責任 ………………………… 244

> 判例番号 29 　システムオペレータの削除等義務違反、システム運営者の使用者責任が肯定された事例（東京地判平成9・5・26）……… 244
>
> 判例番号 46 　システムオペレータ、システム運営者の責任が否定された事例（東京高判平成13・9・5）……………………………… 245

目 次

判例番号 48 電子掲示板の運営・管理者の削除等の条理上の義務違反が肯定された事例（東京地判平成14・6・26）………………………… 245

判例番号 51 電子掲示板の運営・管理者の被害拡大防止義務違反が肯定された事例（東京高判平成14・12・25）………………………… 246

判例番号 56 電子掲示板の運営・管理者の削除等の信義則上の義務違反が肯定された事例（東京地判平成15・7・17）………………………… 246

判例番号 63 電子掲示板の運営・管理者の送信可能化権等の侵害防止のために必要な措置を講ずべき作為義務が否定された事例（東京地判平成16・3・11）………………………………… 247

判例番号 64 電子掲示板の運営・管理者の常時監視すべき義務が否定された事例（東京地判平成16・5・18）………………………… 247

判例番号 66 電子掲示板の運営・管理者の削除義務違反が否定された事例（東京地判平成16・11・24）………………………………… 248

判例番号 69 電子掲示板の運営・管理者の削除義務違反が否定された事例（名古屋地判平成17・1・21）………………………………… 248

判例番号 71 電子掲示板の運営・管理者の著作権侵害情報の削除義務違反が肯定された事例（東京高判平成17・3・3）………………………… 249

判例番号 80 プロバイダの個人情報流出による不法行為が肯定された事例（大阪地判平成18・5・19）………………………………… 249

判例番号 100 レンタルサーバ業者の共用サーバホスティングサービス利用契約者に対する善管注意義務違反が否定された事例（東京地判平成21・5・20）………………………………… 250

判例番号 119 携帯電話向けインターネット・サービス・プロバイダの発信者情報開示義務が肯定、損害賠償責任が否定された事例（金沢地判平成24・3・27）………………………………… 251

xxvii

2 書込者の責任 …… 252

判例番号 38　他者の氏名・電話番号等を電子掲示板に書き込んだ者につきプライバシーの侵害が肯定された事例
（神戸地判平成11・6・23）…… 252

判例番号 40　大学内の暴行事件を電子掲示板上に書き込んだ者につき名誉毀損が肯定された事例（東京地判平成11・9・24）…… 253

判例番号 45　他者を誹謗中傷する内容を電子掲示板上に書き込んだ者につき名誉毀損が否定された事例（東京地判平成13・8・27）…… 253

判例番号 58　電子掲示板にマンション建築計画への反対意見を書き込んだ者につき名誉毀損（信用毀損）が否定された事例
（横浜地判平成15・9・24）…… 254

判例番号 90　ホームページに相手方の代理人弁護士を誹謗中傷する内容を書き込んだ者につき信用毀損等が肯定された事例
（東京地判平成19・6・25）…… 255

判例番号 94　電子掲示板に誹謗中傷する内容を書き込んだ者につき名誉毀損が肯定された事例（東京地判平成20・10・1）…… 255

判例番号 95　他者の氏名・住所等を電子掲示板に書き込んだ者につきプライバシーの侵害が肯定された事例
（東京地判平成21・1・21）…… 256

判例番号 101　ホームページに根拠のないクレーム等を書き込んだ者につき名誉毀損（信用毀損）が肯定された事例
（東京高判平成21・6・17）…… 257

判例番号 102　ホームページに事件の経過等を書き込んだ者につき信用毀損等が肯定された事例（東京地判平成21・7・28）…… 258

判例番号 104　自己のホームページに相手当事者を誹謗する記事を書き込んだ者につき名誉毀損が肯定・否定された事例
（千葉地松戸支判平成21・9・11）…… 259

判例番号		
106	ウェブサイトに批評記事を書き込んだ者につき名誉毀損が肯定された事例（東京地判平成22・1・18）	259
110	ホームページ上に事件の経過等を書き込んだ者につき信用毀損が肯定された事例（東京高判平成22・11・25）	260
112	インターネット配信動画で発言した者につき名誉毀損が肯定された事例（東京地判平成23・4・22）	260
118	ウェブサイトに批判記事を書き込んだ者につき名誉毀損が肯定された事例（最二小判平成24・3・23）	261

3　開示請求の可否・当否 …………………………………………… 262

(1)　概　説 ……………………………………………………………… 262

(2)　発信者情報の開示請求の可否、当否をめぐる判例 …………… 263

判例番号		
45	開示請求が否定された事例（東京地判平成13・8・27）	263
53	開示請求が肯定された事例（東京地判平成15・3・31）	263
54	経由プロバイダに対する開示請求が否定された事例（東京地判平成15・4・24）	264
55	開示請求が否定された事例（東京地判平成15・6・25）	265
60	経由プロバイダに対する開示請求が肯定された事例（東京地判平成15・11・28）	265
62	開示請求が肯定された事例（東京地判平成16・1・14）	266
65	開示請求が肯定された事例（東京高判平成16・5・26）	266

目次

> 判例番号 66　開示請求が肯定された事例
> 　　　　　（東京地判平成16・11・24）……………………… 267

> 判例番号 70　開示請求が一部肯定された事例
> 　　　　　（東京地決平成17・1・21）………………………… 267

> 判例番号 76　開示請求が肯定された事例
> 　　　　　（東京地判平成17・8・29）………………………… 268

> 判例番号 93　開示請求が肯定された事例
> 　　　　　（東京地判平成20・9・9）…………………………… 268

> 判例番号 106　開示請求が肯定された事例
> 　　　　　（最一小判平成22・4・8）…………………………… 269

5　クレーム対応　/270

(1)　クレームの現状 ……………………………………………… 270
(2)　インターネット時代のクレーム …………………………… 270
(3)　クレーム対応をめぐる判例 ………………………………… 271

> 判例番号 9　商品をめぐるトラブルにつきクレームが付けられた事例
> 　　　　　（東京地判昭和56・6・12）………………………… 271

> 判例番号 13　欠陥車クレーム問題に関与した新聞記者に対する週刊誌の記
> 　　　　　事による名誉毀損が肯定された事例（東京地判昭和59・6・4）
> 　　　　　…………………………………………………………… 272

> 判例番号 16　損害賠償の調査をめぐるクレームが付けられた事例
> 　　　　　（福岡地判昭和63・11・29）……………………… 272

> 判例番号 17　訴訟上の和解に不満のある依頼者の代理人弁護士に対するク
> 　　　　　レームが付けられた事例（千葉地松戸支判平成2・8・23）
> 　　　　　…………………………………………………………… 273

xxx

判例番号		
23	訴訟係属中に訴訟代理人である弁護士同士の間でトラブルとなり、一方の代理人から他方の代理人にクレームが付けられた事例（東京地判平成5・11・18）	274
34	訴訟係属中に訴訟代理人である弁護士同士の間でトラブルとなり、一方の代理人から他方の代理人にクレームが付けられた事例（東京高判平成9・12・17）	275
39	元預金者の銀行に対するクレームが付けられた事例（東京地判平成11・7・1）	276
73	従業員から会社による素行調査につきクレームが付けられた事例（東京地八王子支判平成17・3・16）	276
74	依頼者から弁護士の訴訟活動につきクレームが付けられた事例（東京地判平成17・3・23）	277
79	会社から法令違反のクレームが付けられた事例（東京地判平成18・2・20）	278
88	区分所有者と管理会社、代理人弁護士との間にトラブルが生じ、代理人弁護士の活動にクレームが付けられた事例（東京地判平成19・3・26）	279
91	日本弁護士連合会に執拗なクレームが付けられた事例（東京地判平成19・7・20）	280
97	個人、代理人弁護士から根拠のない訴訟を提起するクレームが付けられた事例（名古屋高判平成21・3・19）	280
99	近隣住民間のトラブルが生じ、一方から他方にクレームが付けられた事例（東京地判平成21・5・11）	281
101	商品の購入者から製造業者に根拠のないクレームが付けられた事例（東京高判平成21・6・17）	282

第3章　法的な責任を追及された場合の対応

1　はじめに ··· 286
  (1)　思わぬ落とし穴 ·· 286
  (2)　潜んだリスクを認識する ··································· 287
2　法的責任を追求された場合の対応 ······························· 287
  (1)　事前準備――心がまえ・現状把握・証拠保存 ············· 287
    ポイント①　平常心を保つ　287
    ポイント②　状況把握を行う　287
    ポイント③　的確に証拠を保存する　288
    ポイント④　法的責任の有無等を検討する　288
    ポイント⑤　書籍による検討を行う　288
  (2)　訴訟前段階 ··· 289
    ポイント⑥　通告者に回答・交渉の際は簡潔明快・冷静に行う　289
    ポイント⑦　示談文書の記載内容に留意する　290
    ポイント⑧　通告拒絶時は以降の対応に留意する　290
    ポイント⑨　暴行・脅迫等の事例は法律専門家・警察当局に相談する　291
  (3)　訴訟提起時 ··· 291
    ポイント⑩　答弁書・期日の重要性を理解する　291
    ポイント⑪　自ら訴訟を追行する場合には自らすべての訴訟活動を行う　292
    ポイント⑫　代理人訴訟の場合には協力して訴訟活動を行う　292
    ポイント⑬　本人訴訟と代理人訴訟の違いを理解し選択する　293
  (4)　訴訟追行時 ··· 293
    ポイント⑭　相手の挑発に振り回されない　294
    ポイント⑮　代理人との協議・協力を大切にする　294
    ポイント⑯　供述の際には言動に注意する　295
    ポイント⑰　最終準備書面の重要性を理解する　296

ポイント⑱　判決の意味を理解する　297
　　ポイント⑲　敗訴判決後は速やかに控訴の検討、判断をする　297
　　ポイント⑳　勝訴後に相手方への法的責任の追及は難しい　298
　(5)　おわりに……………………………………………………………299

終　章　インターネットを安全・安心して利用するために

1　インターネット社会を生きるということ……………………302
　(1)　インターネットの影の部分と安全・安心……………………302
　(2)　悪口、批判の魅力……………………………………………303
　(3)　軽挙な行動が伴う危険を認識する……………………………303
2　おわりに……………………………………………………………304

参考文献一覧………………………………………………………………306
判例索引……………………………………………………………………309
著者紹介……………………………………………………………………314

第1章

インターネット・トラブルの概要と裁判の実効性

1 インターネットの普及とトラブルの増大

1 コンピュータ社会の到来

(1) 日本社会とコンピュータとの一般の出会い

　日本においては、われわれコンピュータの素人、一般人が本格的にコンピュータを利用しはじめたのは、平成7年（1995年）ごろといってよいだろう。当時は、まだコンピュータのことを「電子計算機」と呼ぶこともあり、計算を専門とする機械であるとの認識が社会に広く浸透していた。

　平成7年、「ウィンドウズ95（Microsoft Windows 95）」の発売がマスコミに大きく取り上げられ、本格的なコンピュータ時代の幕が開けたとの気持になったものである。コンピュータの素人、一般人であるわれわれは、当時、「ウィンドウズ95」がもたらす本当の意味などよくわからなかったが、深夜0時に開始するこの商品の発売に備え、販売店に長い行列ができるなどのニュースが流れたことも記憶している（平成24年（2012年）には、「ウィンドウズ8」が市場に登場しているが、平成7年のような大騒ぎは報道されなかった）。なお、当時のマスコミでは、「ウィンドウズ95」を購入すると、それだけで何かをすることができ、このOS（基本ソフト）を動作させるためのハードウェアを購入することが必要であることを理解していない者もいることなどがニュースとして流されることもあったが、このような出来事は、ほんの15年ほど前のことである。懐かしい時代である。

(2) コンピュータ社会の推進・浸透

　平成7年（1995年）ごろの日本は、バブル経済の崩壊が深刻化しつつある

時期であり、多数の金融機関の経営悪化、破綻が現実のものになった時期であった。その後、融資債権の回収の徹底、貸し渋り、貸し剥がし、企業の長期にわたる不景気が続き、これらは産業界、経済活動の低迷を招き、さまざまな分野における国際的な競争力が著しく低下するとともに、国際的な地位も著しく劣化・低下してきたことは顕著な事実である（政治も、行政も、産業も劣化してきたわけであるが、人の能力等の劣化も否定できない状況になっている）。日本においては、このような時期に本格的なコンピュータ化の時代を迎え、IT国家戦略等の政策の名の下に、官民をあげてコンピュータ、その技術を広範な分野に導入し、ハードウェア、ソフトウェア、システムのコンピュータに関連する国際的な競争に参入したところであった（なお、政策が始まった当初は、政府首脳自身が「IT」を「イット」と呼ぶ事例が報道されるなど、社会全体にその政策が浸透するには相当の時間がかかったようである）。

　しかし、日本社会においては、企業の経営、事業の遂行のために大幅に各種のコンピュータ機器、コンピュータ・システムが導入され、国民の生活にも携帯電話、パソコン等の簡便なコンピュータ機器が取り入れられ、一時期はある程度の分野でコンピュータに関係する国際的な競争には勝ち抜く状況が見込まれたものの、その後は、コンピュータに関係する多くの分野で競争上劣位に置き去りにされ、その格差が拡大しつつあるのが現状である。日本社会においてもITバブルの時期を迎えたことがあったが、ほんの短いバブルに終わり、「ライジングサン」の後、曇天、雨天、荒天の日々が続いている（はたして「セッティングサン」の日が到来したのであろうか）。

　もっとも、コンピュータ利用の分野においては、当初は、企業の活動、個人の生活に徐々に導入され、取り入れられていた各種のコンピュータ機器であるが、その後、社会全体に広く浸透し、国際的な競争には劣位にあるとはいっても、日本社会に大きな変化を与えつつあることも顕著である。コンピュータ機器が日進月歩で開発、改良され、多様化、高機能化、小型化する一方で、コンピュータ・システムは、拡大、迅速化、簡便化、多機能化、高

品質化している。日本社会では、個人でも、老若を問わず、一人ひとりが各種のコンピュータ・システムを利用する生活、活動を行うことがごく日常的になり、一人ひとりが1台のコンピュータ機器を保有するだけでなく、複数の各種のコンピュータ機器を保有し、さまざまな用途に活用するようになっている。企業の分野では、企業の組織、活動全体でコンピュータ機器が活用されていることはいうまでもない。

(3) コンピュータ社会の近未来

　現時点においては、コンピュータ機器も、コンピュータ・システムもまだ開発途上にすぎないものであり、今後ともさかんに開発、改良が行われ、現在のわれわれが見通すことができないコンピュータ社会の到来を予測することができるが、それ以上に将来は、コンピュータが社会全体のみならず、個々の個人に与える影響は広範で、大規模であるということができる。コンピュータ社会は、その本格的な目覚めの時期からわずか15年余りが経過しただけであるが、企業の活動の分野でも、個人の生活の分野でも、人の意識、思考、行動様式、生活様式を大きく変化させ、一部の世代、一部の利用者層にとっては大きな変化がみられるようになっている（人の人格そのものを変化させ始めているということもできる）。現在でも、コンピュータをめぐる効用、トラブルがあれこれいわれ、議論になっているが、単なる序の口というべきである。

2 コンピュータをめぐるトラブル

(1) コンピュータ社会の裏側

　コンピュータ社会は、見方を変えれば、コンピュータ依存の度合いが強い社会であり、コンピュータ・システムの効用を享受することができる反面、コンピュータ依存による弊害、脆弱性も多々予想されるところであるし、す

でに、現在までにもサイバー攻撃、サイバーテロからコンピュータ・システムのダウン、さらに個人に対する名誉毀損、プライバシーの侵害に至るまでの多種多様な弊害が発生している。最近では、外国の政府が関与したと思われるサイバー攻撃の事例が増加し、日本の多数の国家機関、企業がその攻撃の対象になった事例が報道されているが、実際に報道された事例はまさに氷山の一角にすぎない。最近は、他人のコンピュータにウイルスを侵入させ、そのコンピュータを自由に操作し、インターネットを介して他人になりすまして業務妨害等の犯罪行為を行う事件が発生し、しかもなりすましの対象となった者が起訴等されたことから、大きな社会問題になった事例が発生しているが、これもまた今後の同種事件の先触れにすぎないであろう。コンピュータ・システムが社会に与えた効用は広範であり、社会も、個人も依存度を強めているが、そのような表側の反面、コンピュータ・システム、特に最近はインターネットによる弊害、被害が増加し、多様化していることも、日々、われわれが実感できるほどである。しかも、インターネットによる被害は、被害者が被害を認識できない事例も多々生じている。

(2) コンピュータ・トラブルの傾向と実情

　コンピュータ社会の発展は、利便性、便益の側面だけでなく、弊害、被害、脆弱性の側面も併せて生じるが、後者の側面への対策は、その性質上、後手後手に回りがちである。コンピュータ機器、システムの開発・実用化は、本来は前者の側面に着目して努力が行われてきたが、システムの機能、性能は同時に後者の側面を有するものであり、後者の側面に集中して開発を図り、不当な利用、不正な利用、犯罪的な利用を助長しようとする者が登場している（後者の側面に集中して開発の努力を行う者は、従来、「ハッカー」とか、「クラッカー」とか呼ばれ、その用語の仕分けも行われているが、最近は、インターネット社会において集団化し、集団によっては国家の支援を受けながら、活動を続けていることの断片が時々報道等されている）。

第1章　インターネット・トラブルの概要と裁判の実効性

　コンピュータ社会におけるコンピュータ機器の利用、インターネット等の各種のコンピュータ・システムの利用は、今後も利便性、便益の側面に着目して開発され、発展していくことが予想されるが、従来以上に弊害、被害、脆弱性の側面を意識した開発や対策が必要になり、そのための莫大な費用の負担も予想され、システムによっては後者の側面が前者の側面を凌駕し、システムの停止を迫られる事態も生じうる。コンピュータ・システムの開発、実用化は、前者の側面と後者の側面のバランスによって判断されるほかないが、システムの運用の過程において後者の側面が重大化、深刻化することもあり（後者の側面からのシステムの開発、導入の努力が繰り返されることは否定できない状況にあり、法律の制定等による制裁の導入、強化によっても完璧には防止できないのが現実である）、開発、実用化の段階において予断を抱くことはできない。

(3)　コンピュータ・インターネット社会を平穏に生きる
――本書の目的――

　われわれは、いったんコンピュータ社会に入った以上、上記のような矛盾した状況、悪循環の状況から抜け出すことができないものであり（現在の社会においては、コンピュータ機器、コンピュータ・システムを一切排除することは不可能である）、国家にとっても、開発等に従事する専門家にとっても、利用者である企業、個人等にとっても、それぞれの立場において、後者の側面に備えた対策を講じつつ、コンピュータ機器、コンピュータ・システムを利用するほかない状況におかれている。しかし、現実はどうであろうか。われわれの多くは、コンピュータの不正な利用、被害の断片が報道等されるたびに、弊害、被害、脆弱性の一部を思い出すことはあっても、利便性、便益の側面に目が移り、積極的に効果的な対策を講じることはなく（われわれ素人、一般人は、効果的な対策をとるといっても大きな制約があり、注意をするといっても大きな限界があり、対策が後手に回らざるを得ないうえ、不正な利用者の技

術開発が執拗であり、利用者の行動様式、心理状態を理解して不正な利用を可能にする開発を行っていることから、不正な利用等が発覚するまでは相当数の被害が発生するおそれがある)、自分が被害に遭うまでこのような状況が続くのではなかろうか。コンピュータ・システムのうち、インターネット社会においては、インターネットの性質上、いつでも、どこでも、誰でもコンピュータの不正な利用、犯罪的な利用によって被害を受けるおそれがあり、しかも知らないうちに被害が拡大するおそれがあり、その被害が半ば永久的に消滅しない事態が生じるおそれがある。

　本書は、コンピュータに関わる技術的な事項を紹介するものではないし、コンピュータ社会の光の側面を書き記すものでもない。本書は、コンピュータ・システムの後手後手に回りがちな弊害、被害のうち、インターネットによる弊害、被害を取り上げようとして企画したものであるが、インターネットによる弊害、被害の全容を到底取り上げることはできないため、その断片を取り上げ、その対策の一部を検討し、その実情を紹介するものである。

　われわれの将来がコンピュータ・システムを抜きには成り立たない状況を踏まえると、コンピュータ・トラブル、インターネット・トラブルが生じる可能性、実情を理解しつつ、できる限り事前と事後の対策を検討し、いざという時に備えておくことが何よりも重要である。われわれはコンピュータ社会、インターネット社会で生きていかなくてはならない以上、できるだけ平穏に生きることに努めることが重要である。

3　インターネット社会の到来

(1) インターネット社会の特徴

　コンピュータ社会の弊害、被害の全容は、現在でも明らかにされているとは言い難いうえ、その対策はさらに遅れているが、遅れた対策の現状のままでコンピュータ機器、コンピュータ・システムが開発され、さらに新たな弊

第1章　インターネット・トラブルの概要と裁判の実効性

害、被害が発生している。弊害、被害が累積するうえ、遅れた対策の陳腐化、劣化も進行するのが現状であるとともに、近い将来にも予想される現象である。

　近年のコンピュータ社会におけるコンピュータ利用の最も特筆すべき現象の一つは、インターネットの発展、拡大である。インターネットの発展、拡大は文字どおり日進月歩であり、われわれの日常生活にも最も密接で広範な影響を与えている。企業においては、インターネットを活用し、企業の広報から商品の紹介、取引交渉、契約の締結等に至る事業遂行の重要な場面、経営情報の収集・分析、経営方針の決定の経営遂行の重要な場面等、企業活動全体で活用している（たとえば、インターネット・マーケティングなどはごく普通にみられる取引の手法になっており、その取引の範囲も国際的になっている）。個人においては、インターネットに接続できる各種のコンピュータ機器によって各種の情報の収集、商品の選択、取引交渉、契約の締結、情報交換等に積極的に活用する者が増加している（なお、筆者のロースクールで授業を行っている個人的な経験では、授業の場で、講義の内容や資料等について教科書、判例集によって確認することなく、判例、条文の定義、論点等についてもインターネットによって検索する学生をみかけることも珍しくなくなっている）。その一方で、個人の中には、積極的にインターネットを利用しない者がいるため、利用の範囲、度合いは個々の個人ごとに多様であるが、積極的に利用しない者にとっても、自分の情報がインターネット上で保存、利用され、取引の相手方がインターネット上で事業を行う企業等であることが多いから、個人の情報、取引等がインターネット・システムに取り込まれているため、好むと好まざるとにかかわらず、インターネットによって権利、利益が侵害される状況におかれている。

(2)　インターネット社会の実像

　企業にとっても、個人にとっても、程度、態様の差はあっても、すでにインターネットと無縁の社会生活、経済活動を行うことはできなくなっている

1 インターネットの普及とトラブルの増大

のがインターネット社会の実像である。自らは積極的にインターネットを利用しない場合であっても、インターネットに関係せざるを得ない状況にあるが、関係の範囲、程度、態様は、インターネットの発展に伴ってますます拡大し、深化している。最近では、インターネット空間が現実の社会とは別の社会を構成するとの認識も広がり（バーチャル・リアリティ、仮想現実の認識が広がっている）、現実の社会とは別個の人、企業、生活、活動、権利等を認めようとする分野も生じているが、このような認識に立たなくても、個人、企業が社会生活、経済活動を行うにあたっては、現実の社会だけでなく、インターネットの空間（仮想現実・仮想社会）にも相当に注意をはらうことが必要になっている。

　コンピュータ・システムは、多種多様な能力、機能のものがあり、それぞれに活用されているが、現在、われわれの日常生活、経済活動に最も重要な影響を及ぼしているのは、世界中の各種のネットワークを特定の通信方法によって結び付けているインターネットであることは間違いない。インターネットの特徴は、さまざまな視点から分析することができるが、本書の関心からみると、世界中のインターネット利用者に迅速、手軽、広範かつ膨大な量で情報の提供、交換をすることができ、場合によっては匿名によって行うことができることである（情報操作も容易に可能であり、最近は、他人のコンピュータに侵入し、他人になりすましてそのコンピュータを操作する事例が世間を騒がしているが、この事例は、インターネットの能力、機能等に照らすと、潜在的には多数の事例のうちの一例にすぎないし、今後はさらに巧妙な事例が登場することが予想される）。しかし、この特徴は、インターネット利用に伴う弊害、被害を容易かつ深刻に生み出す源にもなりうるものであり、現在までも多数の弊害・被害の事例が発生している（新聞、雑誌等のマスメディアに公表された事例だけでも多数にのぼるが、事柄の性質上、これが氷山のごく一角にすぎないことは容易に推測できる）。この特徴のうち、匿名による情報の交換は、インターネットによる情報の交換につき適用される法律の衝突、国家の

第1章 インターネット・トラブルの概要と裁判の実効性

管轄の不明確さ、複数のサーバーの利用等の事情から、インターネット利用に伴う弊害・被害の発生、拡大を助長する重要な源になっている。インターネット利用に伴う弊害・被害事例は、啓蒙書の出版、社会のさまざまな段階における警告にもかかわらず、今後、収束するどころか、ますます増加するとともに、弊害・被害の内容、態様が多様化し、深刻化するものと予想される。

　本書は、コンピュータ社会におけるさまざまな諸現象のうち、インターネット利用に伴う弊害・被害の事例を取り上げ（これらのうち、インターネットを介した取引に伴う弊害・被害事例は、当面の検討から除外している）、従来採用されてきた法的な対策・手段を紹介しようとするものであるが、検討の結果、法的な対策・手段には大きな限界があることが浮かび上がることになった。

(3) インターネットをめぐるトラブル対策の性質・実態

　個人がインターネットを利用する機会が増加し、利用するコンピュータ機器も多様化しているが、すでに通常の個人の知識、経験、能力を越えた弊害・被害が発生している。

　弊害・被害は、児童・生徒、学生から、職業人、高齢者にまで及ぶものであり、日常の生活や学校での生活、職場での生活、事業の場等、場所・関係を問わないで発生している。しかも、この弊害・被害は物理的な侵入・侵害によるものではないため、被害者に認識されがたいものである。

　個人が被害防止の対策をとったつもりであっても、防止対策として無意味であったり、陳腐化していたりすることもある（そもそも攻撃と防御との一般的な関係によれば、攻撃が先手をとるものであり、防御は後手になりがちであるし、インターネット利用の場面では、被害を受ける者の知識、経験、能力は攻撃する者のそれには到底及ばないのが現実である）。現在でも書籍、各種の広報等によってインターネット利用に伴う被害の実例、被害防止の対策が紹介され

ているが、防止対策のほうが後追いであり、個人の認識・理解も不十分であること等の事情から、実際上多くの弊害・被害が放置されたままの状況にあり、このような状況の改善傾向はみられない。しかも、インターネットの不正な利用、犯罪的な利用の方法、態様は次々と新たに巧妙なものが開発され、投入されているため、公表された防止対策はすでに陳腐化していることがある（不正な利用、犯罪的な利用が競争的に開発されているということができよう）。

　また、個人がインターネット利用に伴う被害を受ける場合、個人は、成人に達した者とか、職業生活を送る社会人に限らず、小学校の児童、中学・高校の生徒が被害を受け、さらに高齢者も被害を受ける事態もみられるが、児童、生徒、高齢者が被害を受けることに本人が防止対策をとったり、被害の救済の手段・方法を迅速、的確にとったりすることなど期待することもできない。企業にとっても、弊害・被害事例が発生しているが、その完璧な防止対策はとられておらず、程度の差はあっても、弊害・被害事例への対応に迫られることがある。

(4) トラブル対策の必要性と限界

　個人も、企業も、インターネットを利用し、インターネット社会で活動を行う場合、特に積極的に活動する場合には、インターネット利用に特有な弊害・被害が発生することを常に念頭におき、必要な手段・方法を迅速にとっていくことが日常的な生活、経済活動にあたって重要になっている。また、自らはインターネットを利用しない者であっても、インターネット上で権利・法益侵害の対象とされ、攻撃の的になる事例もあるため、平穏に生きようとする者にとってはまことに生き難い社会が到来していることになる。

　いずれの場合であっても、被害の防止対策は完璧に実施することは困難であり、仮に防止対策を実施しても、つねに陳腐化する可能性があるし、被害を受けた後に被害の救済、損害の補償を求める手段をとっても、満足できる内容の救済、補償を受けることは困難である。しかも、インターネット利用

第1章　インターネット・トラブルの概要と裁判の実効性

に伴う権利・法益の侵害は、被害者がその被害の内容、全容を認識すること自体困難であるうえ、加害者を特定することは相当に困難であるし（加害者を特定することができなければ、法的な手段をとることもできない）、複数のサーバー、海外のサーバーを介して、あるいは他人のコンピュータを不正に利用して加害に及んだ場合には、加害者を特定することが事実上不可能であるうえ、加害者を特定することができたとしても、裁判の管轄等の法律上の障害、資産の有無・程度等の事実上の障害が横たわっているのが実情である。

4　インターネット利用に伴う法的な対策・手段

(1)　概　要

　本書は、インターネット利用に伴う弊害・被害の事例についての法的な対策・手段を紹介することを企画しているが、その対策・手段の実際を検討し、分析してみると、その法的な対策・手段は、被害者が被害の発生を認識したところから被害の救済、損害の補償を求めるものであり、すでに指摘したようにさまざまな障害、しかも容易に克服することができない障害があるものであり、相当な制約、限界がある。読者諸氏の中には、法的な対策・手段をとるというと、何か万能な対策があり、効果的な方法になるといった認識があるかもしれないが、全くの誤解である。社会において生起するさまざまな事件において、法的な対策・手段は、事件の内容、当事者の属性等の事情によって、軽視することができないさまざまな制約があることは法律実務の常識であり、決して万能、実効的な対策・方法ではない。インターネット利用に伴う被害の救済、損害の補償対策・手段もその例外でないだけでなく、より一層大きな制約、限界が横たわっていることが明らかである。

　参考までに、インターネット利用に伴う被害が生じた場合における被害の救済、損害の補償の法的な対策・方法をとるために手続の概要は、おおむね次（表1）のとおりである。

(表1) インターネット利用に伴う被害をめぐる手段の概要

インターネット上の加害行為の発見
↓
加害行為の全部または一部の認識
↓
被害の全部または一部の認識
↓
加害行為・被害に関する証拠の収集、保存
↓
加害者の調査
↓
加害者の特定
↓
加害者の所在地の調査、特定
↓
加害者に対する被害の救済、補償請求の内容の検討、判断
↓
加害者に対する法的な手段の実効性の検討、判断
↓
加害者への警告、示談交渉
↓
加害者に対する法的な手段の準備
↓
加害者に対する法的な手段の選択
↓
加害者に対する法的な手続の管轄の選択
↓
民事訴訟の提起等法的な手段の実行
↓
勝訴判決の獲得等の強制執行できる公的な文書の獲得
↓
加害者の任意の履行
↓
加害者に対する強制執行
↓
被害の全部または一部の補償

(2) 負担の度合い

　法的な手段、方法について一連の流れを抽象的に紹介したが、これだけでも、相当の負担になる困難な手続を着実に行うことが必要である。これらの手続を具体的に行うためには、個々の手続を個々の事件ごとに詳細かつきめ細かく実践していくことが必要であるが、相当な手間、時間、費用、負担を強いられるだけでなく、個々の手続を着実に行ったとしても、敗訴の可能性が常に付きまとうものであり、この観点からの心理的な負担も伴うものである。民事訴訟等の法的な手段、方法というと、よく弁護士に依頼すると金がかかるとか、最後に勝訴判決を得ても、時間、費用がかかりすぎるなどと批判されることがあるが、実態は、到底その程度の負担にとどまらないのである。

　インターネット利用に伴う被害を事後的に救済しようとする場合、そもそも加害者を特定することができない等の事情から民事訴訟を提起することすらできないことが多いし、民事訴訟を提起したとしても、勝訴判決を得ることの負担は大変であるし、勝訴判決を得たとしても、満足できる結果が得られないことが多い。これが現在の実情である。

2 インターネット上の権利侵害の背景事情

1 情報攻撃
──社会的な評価、意思決定・活動の自由の侵害──

(1) 個人・法人・事業主をめぐる被害の差異と共通性

　インターネットの利用に伴う弊害・被害は、個人の場合と企業等の法人の場合とは同じではない。また、個人であっても、事業を営む個人とそれ以外の個人とでは異なるところがある。企業等の法人の場合には、その性質、規模等によって異なるが、法人の信用、法人が有する各種の権利に対して弊害・被害が生じるほか（近年は、営業権の侵害、著作権の侵害、商標権の侵害等が問題として現実化している）、事業、事業活動（経済活動）に対する重大な弊害等が生じることが通常であるところに特徴がある。個人の場合であっても、個人事業者については、規模は異なるが、事業の主体としての信用、各種の事業に関する権利、事業、事業活動に対する弊害等が生じることが多い。他方、事業者でない個人の場合には、社会生活上の自由、名誉等に対する弊害、被害が生じるものであり、事業、事業活動に対する弊害等は生じない。しかし、そうであるからといって、弊害・被害が軽微であるわけではないし、インターネット等におけるいじめ・ハラスメントのような深刻な事例も発生している。

　個人も、企業も、社会で生活し、活動を行うにあたっては、他人と接触し、交渉し、契約関係等の関係を形成することになるが、この生活・活動の最も主要な基盤は、各自が有する社会的な評価（社会から受ける評価）と意思決定・活動の自由である。個人、企業が有する社会的な評価や意思決定・活動

の自由が侵害されることは、個人、企業の生活、活動を著しく制限し、事実上活動の停止、倒産の事態に陥らせることになる（個人の場合には、自殺に追い込まれる事態も生じうる）。個人、企業が有する社会的な評価、意思決定・活動の自由は、普段はさほど意識されていないが（歴史的には、これらの評価、自由が一般的に享受されるには、長年の権利のための闘争があったところであり、現代社会のようにこれらが当然であると考えられるに至るまでには多くの人の犠牲があったものである）、これらが損なわれると、さまざまな重大な被害、深刻な損害が生じうることになる。

(2) 現代社会における侵害類型

　個人、企業のこのような評価、自由は、現代社会においては、従来の社会とは異なる者、異なる手段・方法、異なる態様で侵害される事例がみられ、あるいは侵害されるおそれが生じている。現代社会においても、従来のような手段・方法、態様によって個人、企業の評価、自由が侵害されることがあるが、現代社会の世相を反映した侵害の事例がみられる。特に現代社会は、コンピュータ利用の著しい発展、インターネットの普及・高度化によって、個人、企業のあらゆる側面においてコンピュータ利用が可能なデータ化がなされるに至っているが（この傾向は、今後とも、促進、拡大するものであり、遠くない将来であっても、その将来像は予測が困難である）、このような時代環境の下で、大規模な情報伝達、情報流通を利用した新たな手段・方法、態様の評価、自由の侵害が発生し（筆者は、従来から、このような情報伝達、情報流通を中核とする個人、企業の評価、自由に対する侵害をまとめて、情報攻撃と呼び、現代社会の評価、権利侵害の重要な特徴として捉えている）、今後ともこの類型の侵害が巧緻化し、拡大することが予測されるのである。情報伝達、情報流通を利用した個人、企業の評価、自由の侵害は、コンピュータ利用が普及する前においてもみられたところであり、たとえば、口コミとか、新聞、週刊誌、テレビ放送等のマスコミ、さらに書簡、ファックス、電話等によっ

② インターネット上の権利侵害の背景事情

て侵害等されたりすることがあり、特に新聞、テレビ放送等のマスコミによる侵害等は、それ以前の手段・方法による事例と比べると、被害、損害の及ぶ範囲が広範囲になり、深刻になるという特徴がみられたところである（現在でも、マスコミによる被害事例、マスコミの情報伝達による被害事例は後を絶たない）。

　情報伝達、情報流通を利用し、情報を介して個人、企業の評価を低下させ、意思決定、活動の自由を制限し、抑圧しようする情報攻撃は、物理的な手段による物理的な侵害、妨害、抑圧と比べると、直接に侵害等するものではなく、間接的な手段であること（責任を回避するためにさまざまな口実を付けることが可能である）、社会的な評価を低下させることを要素とすること、期待する効果に照らすと簡便な手段であること等の重要な特徴がある。

(3) インターネット利用による侵害類型

　マスコミ等の情報伝達、情報流通による個人、企業の評価、自由の侵害は、インターネットが普及し、インターネットが誰でも、いつでも、手軽に利用される時代においては、どのように変化しているのか、あるいは今後変化するのかは、インターネットの発展の側面とは別に、非常に注目される側面である（前者がインターネットの光の側面とすれば、後者は、影の側面である）。インターネットの特徴、インターネットによる社会の変化、さらにインターネットによる個人、企業の思考、活動の変化等は、従来からさまざまな観点から関心がもたれ、議論がされているようであるが、影の側面については希望を抱くことはできないし、今後、新たに多様な侵害の事例、広範な被害の事例が発生するおそれが高いだけでなく、この防止の対策、被害の救済の対策は後手に回るし、対策自体が実効的なものでなくなるおそれが増加すると予測される。

　インターネットは、社会がインターネットに依存する度合いが高まるにつれ、個人、企業の社会的な評価を容易に低下させたり、意思決定・活動の自

由を容易に損なったりする手段になっているだけでなく、簡便に利用することができる手段になっている。インターネットが普及する前の時代においては、個人らの社会的な評価は、新聞、雑誌、書籍、ビラ等の紙媒体によって相当な費用と労力を駆使し、それぞれの媒体が届く範囲内において低下させられるものであり（テレビの普及に伴って社会的な評価の低下の様相が変化した）、意思決定・活動の自由は物理的な拘束、心理的な脅迫によって損なわれるものであったが、インターネット社会においては、従前の手段も利用されていることに加え、インターネットによって迅速、手軽、広範囲に社会的な評価が容易に低下させられ、意思決定・活動の自由も情報操作によって容易に損なわれる事例が多数発生するようになったものであり、個人、企業の生活・活動の基盤そのものが迅速、手軽、廉価、広範囲かつ容易に著しく損なわれるおそれが高まっている。

2 侵害類型の多様性・拡大とその対策

(1) インターネット利用による侵害の特徴

インターネットによって情報を中核とする権利（たとえば、著作権、商標権等の権利）も、手軽、廉価、広範囲かつ容易に著しく損なわれるおそれも高まっている。

インターネット利用による個人、企業の評価、自由、権利の侵害は、従来のマスコミ等による情報攻撃と共通する特徴をもっているほか、インターネット固有の特徴をもっているものであり、従来のマスコミ等の被害事例とは異なる内容、態様、程度の被害が発生する可能性が高くなっている。インターネット利用による侵害の特徴は、保護される権利、自由、利益（換言すると、情報攻撃の対象となり被害を受ける権利、自由、利益）の観点、侵害者の属性、多様化の観点、侵害の手段・方法の観点からそれぞれ検討することができる。

② インターネット上の権利侵害の背景事情

　インターネット利用による評価、自由等の侵害については、すでに指摘したように、事後に法的な手段によって被害の救済（主として加害者の損害賠償責任を追及することを内容とする）を図ることは、相当な障害があり、事案によっては事実上不可能であるから、事前の対策を講じることができれば、できる限り、そのような対策をとっておくことがきわめて重要である。とはいっても、事前の対策をとるにも大きな障害がある（換言すれば、完璧な対策はないということである）。「できる限り」といっているのは、その意味である。

(2) 今後の侵害類型の動向

　すでにインターネットを利用した個人、企業に対する評価、自由、権利等を侵害した多様な事例が発生し、現実化しているが（侵害事例が発生しても、顕在化しなかったり、被害の救済を諦めたりした事例はさらに多数存在すると推測される）、今後は、さらに侵害事例が増加し、多様化、深刻化することは容易に予測することができる。

　インターネット利用による弊害、被害は、インターネット上に流通し、保管され、利用される情報の内容が増加し、インターネットに関する技術が開発されるにつれ、情報の無断取得、無断流通、無断利用等の新たな類型の権利・利益侵害、新たな類型の不法行為が登場することになる。インターネット上の情報伝達等については、近年セキュリティ対策の実施が強調され、対策が実施されるようになっているが、その対策は所詮現時点における技術を前提とするものであるが（情報の暗号化の技術、対策は、現時点の技術を前提とするものであり、技術的な制約の下で情報の保護が図られているにすぎないが、将来技術の発展等によってこの対策が破られる場合には、現時点で保護されていた情報も、将来は保護されない事態が発生することが予想される）、特に注意が必要なことは、現時点における実効的な対策が陳腐化するおそれがあることである。

第1章　インターネット・トラブルの概要と裁判の実効性

　インターネット利用による被害の内容、態様は、インターネットが個人、企業の生活、活動に深く、広く浸透するにつれ、多様化し、複雑化し、潜在化し、深刻化する。個人が被害を受ける場合としては、個人の名誉毀損、プライバシーの侵害、個人情報の漏洩、肖像権の侵害、脅迫、傷害、著作権の侵害、平穏な生活の侵害、交友関係・契約関係の侵害、人格権の侵害、人格的利益の侵害といった類型の不法行為が認められうる（なお、これらの不法行為は、同時に犯罪を構成することがあるが、本書では、刑事上の法律問題は検討から割愛している）。インターネットの利用による情報の内容、被害の内容・態様等の事情によっては、脅迫・傷害といった重大な不法行為も認められうるものであり、民事上の問題のほかに、刑事上の責任も問われることが多いことがある。また、特定の個人につき膨大な量の情報がインターネット上に伝達、流通することにより、情報が断片的なものであっても、これらの情報を集約する等することによって、個人の評価、自由に相当な影響が生じることにもなる（これらの影響のうちには、当該個人の活動の拡大、利便性の増加という影響もあるが、悪影響もある。たとえば、遠く離れた知人の近況等が共有できるSNSも、ストーカー傾向のある者が用いれば、ストーキング行為として過激化してしまう事件が報道されている）。

　個人でも、事業者の場合には、これらに加えて、営業権の侵害、営業妨害・業務妨害、営業秘密の漏洩、営業機会の侵害の類型の不法行為が認められることもある。

　企業が被害を受ける場合としては、信用毀損、脅迫、著作権の侵害、商標権の侵害、営業権の侵害、営業妨害、業務妨害、営業秘密の漏洩、営業機会の侵害、ブランド価値等の無形の利益の侵害等の不法行為が認められることがある。

(3) 事前防止対策の重要性

　すでに紹介したとおり、個人、企業の権利、利益がさまざまに侵害される

事態に対する事前の防止対策、事後の救済対策は相当に限られているから、少なくとも事前の防止対策を主要な対策として位置づけ、インターネットの利用にあたって前記の権利、利益等の侵害が生じないよう日頃から、できる限りの事前の対策を実施することが重要である。インターネットを利用する加害行為は、故意の加害者のほか、過失の加害者、さらにインターネットに関係する各種のシステムの故障等によっても生じうるものであるから、評価、自由、権利等に対する侵害が拡大し、新たな内容・態様の侵害が生じるであろう。これらの被害が生じると、現実に被害を完全に救済、賠償させることは事実上できないし、救済、賠償が全くされない事態も多々生じることになる。事前の防止対策は、このような現実的な視点からみても重要である。

3 インターネット利用による被害の事情・特徴

(1) インターネット特有類型の峻別

インターネットの利用による被害は、大まかにみて、①他の手段・方法によっても同様に生じる場合、②他の手段・方法によっても生じるが、インターネットの利用によって被害がより深刻である場合、③インターネットの利用に固有な事態として生じる場合に分けることができるが、最初の事例は本書では検討を割愛している。今後問題になるのは、主として後の二つの事例である。

(2) インターネット特有の事情・特徴

インターネットの利用によって多様な被害の発生、なかには深刻な被害とか、従来はみられなかった類型の被害の発生が判明しているのは、インターネットの情報の伝達、交換の媒体としての特徴、インターネットの利用者の特徴とか、インターネットの利用の特徴を反映した事情があるからである。インターネットは、国境を越え、自由に情報の伝達、交換をすることができ

る媒体であり、いったんインターネット上に伝達された情報は半永久的に消滅することはなく（インターネット上の情報社会において存続していることになる）、しかも検索システムの発展によって特定の情報が容易に検索されるという基本的な特徴をもつから、インターネット上に流通する情報による被害は、短期間に悪影響が生じうるだけでなく、相当に長期にわたっても悪影響が生じうるものであるし、繰り返して悪影響が生じうるものである。

　インターネットの利用者は、インターネットによって作出される情報社会が国境を越える情報社会であるため、世界中に多数存在するものであり、インターネットに流通する情報の言語によっては世界中の利用者が読み、利用する可能性があるという基本的な特徴をもつから、インターネットに被害が生じうる情報が伝達された場合には、その被害の及ぶ範囲は、国際的な広がりがありうるし、膨大な人数による被害が生じうるものであることにつき認識する必要がある。従来は、特定の会員層を対象とするシステム内における被害の事例が話題になることが多かったが、現在は、インターネットの利用による被害は著しく拡大し、むしろその広がりは際限がないことがありうる。

　インターネットは、情報の伝達、交換を迅速・広範に行うという基本的な特徴をもつ技術、方法・手段であるが、そのシステムが際限なく拡大し、それ自体実社会とは一応別の情報社会・仮想社会を形成するに至っている。要するに、インターネットを利用する活動空間が仮想のものであっても、著しく拡大し、その拡大が今後も継続することになっているが、活動空間が拡大すれば、それだけ他人の権利、利益を侵害する機会が増加し、拡大することにつながるわけである。しかも、仮想の活動空間は、活動をする者の国籍、場所を問わず、真偽を取りまぜ、悪意・害意を有する者、匿名の者、発信者の特定性を仮装する者による有益、有害のさまざまな情報が飛びかっているものである。

　従来の社会においては、マスメディア等の媒体を利用し、他人に関する情報を提供し（漏洩することも含む）、情報を交換し、場合によっては多くの利

用者の参加を促して、当該他人の社会的な評価を低下させ、意思決定・活動の自由を侵害する事例、著作権等の権利を侵害する事例が多かったが、インターネットの利用が一般化した社会（インターネット社会）においては、このような事例が増加し、拡大し、深刻化しているだけでなく、加害者の特定、加害の場所の特定、加害の過程の追跡、適用できる法律の特定が著しく困難になっている。インターネット社会においては、いつでも、どこでも、誰でも、きわめて容易に他人に重大な被害を与える情報の提供による加害行為を行うことができるようになっている。このため、インターネットについては、従来から法的な規制の導入、倫理の明確化・厳格化が要請されてきたが、インターネットにおける利用の自由の尊重がより強く要請され、現在のところ、断片的な法的な規制が導入されているにすぎない。インターネットにおける自由の尊重の要請は、見方を変えると、善意の個人の参加を前提としているようであるが（利用者の資格は何ら必要ではなく、何かの監督も受けないで自由に利用することが原則になっている）、現実のインターネット社会はこの前提が大きく揺らいでいることは否定できない。最近でも、インターネットの利用につき倫理の強化、倫理の教育を促進すべきであるとの見解が提唱されているが、被害の防止対策の一つとして実行することは無駄ではないものの、この対策が実効的であると考えることは楽観的にすぎるであろう。

第1章　インターネット・トラブルの概要と裁判の実効性

③　クレーマー時代における インターネットの利用に伴う被害

1　はじめに
——インターネット・トラブルとクレーマー社会——

　現在日本でみられるようなインターネット利用に伴う弊害・被害は、これまでみてきたような諸事情のみから生じるかというと、そうではない。インターネット利用に伴う弊害・被害の発生・拡大については、インターネット利用に固有な原因のほか、これに関連するさまざまな原因もあるところ、後者の原因として、現代社会の日本において特に指摘しておきたいことは、日本が社会全体にクレーマーの時代、モンスター・クレーマーの登場する時代が到来していることである。

　インターネット社会においては、いつでも、どこでも、誰でも、極めて容易に他人に重大な被害を与える情報の提供による加害行為を行うことができることが基本的な特徴であるが、このインターネット利用に固有な原因のほか、他の事情、特に日本社会におけるクレーマー、モンスター・クレーマーに関する事情も相まってさまざまな弊害・被害を発生・拡大させていると考えられるのである。

2　クレーマー社会の到来

(1)　クレーマー社会

　日本社会においては現在、年代、地域を問わず、社会生活上も、取引上も例外なくクレームを受け、そのクレームが増加し、深刻化することが通常になっているが、このようなクレームの現象は、一昔前の日本ではみられな

かったことである。しかも、執拗、深刻なクレームが一般的にみられるようになり、モンスター化していると指摘されるようになっている（社会のいろいろな場でモンスター・クレーマーが登場するようになっているが、インターネット上にも登場しているし、現実社会以上にモンスター・クレーマーがみられるようになっている）。クレームは、小売店、飲食店のような事業者に対して消費者がつけるものだけでなく、医師、弁護士のような専門家、教師、学校、大手の事業者、国、地方自治体等に対してもクレームが普通にみられるようになっているし、マンション等の集合住宅内における居住者同士のクレーム、学校における生徒・学生同士のクレーム（児童同士のクレームもみられるようになっている）、職場における同僚・上司・部下のクレームも増加し、深刻化する事例がみられるようになっている。

(2) クレーマー社会の現象

クレームをつけることが日常生活で普通にみられるクレーマーの時代は、長年にわたる日本の社会におけるさまざまな側面の変化の積み重ねの結果であるが、たとえば、権利主張の社会になっていること、クレームが誰にとっても常識になっていること、クレームに対する障害、躊躇がなくなっていることがあげられる。これらの背景として、自己主張の社会になっていること、権威が喪失した社会になっていること（多くの分野で従来権威があると考えられていた者の権威の失墜を目の当たりしたものであり、近年は特に顕著な失墜の事例を見てきたところである）、聖域が消滅した社会になっていることがあげられ、さらには、高度情報化社会になっていること、逆に情報依存の度合いが大きくなっていること、告発型の社会になっていることも昨今の社会の特徴である。

このような社会の中で、現在についても、将来についても不安がつきまとう社会になっていること、モラル、常識の相対化、低下した社会になっていること、人生に満足感を抱く者が減少していること、雇用等の場で不満が蓄

積していること、社会における格差が拡大していること、社会における不平等感が拡大している等の不公平感、不満が蓄積している。その結果、クレームによってさまざまな不満を解消することができること、クレームによって経済的な利益が得られること、クレームによって社会的な認知が得られること、クレームによる心理的な満足感が得られること等、クレームが社会的に推奨されている。

　このような社会背景の下、クレームの手段・方法は手軽で、簡便で、多様であること、クレームによる成功体験が新たなクレームを誘発すること、根拠のないクレームであっても、真摯な対応が得られること、クレームのつけ方を教育・指導する情報が溢れている等、クレーマーを助長する環境が整えられ、その中で、個々のクレーマーは、回数を重ねる度に成長し、クレームによってその対象者の自殺、企業の倒産の事例も発生していること等の深刻な現象がみられるようになっている。

3　クレーマー社会とインターネット利用

(1)　クレーム武器としてのインターネット

　社会全体においてクレームが増加している状況は、インターネットの利用によってクレームを一層促進する現象がみられるところであり、インターネットは、クレームの促進機能をもっており、しかも手軽に、廉価に、匿名で、徹底的にクレームをつけることも可能にしているし、インターネットによってクレームを広い範囲に知らせることも可能にしているのである。インターネットは、クレームの分野では、クレームをつけようとする者に強力な手段・方法を提供しているものであり、しかも、この手段・方法が年々強力になっている。現代社会において便利な手段・方法は、使い方を誤れば、他人に対する攻撃にも便利で強力な手段になることは容易に推測できるが、この危惧が現実に発生しているわけである。

(2) クレーマーの特徴

　現代社会において生活し、活動をする者は、世代間に相当な思考と嗜好の違いがみられるところであり、クレームをつけることに躊躇しないさまざまな特徴を有するものである。たとえば、公共、公益の意識が乏しいこと、共通の常識が存在しないこと（常識が大きく変化しているし、相対化している）、常識が行動の基準として機能を喪失しつつあることがあげられ、自己の独自の常識を平然と強調する者が多くなっている。この背景には、共通のモラルが存在しないこと、日常生活上他人の権利・利益を侵害しても平然としている者がみられること、何かにつけ攻撃的な人格の者が普通にみられるようになった。

　この原因としては経済的な格差が拡大していること、共通の言葉がないこと（共通の基盤に立った会話が成立しづらくなっている）、共通の信頼感の前提が欠けていることがある。さらにいえば、とことん自己中心的であること、権利の主張に伴う義務の観念が存在しないか、著しく希薄であるといえる。これらの者には、情報依存型の人間が多いこと、情報の消化力・咀嚼力が弱いこと、権威に対して挑戦するポーズに好意的であることといった特徴や、自分の負担、自分の損失の他人転嫁に熱心であること、社会全体に変化の意識が強いこと、インターネットの利用に慣れていることという人格的な特徴もみられる。

(3) クレーマー予備軍としてのインターネット利用者

　日本社会が現に直面するこのようなクレーマーの時代において、インターネットという手軽で、廉価で、強力で、実効的であるクレームをつける手段・方法が手近に利用することができ、しかも匿名で利用することが可能になったのである。

　インターネットの利用の目的、用途、内容、態様は各人各様であるが、自己の意見の表明、情報の交換、議論への参加等に長時間、積極的に利用する

者も相当に多く（ヘビーユーザーと呼ばれている）、中には比較的気楽に自己の意見（これも情報である）を表明し、自己の有する情報を提供する者もいるようである。手軽に廉価で、しかも匿名で、提供する情報の根拠を吟味することなく、インターネット上の読者の興味を惹くような表現でインターネットを利用して他人の事柄、他人の写真等の映像を載せたり、他人の作成した文章、写真、音楽等を載せたりすると、他人が有する権利、利益（法律上問題になるのは、法律上保護される利益であり、法益と呼ばれることが多い）を侵害することがある。

　インターネット利用に伴う弊害・被害を生じさせうる原因は、前記のようなクレームでみられる原因のほかに、インターネットが匿名で利用できること、手軽に利用できること、廉価で利用できること等の物理的なアクセスの容易さがある。また、インターネットによって広範囲な情報提供・交換ができること、情報提供・交換の相手方の現実的な存在感が希薄であること、他人に弊害・被害を生じさせる加害行為であっても、その多くは確知されないこと、他人に弊害・被害を生じさせる加害行為であっても、その多くは法的な責任が追及されないこと等の心理的な容易さを併せて備えていることがあげられる。

　さらに、利用者に目を向ければ情報提供・交換に伴う社会的な経験が十分でないこと、情報提供・交換に伴う法律問題の発生の可能性・内容の認識、理解が乏しいこと、相当な時間インターネット利用が可能な程度時間的余裕があること（見方を変えると、ほかに時間を必要とする業務、職務等がないか、少ないこと）、複数のインターネット利用者との情報交換によって容易に感情が高揚する性格であること、情報交換によって挑発されやすい性格であること、情報提供・交換を継続できる性格であることを一応原因として取りあげることができる。

4 インターネット・クレーマー

(1) インターネット・クレーマーをめぐる環境
──過失型と悪意型の存在──

　もっとも、これらの事情があるからといって、誰でもインターネット利用に伴って他人に弊害・被害を生じさせるものではなく、実際に法律上問題になるような弊害・被害が生じさせるようなインターネット利用を行う場合には、その利用者にとってそのきっかけになるような出来事、心境の変化があることがあり、これらの事情が重要な原因になることがある。そのため、インターネットの利用者は、被害者になる可能性だけでなく、自ら加害者になる可能性もあり、事情によっては利用者自身が十分に事態を認識しない間に被害者、加害者になる可能性がある。

　また、インターネットの利用者の中には、インターネットのこれらの重要な特徴を熟知し、害意、故意に他人の権利、利益を侵害する者も少なくないが、インターネットは、これらの加害者に法的責任回避の実効的な手段・方法を提供している。

(2) 過失型クレーマーの防止策

　インターネット利用に伴う弊害・被害を防止するためには、加害者のための防止策と被害者のための防止策を検討することが必要であるが、従来はどちらかといえば、被害者のための防止策が主として議論されてきた。たしかにインターネット利用に伴う弊害・被害を受けないための防止策を立てることは、従来同様に重要であるか、あるいは従来以上に重要になっているが、他方、加害者についても、害意をもった加害者、確信的な加害者といった加害者だけでなく、うっかりと加害行為をする者、年少の加害者、他人の加害行為に引き込まれる者が存在することも否定できないところであり、後者の

第1章　インターネット・トラブルの概要と裁判の実効性

過失型の加害者は、いったん加害者と認められると、前者の悪意型の加害者と同様な法的な責任を負わされる可能性があるため、加害者の立場に立った防止策を検討することが無駄ではない。

(3) 過失型クレーマーを待ち受けるリスク

　過失型の類型の加害者にとっては、仮に被害者がその法的な責任を追及する場合には、示談交渉、訴訟の追行を余儀なくされるだけでなく（これだけでも相当に重い負担である）、示談金を支払うことになったり、訴訟で敗訴判決を受けることになると、経済的な負担だけでなく、さまざまな不利益・負担を強いられることになる。

　インターネットが手軽に利用できるからといって、安易に他人の事柄につき情報提供・交換をしたり、他の利用者間の議論に加わったりすることは、後日、予想外の不利益・負担を強いられる可能性が生じる。現実の社会においては、相当な注意と配慮をしつつ生活をし、活動をしていても、インターネット上の仮想社会においては、その注意も配慮も薄くなる者が社会において多数存在するようである。

4 インターネットをめぐる権利侵害の内容・態様

1 法的責任追及と権利侵害の内容・態様

　インターネット利用による被害が生じた場合、被害の内容・態様、加害者の属性、被害者の属性等の事情によって、被害者は、インターネット利用による加害行為を行った者等の加害者に対して加害行為の差止め、損害賠償を求めることができる（加害者の法的な責任を追及することができる）。

　もっとも、法制度上、理論的に被害の救済を受けることができるとしても、実際に被害の救済が実現されるためには、①加害者を特定し、②被害・加害に関する証拠を収集し、③関係する法律の内容を検討し、解釈し、判例を収集、分析したうえで、④具体的な被害・加害の事実を主張し、信用できる証拠によって救済の内容を証明することが必要であるし、さらに⑤救済の内容を法律的にも、事実上も実現することが必要であるが、ⓐ法制度上救済のための権利（差止請求権、損害賠償請求権）が認められることと（これは抽象的に権利が認められるということになる）、ⓑ救済のための具体的な内容の権利（たとえば、インターネット上の特定の情報の使用を禁ずるとか、損害50万円につき賠償を求めることができるといった具体的な内容の権利のことである）が認められること（これは具体的に権利が認められるということであり、この権利は、最終的には訴訟において判決によって認められることが必要である）、さらにⓒ事実上その内容が具体的に実現されること（たとえば、前記の50万円の損害賠償を求める権利については、加害者に現実に支払わせるか、支払いを拒否した場合には加害者の財産を差し押さえるなどして権利の内容が実際に実現されるということである）は、相互に密接な関連があるとはいっても、大きな隔たりがある。特に具体的な権利が訴訟で認められるためには、相当な時間、手間、

31

費用等の負担が必要であるし、実際に権利の内容が実現されるためには訴訟の追行とは別に相当な資産調査、費用、時間、手間等の負担が必要であるうえ、それぞれの手続をとったとしても、予定した結果が得られない可能性が常に存在し、その可能性は相当に高いものである。

> **コラム①** 「訴訟も辞さない」ははたして有効か
>
> 　加害行為によって被害を受けた場合、訴訟を提起すれば、被害の救済ができるなどと一般的に考えられているが、実際に損害賠償金を取得したり、名誉毀損の回復のために謝罪広告を新聞、インターネットに掲載させるに至るまでには、多くの段階を経ることが必要であるだけでなく、その間の手間、時間、費用、心理的な負担等の多くの負担が強いられる。しかも、加害者であると考えられる者に対して訴訟を提起し、勝訴判決を得た場合であっても（原則として勝訴判決が確定しなければ、最終的に損害賠償等の権利が実現されないが、日本では、訴訟は三審制が採用されているため、場合によっては最終審である上告審（高等裁判所または最高裁判所）において勝訴判決が是認されることが必要である）、加害者が資産を有していることが判明しないと、損害賠償の権利が実現されず、勝訴判決も絵に描かれた餅にすぎないことになる。権利は、実現してはじめて権利ということができるのである。

2　被害が生じた場合の法的手段

(1) 被害の内容・態様の証明

　被害者が加害者の法的な責任を追及する場合、まず、被害者が被った被害の内容・態様（侵害された権利・利益の種類・内容、侵害の程度等）を証拠によって証明することが必要であり、名誉権、プライバシー権、意思決定の自

由権、人格権、営業権、著作権等の知的財産権等の権利（これらの権利の中には、権利性が争われることがある）、平穏な生活を営む利益、営業を行う利益、感情を害されない利益等の法的な利益が侵害されたことを具体的に証明することが必要である（差止請求をする場合には、将来、このような権利、利益の侵害のおそれがあることを証明することも必要である）。

その際、侵害された権利・利益の種類・内容、侵害の程度によって法的な救済の内容が異なるから、被害を受け、その救済を求めようとする場合には、面倒がらずに、冷静に被害の内容、態様を認識したうえ、インターネット上の情報を書面へのプリントアウト、媒体への入力等によって証拠として収集し、この証拠によって内容・態様を証明することに努めることが重要である。

コラム2　自分が受けた被害とは──権利・法益

　加害行為によって被害を被った者は、被害の救済を図るために、不法行為（民法709条）に基づき損害賠償を請求することができるが（この権利は、損害賠償請求権とか、損害賠償債権と呼ばれている）、この被害というのは日常の用語であり、法的には、権利または法律上保護される利益（この利益は、法益とよばれることが多い）が侵害されたこと（権利・法益の侵害）、これによって損害が生じたこと（損害の発生）をいうものである。被害者は、加害者に対して不法行為に基づき損害賠償を請求するためには、自己の権利・法益の侵害が認められることが必要であるが、この場合の権利・法益については、権利の有無・内容、法益の成否・内容が争われることがある。不法行為によって保護される権利としては、たとえば、不動産・動産の所有権、不動産の賃借権、名誉権、プライバシーの権利、人格権、自由権、営業権、著作権、契約上認められる権利等の権利があり、法律上、判例上権利として認められたものをいう（もっとも、権利として認められない場合であっても、法益として保護されることがあり、プライバシー、営業については権利ではないとの見解もある）。

> 他方、法益は、権利として形成されていないものの、法律上保護される利益であり、換言すると、不法行為によって保護に値する利益のことであるが、平穏な生活をする利益、契約締結を期待する利益、人格的な利益、活動の自由、意思決定の自由等があり、時代とともに、社会通念とともに変化するものである。不法行為の分野においては、権利であっても、法益であっても、損害賠償が認められ、保護されることに違いはないから、これを区別する理論的な意義はさほどないが、実際上は損害の発生の判断、損害額の算定にあたって違いがみられ、権利侵害として主張することがより説得的で、迫力を増すことになる。

(2) 加害者の特定

(A) 加害者の特定の必要性

次に、加害者の特定、その属性を明らかにすることが必要であり、訴訟を提起する場合には、これらを証拠によって証明することが必要である。インターネット利用によって被害を受けたことが判明したとしても、加害者を特定し、加害者の所在、地位・立場を明らかにしなければ、加害者に対して法的な救済を求めることはできず、具体的な手段・方法をとることはできない。インターネット利用によって直接に他人の権利・利益を侵害する行為があった場合であっても、そもそも誰が侵害する情報を発信したのかすら明らかにならないことがあるし、仮に発信者を明らかにしたとしても、仮名・匿名によって情報の発信がされた場合には、具体的に発信者の氏名等を特定することが必要である（この場合の特定は、個人の場合には氏名、団体の場合には法人名を明らかにすることが必要であり、ハンドルネームを明らかにするだけでは足りない）。しかも、他人になりすました加害行為もありうるのである。仮に加害者を特定することができたとしても、加害者の住所等の所在を明らかにしなければ（事情によっては、その地位・立場を明らかにすることも必要にな

④ インターネットをめぐる権利侵害の内容・態様

る)、実際に被害の救済を実現するだけでなく、被害の救済を求めることすらできない。

(B) 海外の加害者への対応

また、インターネット上に情報を発信した加害者が日本国内に所在しない場合には、加害者に対して法的な責任を追及することは、①国際裁判管轄（どの国の裁判所が担当するかの問題）、②訴訟の提起・追行、③強制執行等の場面で重大な障害があり、極めて困難であることが多いし（これらの障害に加えて、どの国の法律を適用するかという問題があり、仮に外国の法律が適用される場合には、外国法の正確な調査だけでも重大な負担になる。法の適用に関する適則法参照)、事情によっては事実上不可能であることもある。インターネット利用による加害行為は、世界各地に住所を有し、あるいは居住する者が単独で、あるいは複数の者の関与によって行われるが（事案によっては日本に住所を有する者が外国に所在するサーバー、外国に所在する利用者のコンピュータを不正に利用して加害行為を行うこともある)、日本国内に所在する加害者の特定、所在の調査が困難であることがあるだけでなく、外国に所在する加害者、外国のサーバー等を介した加害者については、その法的な責任を追及することは手続的には極めて困難である。

仮に加害者を特定し、日本の裁判所に被害の救済を求める訴訟を提起することができたとしても、実際に判決によって認められた救済の内容を実現するためには、加害者が所在する外国において判決の内容を強制する手続をとることが必要であるが、外国において強制執行を認める判決等を得たうえ、強制執行を実行することが必要になり、この手続もさらに相当な時間、手間、費用等の負担がかかることになる。

インターネット利用によって被害を受けた者が国際的な活動を行う大企業の場合には、外国に所在する加害者に対して、文字どおり、世界の果てまで法的な責任を追及することが可能であるかもしれないが、通常は実際上法的な責任を追及することには、場所的な限界が大きな障害になっている。イン

ターネット利用による情報の伝達、交換は、国境を越えて容易に行われることが基本的な特徴であることは前記のとおりであるが、このことは逆に法的な責任の追及を著しく困難なものにしているのである。

> **コラム③　海外がからむ被害救済の真の困難性**
>
> 　加害行為によって被害が発生し、被害者が加害者に対して損害賠償を請求する場合、加害者の属性、被害者の属性、加害行為の行為地、被害の発生地に日本以外の事情が関係すると、「どの国の法律が適用されるのか」との問題が生じる（「法の衝突」とよばれる問題である）。インターネット利用による加害行為の場合には、国によって不法行為法が異なるだけでなく、加害者の所在地、経由サーバーの所在地、使用コンピュータの所在地等が日本以外の国にあることが珍しくないが、このような事態においては、日本法が適用されるとは限らないところ、外国の法律を調査し、利用できる程度に明らかにすることは相当に困難であるし、可能であるとしても、相当の費用がかかることは間違いない（仮に日本の裁判所に訴訟を提起することができるとしても、裁判所に外国の法律の内容を明らかにする証拠を提出することが必要になる）。
>
> 　どの国の法律を適用するかを明らかにし、その法律の内容を明らかすることだけでも相当に重大な負担であるが、この訴訟を外国の裁判所に提起することが必要である場合には、さらに重大な負担を強いられることになる。被害を受けたとしても、その救済は、事実上諦めざるを得ないということになる。

(3) 訴訟手続の選択――示談という選択肢――

　加害者の法的な責任を実現するためには、訴訟という方法を選択せず、被害者と加害者との間で示談交渉をし、示談をまとめることも可能であるが

（法的な形式としては、民法695条以下の和解契約を締結することである）、示談交渉を行う場合であっても、まず加害者の特定、所在を明らかにすることが重大な障害である。加害者が示談交渉に応じなかったり、示談交渉がまとまらなかったりした場合には、訴訟を提起し、勝訴判決を得ることが必要である。

(4) 勝訴判決・和解と権利の実現

　和解契約が締結された場合であっても、それだけでは被害の内容は回復されないものであり、和解契約が適切に履行されて初めて加害者の法的な責任が実現されることである。和解契約の場合には、契約締結時に和解の内容を任意に履行することが後日の不要な紛争を防止する賢明な方法である。他方、前記のとおり、勝訴判決を得たとしても、加害者が日本に所在する場合であっても、判決の内容どおりのその責任を果たすかは不透明であり、加害者が判決の内容を任意に実現しない場合には、被害者としては、強制執行（民事執行法に手続が定められている）によって加害者の責任の内容を強制的に実現することが必要であるが、そのためには相当な時間、手間、費用がさらに必要になる。

　なお、損害賠償責任が実現されるためには、加害者に資産があり、その資産が被害者に判明していることが必要であり、その資産調査も大変な負担である。

(5) 被害・加害に関する証拠収集の重要性

　被害者がインターネット利用による被害が生じたと認識した場合、どのような権利を取得することができるかは、①加害行為の内容・態様、②被害の内容・態様、③加害者の属性等の事実関係によって異なる。法律問題を論ずる場合、一般的な事件の場合にも、法律問題の前提となる事実関係がどのようなものであるかが重要であるが（この事実関係は、証拠を収集し、収集した証拠の内容を評価し、認識することによって得られるものである）、インター

第1章　インターネット・トラブルの概要と裁判の実効性

ネット利用に伴う法的な責任が問題になる場合には、極めて重要である。特にインターネット上の加害行為、その結果は、インターネット上に情報として流通し、あるいは流浪しているが、この情報を検索し、収集することが困難であることが少なくないため、できるだけ迅速にこれらの情報を媒体に保存し、証拠を収集することが重要であるだけでなく、法的な責任の追及の決め手になるといってよい。

　被害者がインターネット利用による被害を認識したといっても、被害者がそのように認識しているというだけでは足りないものであり、証拠によって裏づけられることが必要であることは、繰り返して強調しても、強調しすぎることはない（なお、被害者の供述も一つの証拠であるが、インターネット利用に伴う法的な責任を追及する場合には、供述以外の信用される証拠をできるだけ多く収集することが必要であり、重要である）。

3　救済の法的根拠と態様

(1) 損害賠償の根拠

　インターネット利用による被害が生じた場合、被害者が加害者の法的な責任を追及しようとするとき、侵害された権利・利益の種類・内容・程度、加害行為の内容・態様等の事情を考慮し、被害の内容を適切に救済し、回復することを検討することが必要であるが、被害者が最も多く利用する可能性があるのは、民法709条、710条が定めている不法行為責任である。

①　民法709条

　　故意または過失によって他人の権利または法律上保護される利益を侵害した者は、これによって生じた損害を賠償する責任を負うと定め、不法行為による損害賠償責任の一般原則を定めている。

②　民法710条

　　他人の身体、自由もしくは名誉を侵害した場合または他人の財産権を

侵害した場合のいずれであるかを問わず、民法709条の規定により損害賠償の責任を負う者は、財産以外の損害に対しても、その賠償をしなければならないと定め、財産以外の損害の賠償について規定を設けている。

民法709条、710条によって、インターネット利用による被害者は、加害者に対して損害賠償責任を追及することができるが、損害賠償責任については、加害者の加害行為の内容が名誉毀損、信用毀損、名誉感情の侵害、プライバシーの侵害、個人情報の漏洩、営業権の侵害、営業秘密の漏洩、無形の価値の侵害等がありうるところ、これらの類型に広く損害賠償責任を認めるものである。

(2) 被害救済・回復の方法

損害賠償責任は、損害を賠償する方法によって被害を救済し、回復するものであるが、原則として金銭（「賠償金」とか、「損害賠償金」と呼ばれている）の支払いによって被害を償うものである（民法722条1項、417条）。インターネット利用による被害の救済の場合にも、この方法によるものであり、加害者が不法行為責任を負うとしても、最後には、被害者は、加害行為と損害の発生との間の因果関係の存在、損害賠償額につき証拠によって証明することが必要である（この証明は、言葉の上では簡単であるが、実際に加害者の損害賠償責任を追及する場合には、困難であることが少なくない）。

被害者が自分が被害を受けたと認識したとしても、実際にその被害が金銭的に見積もって、具体的にいくらの金額になるかを証明することは簡単ではない。しかも、被害者が自分の希望する額の損害賠償を得ることは相当に困難である。

また、損害賠償責任以外の法的な責任については、名誉毀損における原状回復に関する民法723条が設けられており、他人の名誉を毀損した者に対しては、裁判所は、被害者の請求により、損害賠償に代えて、または損害賠償とともに、名誉を回復するのに適当な処分を命ずることができると定めてい

る。民法723条は、名誉毀損の場合には、しばしば利用されているものであり、たとえば、謝罪広告の掲載を請求する事例がこれにあたる。民法723条は、名誉毀損の場合以外の不法行為につき適用、類推適用されるかが問題にされているが、判例は否定的である（最二小判昭和45・12・18民集24巻13号2151頁、判時619号53頁、判タ257号139頁）。

(3) 将来の被害の救済・予防

　加害行為が継続的に行われている場合、将来発生すると予想される被害を含めて損害賠償を請求することができるかが問題になる。将来分の損害もまとめて損害賠償を請求することができれば、被害者にとって便利な方法であることは間違いがない。不法行為に基づく損害賠償責任が問題になる場合には、将来の逸失利益、治療費等の損害賠償も認められているが、これはすでに発生した不法行為に基づき将来発生する損害の賠償であり、将来の加害行為（将来行われる加害行為）についての損害の賠償ではない。過去に加害行為が行われたからといって、将来も同様な加害行為が行われるかどうかは不明であるから、将来に加害行為が行われることを予想して現在損害賠償責任を追及することは、原則的に否定されるわけである。将来にわたって同様な加害行為が行われる可能性がある場合、加害行為の差止め、将来の加害行為につき不法行為に基づき損害賠償を請求することを認めるかは、理論的には一つの重要な課題である。加害行為の差止めについては、これを認める法律の規定がある場合には、この規定によるが、法律の規定がない場合には、後記のとおり、例外的に認められることがある。損害賠償については、前記のとおり、将来の加害行為の証明が困難であるという問題のほか、将来の損害賠償を請求する訴訟を提起することができるかという手続上の問題もあり、後者は、将来の給付の訴えとして問題になっている（民事訴訟法135条）。判例は、将来の給付の訴えを提起することができる場合について、あらかじめその請求をする必要があることを厳格に解しており（最大判昭和56・12・16

民集35巻10号1369頁等)、インターネット利用による不法行為の場合にも、原則として将来の加害行為による損害賠償責任を追及することはできない。

　法律上特に差止請求をすることが認められていない場合、不法行為に基づき加害行為の差止請求ができるかが問題になっている。具体的には、人格権の侵害、人格的利益の侵害、営業権の侵害の場合にはどうか等が問題になっているが、判例は、少なくとも人格権の侵害、人格的利益の侵害の場合には、肯定的に解しているし、営業権の侵害につき肯定的に解する一部の判例がある。

　加害行為の差止めを請求する場合、差止めの内容は、単に加害行為の差止めというものではなく、加害行為の内容・態様、被害の救済の必要性に応じて、加害行為の結果の削除・除去・廃棄、加害行為の手段・方法の除去・廃棄等も含むものであり、加害行為を停止させ、将来予防するための必要な内容を差止請求することができると解することができる。

(4) 複数人による不法行為

　不法行為については、加害者の単独の不法行為だけでなく、共同不法行為が認められており、複数の者が加害行為に関与した場合には、関与の内容、程度によっては共同不法行為者として損害賠償責任を負わされることがある（民法719条1項、2項）。民法719条1項は、①数人が共同の不法行為によって他人に損害を加えたときと、②共同行為者のうちいずれの者がその損害を加えたかを知ることができないときの共同不法行為に分けることができ、いずれの場合にも、各行為者が連帯して損害賠償責任を負うことを認めるものである。

　また、民法719条2項は、行為者を教唆した者、幇助した者は、共同行為者として共同不法行為に基づく損害賠償責任を負うことを認めるものである。

　インターネット利用による不法行為の場合にも、この共同不法行為の規定が適用されるものであるから、インターネットを利用し、他人の権利・利益

> **コラム④　安易に煽ったり便乗するとどうなるか**
>
> 　加害者をそそのかしたり、助けたりした者は、教唆者、幇助者として直接の加害者とともに損害賠償責任を連帯して負うことになっている。
> 　教唆は、他人をそそのかして不法行為をさせる意思を生じさせるものであり、幇助は、不法行為そのものではなく、不法行為の実行を補助し、容易にすることである。
> 　インターネット利用に伴う加害行為の場合には、電子掲示板や一私人が気軽に生放送を行える動画配信サイト等において、利用者間でさまざまな情報交換をしている間に、気分が盛り上ったり、他人の情報に追随したり、その気にさせる情報を提供したりする事例が多々みられるが、このような情報交換によって他人の権利、法益を侵害する加害行為を実行する者がいた場合には、民法719条1項の共同不法行為として損害賠償責任を負わされることがあるだけでなく、これに該当しない場合であっても、教唆者、幇助者として損害賠償責任を負わされることがある。
> 　教唆、幇助は、インターネット利用の場では生じやすい不法行為の類型であるから、他人を攻撃する内容の情報交換の場、情報提供の場に参加する場合には、相当に大きな損害賠償責任のリスクである。安易にこのような情報交換、情報提供の場でインターネットを利用し、情報を提供した場合には、自らは加害行為を行わなかった場合であっても、被害を受けた者から損害賠償責任を追及されるだけでなく、現実に損害賠償責任が認められることがある。しかも、直接に加害行為を行った者が特定されなかったり、あるいは所在が不明であったり、外国にいたり、資産を有していなかったりした場合には、教唆者、幇助者のみが実際上損害賠償責任を負わされることもある。

を侵害する情報が発信された場合、これに便乗して情報の提供、交換等を行うときは、共同行為者としての損害賠償責任を負うことがある。これら便乗者の中には、比較的安易にインターネット上に流通する情報の伝達、流布に便乗する事例がみられるが、共同不法行為者としての損害賠償責任は、本来の加害者と同様な損害賠償責任を負わされることになる。

さらに、加害行為の内容、加害者の属性、被害者の属性等の事情によっては、著作権法等の知的財産権に関する諸法律、不正競争防止法上の問題として取り上げることができ、これらの法律に基づき損害賠償責任、差止責任を追及することもできる。

4 名誉毀損

(1) 名　誉

インターネット利用による被害をめぐる法律問題として取り上げられることが多いのが名誉毀損である（名誉毀損との用語が使用されることが多いが、名誉権の侵害と呼ばれることもある）。

法律上、名誉毀損の場合の名誉は、人が社会から受ける客観的な評価のことであり、より具体的には、人がその品性、徳行、名声、信用等の人格的価値について社会から受ける客観的な評価、すなわち社会的名誉を指すものであって、人が自己自身の人格的価値について有する主観的な評価、すなわち名誉感情は含まないものと解されている（最二小判昭和45・12・18民集24巻13号2151頁、判時619号53頁、判タ257号139頁等の判例である）。

(2) インターネット利用における名誉毀損

名誉毀損は、このような名誉を低下させることであり、実際上社会においても、法律の現場においても取り上げられることが多い類型の不法行為である（公表された裁判例の数も多い）。名誉毀損は、口頭、新聞、週刊誌、雑誌、

書籍、ビラ、ラジオ放送、テレビ放送等のさまざまな媒体の利用によって行われる不法行為であり、人の社会的な評価、社会から受ける客観的な評価を情報によって低下させることに基本的な特徴がある。インターネット利用は、情報の伝達、交換を大規模に、広範囲に、迅速に、手軽に行うことを基本とする手段・方法であるから、名誉毀損の手段・方法として利用されがちなものであるが、被害の規模、範囲（地理的、空間的、時間的、人的な範囲）、程度は、他の手段・方法よりも重大で深刻なものになるという基本的な特徴がある。

(3) 保護の範囲

名誉毀損の対象になる人は、個人にとどまらず、株式会社、社団法人等の法人、任意の団体を広く含む（個人の場合には、故人を含むかどうかの議論があるが、これを含むとする判例がある）。個人であっても、法人であっても、企業らの事業者を含むが、事業者の事業上の名誉は、社会から受ける信用も名誉毀損として保護の対象になっている。名誉毀損のうち、企業らの事業者が経済社会において事業を遂行するにあたっては、信用が極めて重要な基盤になっているが、この信用を毀損する場合には、信用毀損と呼ばれることが多い。

名誉毀損・信用毀損は、毀損の対象となった被害者の社会的な評価の低下が認められる場合には、不法行為が認められ、加害者に損害賠償責任等の法的な責任が認められるのが原則である（名誉毀損・信用毀損は、事実を摘示して他人の社会的評価を低下させるものであるが、別の類型の名誉毀損として意見・論評による名誉毀損がある）。

(4) 要 件

名誉毀損・信用毀損が認められるためには、①人が社会的な評価を受けていること、②加害者の事実の摘示を内容とする情報の伝達等によって社会的

な評価が低下したことが必要である。

　社会的な評価を損なわれた場合、被害者は、これらの事実を証明することによって加害者に対して損害賠償責任等の法的な責任を追及することになる。社会的な評価を低下させる手段・方法は問わないものであり、インターネット利用も当然に含まれる。事実を摘示しないで他人を悪(あ)しざまに言ったり、批判したりすることは、名誉感情の侵害として不法行為が問題になることがあるほか、後記の意見・評論による名誉毀損として問題になることがある。社会生活上、他人の批判をする事例は日常的にみられるが、他人の批判も、たとえば、政治家に関する批判は、その性質上、社会の批判をある程度受忍すべきことが社会常識として認められているから、社会的な評価の低下にあたらないということができるし、社会的に大きな問題になった事項につき積極的に意見を開陳し、あるいは立場を提唱している者に対する批判も、その性質上、議論の範囲内においては社会の批判をある程度受忍すべきであり、社会的な評価の低下にあたらないということができる。

(5) 社会的評価の低下の判断基準

　ある事実が他人の社会的な評価を低下させるものであるかどうかは、事実についての一般の読者、視聴者の普通の注意と読み方とを基準として判断すべきであると解されている（最二小判昭和31・7・20民集10巻8号1059頁、最一小判平成15・10・16民集57巻9号1075頁等の判例）。

　インターネットにしろ、新聞記事にしろ、週刊誌の記事にしろ、他の媒体による場合にしろ、そこに含まれる情報が事実の摘示を含み、人の社会的な評価を対象とする場合には、その情報の提供、交換が名誉毀損にあたるかは、個々の媒体ごとに一般の受け手の通常の読み方、見方を基準として判断されることになっている（新聞の記事、週刊誌の記事の場合には、一般の読者、テレビ放送の場合には、一般の視聴者が基準となり、しかもこれらの者の通常の注意、読み方を基準として判断することになるが、インターネットの書込み等の場合に

は、一般のインターネットの利用者が基準となり、その利用者の読み方を基準として判断することになる)。

　名誉毀損の基本的な要件は、社会の一般人を基準として判断されることになっているから、時代によって判断が異なることがありうるし、インターネット時代という新たな情報の伝達、交換が急速度で進行している状況においては、一般のインターネットの利用者の考え方、社会通念が変化する可能性があり、社会的な評価の低下についての判断も変化する可能性がある。社会的な評価の低下に関する基準が時代の進行につれて変化することからすると、ある時期には名誉毀損にあたらない情報の提供も、時代が変われば、名誉毀損にあたることがありうることには注意を払うことが必要である。特にインターネット時代のように社会環境が急激に変化する状況においては情報の提供、交換にあたっては慎重さが必要になる。

> **コラム5　インターネットの危険性**
>
> 　個人であれ、法人であれ、名誉毀損・信用毀損によって保護される社会的評価は、多種多様なものがあり、社会生活、経済活動上受けている積極的な評価を広く含むものと解するほかはない。人は、誰でも、社会において評価を受け、その評価を基盤として生活をし、活動をしているものであるが、通常、これを明確に意識しているわけではない（人によっては、虚構の評価を作り上げ、その虚構の上に、虚構を作りあげ、根拠のない評価を基盤にしている者も少なくない）。人の社会的な積極的な評価は、長年の間の活動、努力によって営々として築きあげられることが多いが、その低下は些細なことによって生じるものである。人の社会的な積極的な評価は、低下し、あるいは失ってはじめて気づかされることが多いのである。
>
> 　名誉毀損・信用毀損は、人が社会生活、経済活動の基盤としている、このような社会的な評価を低下させ、喪失させようとするものであり、

さまざまな動機、目的、経過によって実行されるものであるが、毀損行為の種類、手段の割には、効果は重大で、深刻になることがある。インターネット利用による名誉毀損・信用毀損は、手軽で効果的である等の特徴があるが、インターネット社会においては、今後、ますますその問題が深刻になると予想される。しかも、インターネット社会においては、名誉毀損等の被害者になる可能性があるだけでなく、さほど意識しない間に加害者になる可能性もあるから、注意をはらってインターネットを利用することが極めて重要になっている。

(6) 仮名、匿名、イニシアルの場合

　社会的な評価の低下は、特定の人について生じることが必要であり、名誉毀損が問題になった従前の事件を概観すると、仮名、匿名の人（個人、法人等を含む）を話題とし、事実を摘示して批判をする内容の週刊誌の記事、雑誌の記事、インターネット上の書込みにつき名誉毀損の成否が問題になった事件があるが、仮名、匿名の人を対象とする場合であっても、特定の人であると推認されるときは、その推認される特定の人につき名誉毀損が成立すると考えることができる（判例も同旨である）。なお、イニシアルを記載した記事、書込み等につき名誉毀損の成否が問題になることがあるが、イニシアルにすること自体、特定の人を容易に推認させるものであり、名誉毀損が成立すると考えることに問題はない。

　また、特定のグループを対象として批判をした場合には、グループに属する者に対する名誉毀損が成立するかが問題になるし、特定の職業、特定の資格者、特定の事業を対象として批判をした場合にも同様な問題が生じるところ、このような批判であっても、個々の者の社会的な評価の低下をもたらしうるが、前者については肯定的に、後者については否定的に解することが多い（今後の議論の動向によっては結論が変化しうる）。

(7) 法的責任の内容

　以上のような名誉毀損の各要件が満たされる場合には、加害者の名誉毀損による損害賠償責任が認められ（民法709条、710条）、加害者に対して損害賠償に代えて、または損害賠償とともに名誉を回復するのに適切な処分を請求することができる（同法723条。名誉毀損における原状回復と呼ばれている）。

　名誉毀損の原状回復としては、新聞紙における謝罪広告の掲載の事例が多いが（謝罪広告の掲載等の原状回復請求をした場合、その必要性が認められるときにはじめて請求が認容されるのが訴訟実務の現状であり、名誉毀損が認められるとただちに原状回復請求が認容されるわけではなく、認容事例は必ずしも多くはない）、名誉毀損の媒体の廃棄、記載の削除、訂正文の掲載等が名誉毀損の内容、態様、名誉の保護の必要性等に応じて必要な処分を認めることが相当である。

(8) 免　責

　名誉毀損の各要件が満たされた場合には、名誉毀損は原則として違法であるということになるが、加害者は、次のような要件を証明することによって、その責任を免れることができる。加害者が証明することが必要な要件は、①名誉毀損の行為が公共の利害に関する事実に係ること、および②行為の目的がもっぱら公益を図ることにあったこと、および③摘示された事実がその重要な部分について真実であること、または、④摘示された事実が真実であるとはいえないとしても、行為者においてこの事実を真実と信ずるについて相当の理由があることである（最三小判平成9・9・9民集51巻8号3804頁、判時1618号52頁、判タ955号115頁等の判例である）。

　そのため、加害者は、①、②、③の各要件を満たすか（この場合には、名誉毀損の違法性が阻却されることになる）、あるいは①、②、④の各要件を満たす（この場合には、加害者の故意、過失が否定されるものであり、有責性が阻却されることになる）ことによって、名誉毀損による法的な責任を免れるも

のである。

　前記の最三小判平成9・9・9（一時期社会的に大きな話題になったロス疑惑事件について判断したものである）は、名誉毀損の法理について重要な判断を示したものであり、名誉毀損をめぐる重要な事項につき詳細に、
「1　新聞記事による名誉毀損の不法行為は、問題とされる表現が、人の品性、徳行、名声、信用等の人格的価値について社会から受ける客観的評価を低下させるものであれば、これが事実を摘示するものであるか、又は意見ないし論評を表明するものであるかを問わず、成立し得るものである。ところで、事実を摘示しての名誉毀損にあっては、その行為が公共の利害に関する事実に係り、かつ、その目的が専ら公益を図ることにあった場合に、摘示された事実がその重要な部分について真実であることの証明があったときには、右行為には違法性がなく、仮に右事実が真実であることの証明がないときにも、行為者において右事実を真実と信ずるについて相当の理由があれば、その故意又は過失は否定される（最高裁昭和37年(オ)第815号同41年6月23日第一小法廷判決・民集20巻5号1118頁、最高裁昭和56年(オ)第25号同58年10月20日第一小法廷判決・裁判集民事140号177頁参照）。一方、ある事実を基礎としての意見ないし論評の表明による名誉毀損にあっては、その行為が公共の利害に関する事実に係り、かつ、その目的が専ら公益を図ることにあった場合に、右意見ないし論評の前提としている事実が重要な部分について真実であることの証明があったときには、人身攻撃に及ぶなど意見ないし論評としての域を逸脱したものでない限り、右行為は違法性を欠くものというべきである（最高裁昭和55年(オ)第1188号同62年4月24日第二小法廷判決・民集41巻3号490頁、最高裁昭和60年(オ)第1274号平成元年12月21日第一小法廷判決・民集43巻12号2252頁参照）。そして、仮に右意見ないし論評の前提としている事実が真実であることの証明がないときにも、事実を摘示しての名誉毀損における場合と対比すると、行為者において右事実を真実と信ずるについて相当の理由があれば、その故意又は過失は否定されると解するのが相当である。

右のように、事実を摘示しての名誉毀損と意見ないし論評による名誉毀損とでは、不法行為責任の成否に関する要件が異なるため、問題とされている表現が、事実を摘示するものであるか、意見ないし論評の表明であるかを区別することが必要となる。ところで、ある記事の意味内容が他人の社会的評価を低下させるものであるかどうかは、当該記事についての一般の読者の普通の注意と読み方とを基準として判断すべきものであり（最高裁昭和29年(オ)第634号同31年7月20日第二小法廷判決・民集10巻8号1059頁参照）、そのことは、前記区別に当たっても妥当するものというべきである。すなわち、新聞記事中の名誉毀損の成否が問題となっている部分について、そこに用いられている語のみを通常の意味に従って理解した場合には、証拠等をもってその存否を決することが可能な他人に関する特定の事項を主張しているものと直ちに解せないときにも、当該部分の前後の文脈や、記事の公表当時に一般の読者が有していた知識ないし経験等を考慮し、右部分が、修辞上の誇張ないし強調を行うか、比喩的表現方法を用いるか、又は第三者からの伝聞内容の紹介や推論の形式を採用するなどによりつつ、間接的ないしえん曲に前記事項を主張するものと理解されるならば、同部分は、事実を摘示するものと見るのが相当である。また、右のような間接的な言及は欠けるにせよ、当該部分の前後の文脈等の事情を総合的に考慮すると、当該部分の叙述の前提として前記事項を黙示的に主張するものと理解されるならば、同部分は、やはり、事実を摘示するものと見るのが相当である」と判示している。

(9) 名誉毀損の争点

　名誉毀損による法的な責任を追及された場合、加害者としては、まず、さまざまな媒体を介して行った情報の提供、交換（事実を内容とする情報の提供、交換である）が、①人の社会的な評価を低下させるかが争点になり、さらに②その事実が公共の利害に係るものであるかどうか、③もっぱら公益を図るものであるかどうか、④摘示された事実が重要な部分で真実であるかどうか、

⑤仮に真実でないとしても、真実であると信ずるにつき相当な理由があるかどうかが争点になることが多い。

(A) 侵害の有無——社会的な評価の低下の特定——

名誉毀損による不法行為に基づく損害賠償を請求する訴訟においては、被害を主張する者は、名誉毀損を主張する新聞の記事、週刊誌の記事、インターネット上の書込み等について、具体的にどの記載・書込みが社会的な評価を低下させる部分であるかの特定が求められることが通常である。裁判官の中には、記載・書込みのうち虚偽の部分、真実でない部分の特定を細かく分けて求める者もいるが（特定を明確にさせようとするためであろうか、一覧表を作成させる者もいる）、人の社会的な評価の低下は、虚実の事実を取り混ぜて低下させることが多く、また効果的であるから、名誉毀損の実情を的確に主張、立証、判断するには、あまりにも細部にわたる特定を求めることは妥当でない。

インターネット上の書込み等の情報の提供、交換について名誉毀損が問題になる場合には、被害者としては、インターネット上の書込み等を文書に収集し、保存したうえ、どの書込み等が具体的に社会的な評価を低下させるものであるかを特定することが必要である。インターネット上に流通する膨大な情報の中で、調査したうえ、文書に収集し、保存することができないものがある場合には、事実上名誉毀損による法的な責任を追及することはできない。

(B) 公共性の有無

摘示された事実が公共の利害に係るものであるかどうかは、政治、行政のような公的な事項に限られるものではなく、犯罪、法令違反、社会的に大きな話題になった事件もこの要件を満たすと考えられている。この要件が争点になることは少ないのが実情であるが、社会的に話題になったからといって、公共の利害に係るものであると即断することは妥当ではない（単に社会の覗き見的な嗜好を満たすだけのものであり、公共の利害に係るとはいえないことが多々ある）。

> **コラム⑥　公共性の意味とは**
>
> 　名誉毀損の免責の要件の一つとして、摘示された事実が公共の利害に係ることが必要であるが、公共性は、たとえば、国、地域全体にかかわるような公共性が必要とされているものではない。また、たとえば、政治的な事柄に限定されているものではない。社会的な話題になった事柄であれば、たとえば、新聞、雑誌、テレビ等によって広く話題になったような事柄については公共性の要件を満たすと考えるのが従来の判例である。たしかに社会には、自ら虚実を取り混ぜて社会的な話題を提供したり、社会的に注目を集めようとしたりする者が多くみられるが、このような者が自らを売り込む際には、さかんに話題づくりをしながら、批判される際には、個人的な事柄であるとか、私的な事柄であるといって批判を免れ、批判者に対して名誉毀損に基づき法的な責任を追及しようとすることを無限定に認めることは、著しく不公平であろう。しかし、社会には自らの関与なく、些細な出来事につき勝手に社会的な話題として取り上げられ、さらに批判される事態が生じることがあるが、このような場合、公共性があるといって根拠のない批判につき名誉毀損による救済を否定することはやはり不公平感が残るのである。
>
> 　現在の判例の傾向を踏まえると、公共性が相当に広く理解されているから、名誉毀損による救済を利用する場合には、この障害の克服を事前に検討しておくことが無駄ではないであろう。

(C)　公益性の有無

　情報の提供、交換が公益を図ることについては、もっぱら公益を図るものであることが要件であることに注意が必要である。名誉毀損が問題になる新聞の記事、週刊誌の記事等は、情報を提供する媒体がマスメディアであることから、記事の掲載等がもっぱら公益を図るものと安易に認定されてきたが、実際の記事等を読むと、「もっぱら」といえない場合とか、媒体としての私

怨が動機と推測されるものとか、記事等の背後にいる情報の提供者等の便益を提供する場合（選挙の前とか、社会的に話題になった事件が報道される等した場合には、対立する関係者のうち特定の立場に立つ者にとって不利な情報が提供される事例が少なくない）とか、さまざまな事例をみかけるところであり、この要件の認定、判断は慎重に行うべきであり、マスメディアであるからといってもっぱら公益目的があると即断することは相当ではない。インターネット上の書込み等による情報の提供、交換の場合には、情報の提供等の場面、必要性等の事情を考慮することが必要であるが、もっぱら公益を図ることの要件が認められる場合は多くないと推測される。

(D) 真実性の有無

最後に、真実性の要件が問題になるが、加害者は、摘示した事実が真実であることにつき証明することが必要であり、真実であることの証明をすることができない場合には、真実であると信ずる相当の理由があったことを証明することが必要である（これは、「真実性の証明」と呼ばれることがある）。

摘示した事実が真実であるかは、その事実全部が真実であることを証明する必要はなく、重要な部分が真実であることを証明すれば足りるが、これは原告、被告の提出する証拠によって判断されるところ（最終的には裁判官が判断することになる）、その判断が的確かつ適切であるかも問題になり、真実性の立証、判断もさほど信頼できるものではない。仮に真実性の証明ができない場合であっても、加害者が真実であると信ずるにつき相当の理由があったことを証明することが必要である。

この相当の理由は、新聞の記事、インターネットの書込み等によって事実を摘示した情報を提供、交換する場合には、その事実が真実であると信ずるにつき必要であるが、その事実が真実であるかどうかの調査、判断をし、その調査、判断に相当な根拠があることが必要である。相当の理由の有無は、情報の提供者がマスメディアのような専門の事業者である場合と一般人である場合とを比較すると、真実性についての調査、判断の範囲、程度は異なる

ものであり、前者の場合には、高度の調査、判断が必要である（マスメディアのような情報の提供の専門業者の場合には、情報の収集の方法・範囲、取材の有無・方法・範囲等の事情を考慮し、相当の理由の有無を判断することが必要である）。後者の場合には、社会生活上、一般人を基準とし、通常の調査、判断をすることで足りるであろう（社会生活上必要な社会常識に沿った調査、判断をすることが必要であり、かつ、それで足りる）。

(E) インターネット利用の場合

インターネット利用に伴う名誉毀損の場合、加害行為を行った利用者がどの範囲で、どの程度の調査、判断を行うことが必要であるか、また、どのような根拠をもって書込み等をすれば相当の理由が認められるかについては、利用者の属性（業務の有無・種類、職業・地位、書込み等の場面等）によって異なるが、加害者が一般の利用者である場合には、前記の一般人の基準によって判断することが相当である。

インターネット上に他人に関する事項、他人の批判を書込み等する場合には、提供される情報がインターネット上に広く伝達されることに配慮し（特定の範囲であっても、多数の者が読みうるものであれば、広く伝達されることになる）、その内容である事実が真実であるかの調査、判断をすることが必要であり、少なくとも真実であると信ずるだけの相当の理由が必要である。インターネット上で複数の者が参加して書込み等を行っていると、自然と表現に勢いがつき、表現が過激になり、誇張され、事実から大きく飛躍した書込み等を行う等して情報の提供、交換が行われることがあるが、この場合であっても、他人に関する事項、他人の批判を内容とするときは、相当の慎重さが必要である（売り言葉に買い言葉の状況になると、それだけ慎重さが必要になる）。

(F) 意見・評論の場合

事実の摘示による名誉毀損とは別に、意見・評論による名誉毀損が認められている。名誉毀損は、結局、問題とされる表現が、人の品性、徳行、名声、

信用等の人格的価値について社会から受ける客観的評価を低下させるものであれば、これが事実を摘示するものであるか、または意見ないし論評を表明するものであるかを問わず、成立しうることになる。意見・評論による名誉毀損の場合には、ある真実を基礎としての意見ないし論評の表明による名誉毀損であり、その行為が公共の利害に関する事実に係り、かつ、その目的がもっぱら公益を図ることにあった場合に、この意見ないし論評の前提としている事実が重要な部分について真実であることの証明があったときには、人身攻撃に及ぶなど意見ないし論評としての域を逸脱したものでない限り、この行為は違法性を欠くものというべきであり、責任が否定される。

仮にこの意見ないし論評の前提としている事実が真実であることの証明がないときにも、行為者においてこの事実を真実と信ずるについて相当の理由があれば、その故意または過失は否定されると解されている（前掲・最三小判平成9・9・9等の判例である）。

この意見・評論による名誉毀損は、インターネット上には他人を評価する場所が設けられ、意見という情報の交換の機会があるところから、インターネット上では問題になることが多いであろう。特に複数の者同士で他人につき意見の交換、評価をする場合には、誉めるよりも、批判し、悪口を言うほうが意見の交換が盛り上がり、ますます過激な意見の開陳がみられるようになることが多いため、意見・評論による名誉毀損が問題になりがちになる。

意見・評論によって社会的な評価が低下したと考える被害者は、加害者の意見・評論の表明によって社会的な評価の低下を証明することが必要であり、この証明がされれば、加害者に対して名誉毀損による法的な責任を追及することができる（その内容は、事実を摘示した名誉毀損の場合と同様である）。意見・評論の表明は、その媒体を問わないものであり、インターネット上の書込み等によっても名誉毀損が成立し、しかも成立しやすいものである。

加害者は、名誉毀損による法的な責任を免れようとする場合には、①名誉毀損の行為が公共の利害に関する事実に係ること、②行為の目的がもっぱら

公益を図ることにあったこと、③意見ないし論評の前提としている事実が重要な部分について真実であること、④人身攻撃に及ぶなど意見ないし論評としての域を逸脱したものでないことの各要件を証明し、満たす場合には、この行為は違法性を欠くものとして、法的な責任が免れることができる。また、仮に意見ないし論評の前提としている事実が真実であることの証明がないときにも、⑤行為者においてこの事実を真実と信ずるについて相当の理由があることを証明し、この要件を満たすことができれば、その故意または過失は否定され、有責性が阻却され、法的な責任を免れることができる。加害者としては、名誉毀損の法的な責任を免れるためには、①、②、③、④の各要件を満たすか、①、②、④、⑤の各要件を満たすことが必要である。

(G) 名誉毀損の類型の違い

　事実の摘示による名誉毀損と意見・論評による名誉毀損は、不法行為責任の成否に関する要件が異なり、責任の阻却の要件が異なるため、問題とされている表現が、事実を摘示するものであるか、意見ないし論評の表明であるかを区別することが必要となる。

　事実の摘示の有無は、新聞の記事、テレビの放送、インターネット上の書込み等において、一般の読み手、視聴者を基準として社会通念に従って判断することができるが、意見・評論であるのか、事実の摘示を含むのかが微妙な場合がありうるところである。

　判例によれば、新聞記事による名誉毀損の成否が問題となる場合には、その記事部分について、そこに用いられている語のみを通常の意味に従って理解した場合には、証拠等をもってその存否を決することが可能な他人に関する特定の事項を主張しているものと直ちに解せないときにも、その部分の前後の文脈や、記事の公表当時に一般の読者が有していた知識ないし経験等を考慮し、その部分が、修辞上の誇張ないし強調を行うか、比喩的表現方法を用いるか、または第三者からの伝聞内容の紹介や推論の形式を採用するなどによりつつ、間接的ないしえん曲に前記事項を主張するものと理解されるな

らば、その部分は、事実を摘示するものとみるのが相当であるとしている。また、このような間接的な言及は欠けるにせよ、当該部分の前後の文脈等の事情を総合的に考慮すると、この部分の叙述の前提として前記事項を黙示的に主張するものと理解されるならば、この部分は、やはり、事実を摘示するものとるのが相当であると解されている（前掲・最三小判平成９・９・９）。

この判例を一般の人が容易に理解することは困難であるが、具体的には、直接的にも、間接的にも事実を摘示したものと理解される場合には、事実の摘示がある名誉毀損として問題にすることになろう。

(10) 名誉毀損事件の実情

日本の判例において名誉毀損が問題になった事例は、法律雑誌に公表されたものだけでも多数に上るのが実情である。名誉毀損が判明したとしても、訴訟になるのはごく少数であるし、そのうち判決が法律雑誌に公表されるのはごく僅かであることに照らすと、社会においては多数の名誉毀損が発生しているものと推測されるし、実際に判例を読んでみると、実に多様な名誉毀損の事件が発生している。

名誉毀損の中には、悪意・害意をもち特定の意図を実現するためのものから、根拠が乏しいのにうっかり他人の悪口を言ったものまで、多種多様な名誉毀損が各種の媒体を介して行われている。各種の媒体の中には、近年さかんに利用されるようになったインターネットが登場しているのが現状であり、インターネット利用による名誉毀損の事例が判例上増加している傾向がみられるのである。

インターネットは、情報の提供、交換の媒体、手段、方法としては、実に手軽に、広範囲に、迅速に、膨大な量を提供等する強力なものであり、その反面、安易に他人に関する事項、他人の批判を行いがちになるものであり、いったんそのような情報を提供すると、半永久的に広範囲に情報が流通するものである。

5　プライバシーの侵害

(1) 個人に関する情報・プライバシー

　インターネット上には、個人の氏名、住所、国籍、人種、出生地、電話番号、学歴、職歴、現職、地位、家族関係、居住関係、友人関係、知人関係、趣味嗜好、取引履歴、各種のカード番号、資産、負債、信用状況、性格、信条、趣味、嗜好、癖、団体の所属関係、病歴、現在の病状、写真等の多種多様な情報が提供され、利用されている。これらの個人に関する情報は、特定の用途、目的のために限定された範囲に提供されているものがあるほか（これらの個人の情報は、提供の時点で各種のセキュリティ・システムによって保護されているとしても、後日のセキュリティ・システムの陳腐化、情報の漏洩によって広く閲覧が可能な状況におかれる可能性があり、万全な保護の下にあるとは言い難い）、多数の者の閲覧が可能な範囲に提供されているもの、不特定多数の者の閲覧が可能な状況で提供されているものがある。

　これらの個人に関する情報は、個人情報の保護に関する法律（「個人情報保護法」と略称されることが多い。以下、本書においても同様に略称する）の保護の対象になる個人情報に該当するもの、該当しないもの等さまざまであり、広く個人情報とよばれることが多いが、これらの情報の中にはプライバシーに属する情報も含まれている。

　個人のプライバシーは、伝統的には、私生活をみだりに公開されないことの保障ないし権利として保護されるものであるとされ、①私生活上の事実または私生活上の事実らしく受けとられるおそれのある事柄であること、②一般人の感受性を基準にして当該私人の立場に立った場合公開を欲しないであろうと認められる事柄であること、③一般の人々にいまだ知られていない事柄であることの各要件を満たすものであると考えられてきた（東京地判昭和39・9・28判時385号12頁）。

現在でも、このようなプライバシーの考え方は基本的には維持されているが、個人情報の一部を含むようにプライバシーの範囲が拡大されているとみるのが穏当である（後記の最二小判平成15・9・12民集57巻8号973頁、判時1837号3頁、判タ1134号98頁等。筆者は、この拡大現象につき、個人情報保護型のプライバシーと呼んでいる）。もっとも、個人情報のすべてがプライバシーに属するとは言い難いものであり、個人情報とプライバシーの境界が不透明、不明確になりつつある。

(2) プライバシーの侵害

プライバシーが侵害された場合、一定の要件の下で不法行為が認められるが、この場合、プライバシー権として認められているかどうかが従来問題になったことがあるものの、現在では、権利として認められるかが問題になることはほとんどない。プライバシーの侵害であっても、プライバシー権の侵害であっても、不法行為が認められるものであり、問題は、プライバシーとして保護される、①情報の範囲、②侵害の意義、③違法な侵害の意義である。

プライバシーの侵害は、近年、問題になることが多く、保護されるプライバシーに属する情報の範囲は拡大傾向にある。プライバシーに属する情報が拡大傾向にあるため、広く個人に関する情報が保護される可能性があるが、情報によって保護の必要性、強弱の違いがみられるようになっている。

コラム7　プライバシーは広がりつつあるが、それでよいのか

プライバシーとして保護される情報は、伝統的には、私生活上の事実、一般人が公開を欲しない事実、一般に知られていない事実であること等が必要であると解されていたが、その後、一般に知られていない事実であるという要件については、判例によって拡大される傾向が認められる。たとえば、個人の電話番号、住所等の情報は、社会生活上、自ら公開していることが通常であり、少なくとも一般に知られていないとはいえな

いものであるが、このような情報が無断で不特定または多数の者に開示された場合、開示した者の不法行為を認める判例が登場してきた。伝統的なプライバシーの考え方によると、保護される情報は、私生活上の秘め事に限られるという印象が強かったが、個人の電話番号、住所等の情報までプライバシーとして保護されるという考え方は、伝統的な考え方とはやや異質なところがあるため、プライバシーの考え方、範囲をめぐる議論が続いている。

　プライバシーの侵害をめぐる判例は、平成年代に入って増加しているようであり（公表される判例が増加しているだけでなく、実際に問題になる事件も増加していると推測される）、個人に関する情報が積極的に公開されたような場合だけでなく、個人の了解なく利用された場合、さらに保管されている情報が漏洩したり、流出したような場合にも、プライバシーの侵害が主張され、不法行為の根拠として利用されるようになっている。このような状況は、個人の自己に関する情報への関心の高まりがあるが、プライバシーの侵害がわかりやすい法理であり、手軽に主張されることも背景にあるものと推測される。

　最近は、プライバシーの侵害の法理によるプライバシーの保護の行き過ぎも問題になっており、たとえば、災害が発生した場合、被災者の捜索等にあたって氏名、住所、電話番号等の把握が困難になったり、学校、職場等において連絡が困難になったりする事例もみられるようになっている。さまざまな会合に出席し、出席者との会話をしようと思い、氏名を尋ねたら、プライバシーに属するので答えられないといった事例、商品のクレームを付ける電話があり、検討の結果を伝えようとし、氏名を尋ねたら、同様に、プライバシーに属するので、教えられないといった事例もあるようである。他人の噂話は、個人間の会話の話題の中心であるが、事情によってはプライバシーの侵害に該当する可能性もあろう。

　個人が社会生活、経済活動を行うにあたっては、何らかの範囲で自己

に関する情報を提供することが必要であるが、他人がこれらの情報を悪用する場合は別として、他人の通常の利用を許容しているというべきである。最近ではスマートフォンの普及に伴うライフログの取得等が話題となり、プライバシーの開示等がどの範囲で違法であるかは、今後ますます重大な問題になると予想されるが、行き過ぎた保護は社会生活、経済活動そのものを窒息させるおそれがあることにも配慮すべきであろう。

(3) 要 件

　伝統的なプライバシーの侵害は、他人に知られたくない私的な事柄をみだりに公開することであると解されていた。現在では、個人の私的な情報が公開されれば、原則としてプライバシーが侵害されたことになるが、この場合、事実を公表されない法的利益とこれを公表する理由とを比較衡量し、前者が後者に優越する場合に不法行為が成立するものと解されている（最三小判平成6・2・8民集48巻2号149頁、最二小判平成15・3・14民集57巻3号229頁、家月55巻11号138頁、判時1825号63頁、判タ1126号97頁等の判例）。

　プライバシーの侵害は、加害者が他人のプライバシーをみだりに公開した場合だけでなく、守秘すべき他人のプライバシーを漏洩し、あるいは流出した場合にも認められるものである。

　公表されない法的利益と公表する理由を比較衡量するといっても、容易ではなく、個別具体的な事案ごとに比較衡量するほかないが、たとえば、犯罪歴に関する週刊誌の記事によるプライバシーの侵害が問題になった場合には、週刊誌に掲載された当時の被害者の年齢や社会的地位、犯罪行為の内容、公表されることによって被害者のプライバシーに属する情報が伝達される範囲と被害者が被る具体的被害の程度、記事の目的や意義、公表時の社会的状況、記事においてその情報を公表する必要性等、その事実を公表されない法的利益とこれを公表する理由に関する諸事情を個別具体的に審理し、これらを比

較衡量して判断することが必要であると解されている（最二小判平成15・3・14民集57巻3号229頁、家月55巻11号138頁、判時1825号63頁、判タ1126号97頁等の判例）。

(4) 法的責任の内容

プライバシーの侵害が認められる場合、被害者は、加害者に対して不法行為に基づき損害賠償を請求することができるが、そのほか、侵害に係る情報の提供等の差止めを請求することができるかが問題になる。プライバシーの侵害について、侵害行為の差止請求を否定する見解、判例があるが、プライバシーは、人格権、人格的利益にあたるものであり、プライバシーの侵害行為について加害者の差止責任が認められるかは、事案の内容によるものであり、差止責任自体が理論的に否定されるものではない。なお、プライバシーに属する情報が公開された場合、プライバシーの侵害とともに、名誉毀損が認められることがある。

(5) インターネット利用によるプライバシーの侵害

インターネット上には膨大な量の個人情報が提供され、流通しているところであるが、これらの情報は、①一般に公開されている場合、②限られた範囲で公開されている場合、③守秘義務を負う者の範囲で開示されている場合等、さまざまな範囲、趣旨、目的で提供されている。これらの情報は、比較的容易に検索され、加工され、さらに提供され、流通しているため、インターネット上に提供されたプライバシーの侵害の成否の判断が従来以上に困難になっている。

上記のうち、③の守秘義務を負う者の範囲でプライバシーに属する個人の情報が開示されている場合には、この範囲外に情報が公開、漏洩されたときは、これを正当化できる理由がない限り、不法行為が認められよう。

他方、①の一般に公開されている個人の情報の場合には、これが悪用され

④ インターネットをめぐる権利侵害の内容・態様

るなどの特段の事情のない限り、不法行為は認められないというべきである。次に、②限られた範囲で公開されている個人の情報の場合には、公開の限定の趣旨、目的、情報の種類・内容、開示の理由、情報の利用の仕方を考慮し、不法行為の成否を判断することになろう（個人の情報が提供されている範囲内で他人の情報を利用する場合であっても、利用の目的、理由、仕方によってはプライバシーの侵害として不法行為が認められることがある）。

コラム⑧ プライバシー侵害の巣窟としてのインターネット

　インターネット利用によるプライバシーの侵害は、他の手段・媒体による侵害と比較すると、侵害の範囲、悪質性、継続性等の事情が異なるところがある。換言すると、インターネット利用は、プライバシーの侵害が発生しやすいのである。インターネットを利用する事業を行っている企業や、さまざまな情報交換を行っている個人、企業は、自己が収集、保管、使用する個人の情報をインターネット上提供したり、あるいは流出させた場合、情報の内容が厳密にプライバシーに属すると言い難いときであっても、プライバシーの侵害が問題にされることが多い。インターネット上では膨大な量のプライバシーに属する情報が流通し、また、これを検索し、収集しやすいところであるから、これらの情報の交換に関与することが容易にプライバシーの侵害と考えられ、あるいは疑われる事態が生じやすいのである。また、インターネット上で情報交換に関与する者の中には、プライバシーを侵害するような情報提供をさかんに行い、他の者との間で侵害情報の交換を積極的に行う者が多数存在するため、プライバシーが侵害される事態が生じやすいのである。実社会においてはプライバシーの侵害が生じないような場面であっても、また、プライバシーの侵害が疑われるような言動をしない者であっても、インターネット上では、容易にプライバシーの侵害の場面として利用されたり、プライバシーの侵害を平気で行う者もみられるのである。しかも、

63

インターネット上でプライバシーを侵害する情報が提供されると、その悪影響が及ぶ範囲は、場所的にも、時間的にも、人間関係上も広範囲なものであり、実社会におけるプライバシーの侵害と比較すると、深刻なものになりがちである。インターネット社会は、その中心は個人の情報等の多種多様で膨大な量の情報そのものの集合体であることから、プライバシーの侵害が生じやすい社会であるという特徴があるということができる。

6 肖像権の侵害

(1) 肖像権

プライバシーにもあたる情報であるが、独自の発展をしている法理として、肖像権の侵害がある。

インターネット上には、最近のシステムの開発、発展を背景にし、膨大な画像情報が提供され、流通しているが、画像情報の中には、個人の写真、動画等の情報も膨大な量が含まれている。個人の画像情報は、前記の個人の情報と同様に、一般に公開されている場合、限られた範囲で公開されている場合、守秘義務を負うものの範囲で開示されている場合等、さまざまな範囲、趣旨、目的で提供されている。

個人の画像情報が公開された場合にも、プライバシーの場合と同様に、肖像権の侵害として、一定の要件の下、不法行為が認められる。

肖像権は、人が、みだりに自己の容ぼう等を撮影されないということについて法律上保護されるべき人格的利益を有するとされ（最大判昭和44・12・24刑集23巻12号1625頁）、みだりに撮影されたり、撮影された容ぼうが公表された場合には、不法行為が認められうることになる。

(2) 肖像権の侵害

　人の容ぼう等の撮影等は正当な取材行為等として許されるべき場合もあるため、ある者の容ぼう等をその承諾なく撮影し、あるいは公開することが不法行為法上違法となるかどうかは、まず、撮影については、①被撮影者の社会的地位、②撮影された被撮影者の活動内容、③撮影の場所、④撮影の目的、⑤撮影の態様、⑥撮影の必要性等を総合考慮して、被撮影者の人格的利益の侵害が社会生活上受忍の限度を超えるものといえるかどうかを判断して決すべきであると解される（最一小判平成17・11・10民集59巻9号2428頁、判時1925号84頁、判タ1203号74頁）。

　また、撮影された人の容ぼう等の公開については、人は、自己の容ぼう等を撮影された写真をみだりに公表されない人格的利益も有すると解するのが相当であり、人の容ぼう等の撮影が違法と評価される場合には、その容ぼう等が撮影された写真を公表する行為は、被撮影者の前記人格的利益を侵害するものとして、違法性を有すると解される（最一小判平成17・11・10民集59巻9号2428頁、判時1925号84頁、判タ1203号74頁）。

(3) 肖像権の侵害と承諾

　さらに、人の容ぼう等の撮影につき承諾があった場合には、撮影につき不法行為が認められないことはいうまでもないが、この場合であっても、承諾の範囲、承諾の趣旨・目的を越えて写真を利用したり、公開したりしたときは、肖像権の侵害として不法行為が認められることになる。

　実際に肖像権の侵害が違法であるかが問題になった事案として、刑事事件の法廷において被告人が撮影されたり、イラスト画（法廷画と呼ばれることがあり、法廷画集も出版されたことがある）が作成された事例がある。判例は、「被上告人は、本件写真の撮影当時、社会の耳目を集めた本件刑事事件の被疑者として拘束中の者であり、本件写真は、本件刑事事件の手続での被上告人の動静を報道する目的で撮影されたものである。しかしながら、本件写真

週刊誌のカメラマンは、刑訴規則215条所定の裁判所の許可を受けることなく、小型カメラを法廷に持ち込み、被上告人の動静を隠し撮りしたというのであり、その撮影の態様は相当なものとはいえない。また、被上告人は、手錠をされ、腰縄を付けられた状態の容ぼう等を撮影されたものであり、このような被上告人の様子をあえて撮影することの必要性も認め難い。本件写真が撮影された法廷は傍聴人に公開された場所であったとはいえ、被上告人は、被疑者として出頭し在廷していたのであり、写真撮影が予想される状況の下に任意に公衆の前に姿を現したものではない。以上の事情を総合考慮すると、本件写真の撮影行為は、社会生活上受忍すべき限度を超えて、被上告人の人格的利益を侵害するものであり、不法行為法上違法であるとの評価を免れない。そして、このように違法に撮影された本件写真を、本件第1記事に組み込み、本件写真週刊誌に掲載して公表する行為も、被上告人の人格的利益を侵害するものとして、違法性を有するものというべきである」と判示し、写真の撮影、公表が違法であるとした反面、「人は、自己の容ぼう等を描写したイラスト画についても、これをみだりに公表されない人格的利益を有すると解するのが相当である。しかしながら、人の容ぼう等を撮影した写真は、カメラのレンズがとらえた被撮影者の容ぼう等を化学的方法等により再現したものであり、それが公表された場合は、被撮影者の容ぼう等をありのままに示したものであることを前提とした受け取り方をされるものである。これに対し、人の容ぼう等を描写したイラスト画は、その描写に作者の主観や技術が反映するものであり、それが公表された場合も、作者の主観や技術を反映したものであることを前提とした受け取り方をされるものである。したがって、人の容ぼう等を描写したイラスト画を公表する行為が社会生活上受忍の限度を超えて不法行為法上違法と評価されるか否かの判断に当たっては、写真とは異なるイラスト画の上記特質が参酌されなければならない。

　これを本件についてみると、前記のとおり、本件イラスト画のうち下段のイラスト画2点は、法廷において、被上告人が訴訟関係人から資料を見せら

④ インターネットをめぐる権利侵害の内容・態様

れている状態及び手振りを交えて話しているような状態が描かれたものである。現在の我が国において、一般に、法廷内における被告人の動静を報道するためにその容ぼう等をイラスト画により描写し、これを新聞、雑誌等に掲載することは社会的に是認された行為であると解するのが相当であり、上記のような表現内容のイラスト画を公表する行為は、社会生活上受忍すべき限度を超えて被上告人の人格的利益を侵害するものとはいえないというべきである。したがって、上記イラスト画2点を本件第2記事に組み込み、本件写真週刊誌に掲載して公表した行為については、不法行為法上違法であると評価することはできない。しかしながら、本件イラスト画のうち上段のものは、前記のとおり、被上告人が手錠、腰縄により身体の拘束を受けている状態が描かれたものであり、そのような表現内容のイラスト画を公表する行為は、被上告人を侮辱し、被上告人の名誉感情を侵害するものというべきであり、同イラスト画を、本件第2記事に組み込み、本件写真週刊誌に掲載して公表した行為は、社会生活上受忍すべき限度を超えて、被上告人の人格的利益を侵害するものであり、不法行為法上違法と評価すべきである。これと異なり、下段のイラスト画2点を公表したことをも違法であるとして、これを前提に上告人らの損害賠償責任を認めた原審の前記判断には、判決に影響を及ぼすことが明らかな法令の違反がある」と判示し（前掲・最一小判平成17・11・10）、イラスト画の作成、公表につき一部を違法とし、一部を違法としなかった。まことに微妙な判断である。

　インターネット上には多種多様な個人の画像情報が提供され、流通しているが、個人の画像情報が一般に公開されている場合には、これが悪用されるなどの特段の事情のない限り、不法行為は認められないというべきである。限られた範囲で公開されている個人の画像情報の場合には、公開の限定の趣旨、目的、情報の種類・内容、開示の理由、情報の利用の仕方を考慮し、不法行為の成否を判断することになろう（個人の画像情報が提供されている範囲内、承諾の範囲内で他人の画像情報を利用する場合であっても、利用の目的、理

由、仕方によっては肖像権の侵害として不法行為が認められることがある）。なお、肖像権の侵害とは別に、肖像の公開が名誉毀損として不法行為が認められることがありうる。

> **コラム⑨　写真・動画の掲載はどこまで適法か**
>
> 　肖像権の侵害は、個人の静止画、動画が無断で撮影されたり、公表されたりした場合に問題になるが、撮影、入手、開示、公表等の過程を経るものであり（加工の過程を経ることもある）、これらの過程にかかわる各行為ごとに違法な行為であるかが問題になることがあるし、一体の行為が違法なものかが問題になることがある。画像の撮影が適法であったとしても、その後の過程の行為が違法であることもあるし、公表が適法であったとしても、まれではあるものの、撮影、入手が違法であることもある。
> 　個人の画像は、街頭、公共建物、公共施設等の公開の場で撮影されることもあり、私的な場、公開を欲しない場で撮影されることもあるし、その中間的な場で撮影されることもあるうえ、撮影された場合の外見、動作、状況等も多様なものがある。
> 　肖像権の侵害は、個人の画像が公表されたことだけが問題になるかのように考えられがちであるが、実際には画像の撮影、入手、加工等の過程全体にわたって問題になるものであるから、問題になる過程、場面における違法性をそれぞれ的確に検討し、判断することが重要である。肖像権の侵害が問題になった場合には、肖像の本人の承諾の有無・範囲、承諾が認められないときは、推定的承諾の有無・範囲が問題になることが少なくないが、これらの承諾等も各過程、場面ごとに検討することが必要である。
> 　世の中には、街頭、公共建物等の公開の場において個人のさまざまな行動、活動の姿が個人が特定できる態様で静止画、動画によって撮影さ

れることがあり（撮影の手段・方法も多様化しているところであり、現在、最も簡便なものとしては、携帯電話、スマートフォンによる撮影であるが、このような現状によると、いつでも、誰でも、どこでも肖像権の侵害を問われる可能性があるということになる）、その画像がテレビ、週刊誌、インターネット上の投稿等によって公表される事例が多数みられるが、これらも肖像権の侵害になりうる事例である。これらの公表事例のうち、テレビの放映等においては、個人の特定を困難にする意図のために顔等をぼかしたものもあるが、ぼかしのないものもある。顔等をぼかしたとしても、他の特徴から被写体本人を特定することが可能である場合には、肖像権の侵害として問題になりうることがある。

7 個人情報の違法な取扱い

(1) 概　要

　個人情報は、前記のプライバシーに属する情報と重なるところがあり、近年、その境界が不透明、不明確になりつつあるが、プライバシーとは異なる法理によって保護される可能性がある。インターネット上には、前記のとおり、膨大な量の個人情報が提供され、流通し、加工され、利用されているところであるが、特定のネット上には濃密な個人情報が提供され、個人情報の交換が行われている。

　インターネット上では、これらの個人情報が悪用されたり、提供の趣旨・目的に反して利用されたり、漏洩されたり、営業目的で加工され、利用されたり、検索して加工されたりすることがあるだけでなく、利用、検索、加工等は日常的に行われている。インターネット上の個人情報について、利用、検索、加工等が前記のプライバシーの侵害として不法行為が認められることがありうるが、現在、そのほかに、個人情報の保護の要請が強まっているた

め、違法な個人情報の取扱いにつき不法行為が認められる可能性がある。

(2) 法的責任の内容

　個人情報のうち、個人情報保護法の対象となる個人情報の場合には、同法所定の保護が認められることはいうまでもないが、同法違反による不法行為が認められるかは一つの問題である。

　というのも、個人情報保護法は、国、地方公共団体、事業者の個人情報の適正な取扱いを図るための法律であり、不法行為法上の義務、責任を直接に認めるものではないことから、同法違反が直ちに不法行為にあたるということにはならない。もっとも、個人情報保護法は、個人の個人情報に関する権利・利益の保護を図る側面もあるから、同法違反が不法行為法上の違法性、過失を認める重要な事情になることは否定できない。

(3) 個人情報の違法な取扱い

　個人情報について、個人は、情報の種類、内容等の事情によって異なるものの、保護されるべき利益を有するものであるが、個人情報の悪用、漏洩等につき不法行為が認められるかは議論がある。個人情報の中には、当該個人が自ら公開し、公開を前提とした社会生活、経済活動を行っているものも多くあり、これらの個人情報を他人が利用したとしても、不法行為を認められないが、仮に不法行為を認められるとすると、これによって社会生活、経済活動等の場面で多々弊害が生じることがある。

　個人情報については、情報の内容上の主体である本人にすべて帰属するものとし、本人が個人情報全体を支配、管理する権利を有するなどの見解が提唱されているが（本人の承諾、同意がなければ、他人が本人の個人情報を利用することができないとの結論が導かれることになる）、情報の内容、認識の過程、本人の帰属の根拠、権利としての成熟性、予想される弊害等の問題がある。

　個人情報の保護については、個人情報の利用の目的、利用の仕方、利用に

伴う被害の内容・態様、個人情報の内容、個人情報の保護の必要性等の事情によって異なるものであるが、前記のとおり、プライバシーの侵害として保護されることがありうる。

　個人情報の侵害の事例は、前記の事情に照らしてさまざまなものがあるが、近年話題になったものとして、個人情報の漏洩の事例がある。個人情報の漏洩については、現在、プライバシーの保護の法理（プライバシーの侵害の法理ということもできる）によって保護されるプライバシーの範囲が拡大されているため、その境界が不透明、不明確になっているが、実際にこの範囲、保護が問題になった事件がある。私立大学が外国国賓の講演会を開催し、出席を希望する学生の個人情報（学籍番号、氏名、住所および電話番号が問題になったが、これらの情報は大学が個人識別等を行うための単純な情報である）を事前に警察当局に知らせたことがあるが、前掲・最二小判平成15・9・12は、まず、「本件個人情報は、早稲田大学が重要な外国国賓講演会への出席希望者をあらかじめ把握するため、学生に提供を求めたものであるところ、学籍番号、氏名、住所及び電話番号は、早稲田大学が個人識別等を行うための単純な情報であって、その限りにおいては、秘匿されるべき必要性が必ずしも高いものではない。また、本件講演会に参加を申し込んだ学生であることも同断である。しかし、このような個人情報についても、本人が、自己が欲しない他者にはみだりにこれを開示されたくないと考えることは自然なことであり、そのことへの期待は保護されるべきものであるから、本件個人情報は、上告人らのプライバシーに係る情報として法的保護の対象となるというべきである」と判示し、プライバシーの範囲を拡大しつつ、「このようなプライバシーに係る情報は、取扱い方によっては、個人の人格的な権利利益を損なうおそれのあるものであるから、慎重に取り扱われる必要がある。本件講演会の主催者として参加者を募る際に上告人らの本件個人情報を収集した早稲田大学は、上告人らの意思に基づかずにみだりにこれを他者に開示することは許されないというべきであるところ、同大学が本件個人情報を警察に開示

することをあらかじめ明示した上で本件講演会参加希望者に本件名簿へ記入させるなどして開示について承諾を求めることは容易であったものと考えられ、それが困難であった特別の事情がうかがわれない本件においては、本件個人情報を開示することについて上告人らの同意を得る手続を執ることなく、上告人らに無断で本件個人情報を警察に開示した同大学の行為は、上告人らが任意に提供したプライバシーに係る情報の適切な管理についての合理的な期待を裏切るものであり、上告人らのプライバシーを侵害するものとして不法行為を構成するというべきである」と判示し、プライバシーの侵害として不法行為を認めている。

　この判決は、大学が講演会を開催し、出席を希望する学生の個人情報（学籍番号、氏名、住所および電話番号）を警備を担当する警察当局に知らせたことにつき不法行為の成否が問題になったものであり、個人情報の内容は相当に広く知られた私的な情報であり、さほど保護の必要性があるとはいえない種類の情報であるものの、プライバシーとしての保護を認めたものであり、十分な議論がされていないこと、保護の必要性が乏しいこと、警備の必要性があること等の事情に照らすと、疑問があるが、判例は判例であり、インターネット上の個人情報の取扱いに適用されることは否定できない。

(4) インターネット利用の場合

　インターネット上流通している個人情報については、一般に公開されている場合、限られた範囲で開示されている場合、秘密に属する個人情報の場合、守秘義務の対象になっている個人情報の場合等、さまざまなものがあるが、これらの種類・内容の個人情報ごとに保護の必要性が大きく異なる。

　守秘義務を負うものの範囲で個人情報が開示されている場合には、この範囲外に個人情報が公開、漏洩されたときは、これを正当化できる理由がない限り、不法行為が成立しうる。また、秘密に属する個人情報の場合には、開示を正当化できる理由がない限り、不法行為が成立しうる。他方、一般に公

開されている個人情報の場合には、これが悪用されるなどの特段の事情のない限り、不法行為は認められない。限られた範囲で公開されている個人情報の場合には、公開の限定の趣旨、目的、情報の種類・内容、開示の理由、情報の利用の仕方を考慮し、不法行為の成否を判断することになる。

> **コラム⑩　気軽に個人情報を掲載するとどうなるのか**
>
> 　本書では何度も指摘しているが、インターネット上には、個人情報が膨大な量で流通している。個人情報の中には、真実のもの、虚偽のもの、真実か虚偽かが不明なもの等、多種多様な内容の情報が流通している。インターネットを利用するさまざまなシステムの開発は日進月歩であり、SNSやGoogleマップ等、特定の個人を目標とした検索システム、加工システムの性能も向上の一途を辿っているということができるが、これらのシステムを利用した個人情報の検索、加工によって得られた個人情報をインターネット上に提供することは、情報の主体である本人の同意、承諾なく行われた場合には、個人情報の違法な取扱いとして問題になりうるということができる。特に検索され、加工され、利用される個人情報が守秘を前提として提供されたもの、通常人であれば公表を望まないもの等の場合には、名誉毀損、プライバシーの侵害の問題が生じうるほか、個人情報の違法な取扱いとして問題になりうるものであり、このような個人情報を安易に、さしたる検討もなくインターネット上に提供する場合には、現実に不法行為責任を問われることがありうるものである。

8　氏名冒用

(1) 氏名冒用

個人の氏名は、個人の属性を示す個人情報であり、個人情報に含まれるが、

氏名は、一般に公表され、広く使用されているものであるため、保護の必要性は低いものである。もっとも、最近は、個人の氏名を他人が無断で使用したりする事例（氏名の冒用と呼ばれることがある）がなりすまし、振り込め詐欺等で問題になることが目立つようになっている。

(2) 氏名冒用の不法行為

　他人が他の個人の氏名を使用することは、その使用の目的、使用の仕方等によって個人に対する不法行為が認められうることは当然である。なお、個人の氏名を他人が使用する場合であっても、個人の同意、承諾を得ていることがあり、名義貸しとして問題になることがあるが、氏名を貸与する個人との関係では、特段の事情のない限り、不法行為は認められない。

　インターネット上には他人が他の個人の氏名を無断で使用し、自分、あるいはなりすました他の個人に関する情報等を提供し、交換する等をする者がいるが（実名登録を前提とするネット上のコミュニケーションも相当数のなりすましが存在するようである）、この場合、氏名を無断使用された個人に対して不法行為が成立するかが問題になるが、氏名の使用につき保護法益が認められることは肯定できよう（不法行為が成立するかは、不法行為の他の要件が満たされるかによることになる）。

コラム⑪　Facebookやtwitterで他人になりすますとどうなるか

　インターネット上においては、自分の実名を使用して情報を交換する者もいるが、ハンドルネーム等の仮装の名称を使用する者は多いし、他人の氏名を使用したり、他人の氏名に類似した名称を使用したりする者も少なくない。インターネット社会は、仮想の社会であり、仮装の名称、他人の氏名の使用も許されるなどと考え、安易に他人の氏名を使用したり、悪意をもって他人の氏名を使用したりする者もいる。

　他人の氏名を使用する者は、その使用自体について法的な問題が生じ

ないと考えることがあるかもしれないが、最近の法理は、氏名の無断使用、氏名の悪用についてはそれ自体不法行為が認められる可能性が相当にある。なお、氏名を無断使用し、あるいは悪用し、他人を害する情報を提供する等した場合には、氏名の無断使用、悪用を越える重大な不法行為が認められることになる。

(3) 権利・法益侵害の内容・態様

　従来、文書の作成者名義に無断で個人の氏名が使用された場合について、個人に対する不法行為を認めた判例があるが、これは不法行為を認めることが容易な類型の事件である。インターネット上においても権利・義務に関する文書、事実の証明に関する文書等、社会的に重要な意義を有する文書、準文書の作成名義として他の個人の氏名を無断で使用した場合には、従来と同様に、無断使用者に不法行為が認められうるものである。

　他方、社会的に重要な意義を有する文書、準文書であっても、作成名義ではない箇所に他の個人の氏名を無断で使用したり、社会的に重要な意義を有しない文書、準文書の作成名義として他の個人の氏名を無断で使用したりした場合には、前記の場合と同様に取り扱うことはできないものの、氏名の使用目的、使用の仕方、使用箇所、内容等の事情によって、不法行為の他の要件を満たせば、不法行為が認められる。

　氏名に関する個人の利益が問題になった事件として、最三小判昭和63・2・16（民集42巻2号27頁、判時1266号9頁、判タ662号75頁）は、テレビ放送のニュース番組において在日韓国人の氏名を日本語読みによって呼称した行為の違法性が問題になった事案について、「氏名は、社会的にみれば、個人を他人から識別し特定する機能を有するものであるが、同時に、その個人からみれば、人が個人として尊重される基礎であり、その個人の人格の象徴であつて、人格権の一内容を構成するものというべきであるから、人は、他人

からその氏名を正確に呼称されることについて、不法行為法上の保護を受けうる人格的な利益を有するものというべきである。しかしながら、氏名を正確に呼称される利益は、氏名を他人に冒用されない権利・利益と異なり、その性質上不法行為法上の利益として必ずしも十分に強固なものとはいえないから、他人に不正確な呼称をされたからといつて、直ちに不法行為が成立するというべきではない。すなわち、当該他人の不正確な呼称をする動機、その不正確な呼称の態様、呼称する者と呼称される者との個人的・社会的な関係などによつて、呼称される者が不正確な呼称によつて受ける不利益の有無・程度には差異があるのが通常であり、しかも、我が国の場合、漢字によつて表記された氏名を正確に呼称することは、漢字の日本語音が複数存在しているため、必ずしも容易ではなく、不正確に呼称することも少なくないことなどを考えると、不正確な呼称が明らかな蔑称である場合はともかくとして、不正確に呼称したすべての行為が違法性のあるものとして不法行為を構成するというべきではなく、むしろ、不正確に呼称した行為であつても、当該個人の明示的な意思に反してことさらに不正確な呼称をしたか、又は害意をもつて不正確な呼称をしたなどの特段の事情がない限り、違法性のない行為として容認されるものというべきである。更に、外国人の氏名の呼称について考えるに、外国人の氏名の民族語音を日本語的な発音によつて正確に再現することは通常極めて困難であり、たとえば漢字によつて表記される著名な外国人の氏名を各放送局が個別にあえて右のような民族語音による方法によつて呼称しようとすれば、社会に複数の呼称が生じて、氏名の社会的な側面である個人の識別機能が損なわれかねないから、社会的にある程度氏名の知れた外国人の氏名をテレビ放送などにおいて呼称する場合には、民族語音によらない慣用的な方法が存存し、かつ、右の慣用的な方法が社会一般の認識として是認されたものであるときには、氏名の有する社会的な側面を重視し、我が国における大部分の視聴者の理解を容易にする目的で、右の慣用的な方法によつて呼称することは、たとえ当該個人の明示的な意思に反したと

しても、違法性のない行為として容認されるものというべきである」と判示し、氏名を正確に呼称される利益が不法行為法上保護される利益であることを肯定している（もっとも、この利益は、その性質上不法行為法上の利益として必ずしも十分に強固なものとはいえないから、他人に不正確な呼称をされたからといって、直ちに不法行為が成立するというべきではないとしている）。

　この判決は、このほかに、氏名を他人に冒用されない権利・利益については、不法行為法上保護される権利・利益であることを別途認めていることが参考になる。

9　営業の妨害、侵害

(1) 営業の妨害、侵害

　企業が経営、事業を遂行するにあたっては、企業の信用が重要な基盤となり、経済的な自由を背景に経営、営業を行っているし、これらはいずれも尊重されるべき権利、利益である。企業の信用につき信用毀損が認められることは前記のとおりである。

　また、企業が行う営業（事業）は、営業の自由が認められるものであるから、この自由が妨害され、侵害される場合には、加害者の不法行為が認められる。営業の妨害、侵害は、従来から営業権の侵害、営業妨害、偽計業務妨害等として問題になり、判例上も、保護される権利、利益であることを認めたうえ、不法行為の他の要件を満たす場合には、不法行為が認められている。

　企業は、経営、事業を行う場合、営業秘密、ノウハウ等の無形の財産、利益を保有し、活用しているが、これらが漏洩等によって侵害されるときは、不法行為が認められることがある。

　さらに、企業は、事業を行うために多額の投資をし、特許権、著作権、商標権等の知的財産権を取得し、保有し、活用しているし、国内的、国際的な競争状況において保有する権利、財産を活用して競争を行っているが、競争

状況においては、信用毀損、偽計業務妨害、不正な競争等による不法行為も認められている。

(2) 法的責任の内容

　インターネット時代においては、企業もインターネットをさまざまな場面、分野で活用しているし、インターネットの利用者の加害行為によって被害を受けているところである。企業がインターネット利用によって被る被害は、企業が保有する前記のさまざまな権利、利益、財産が情報によって悪影響を受ける性質を有するものであること等から、事情によっては重大、深刻なものにもなりうるのである。企業を対象とするインターネット利用による加害行為は、企業に関する虚偽の情報の提供、企業のコンピュータ・システムへの侵入、営業秘密、ノウハウの漏洩、知的財産権の無断利用等があり、企業は、知的財産権に関する法律の適用、不法行為によって被害の救済、回復を図ることができる。なお、これらの被害は、企業のみならず、企業以外の団体の事業、個人の事業者にも程度の差はあっても発生しうるものである。

　企業に営業権の侵害、営業妨害等の弊害・被害が発生した場合、企業は、不法行為に基づきインターネット利用による加害者に対して損害賠償を請求することができることはいうまでもないが（企業の営業の遂行につき営業権として権利性を認めるかは議論があるが、企業の営業の自由が認められ、かつ、尊重されるべきであることに照らすと、私法上も権利性を認めることが相当である）、加害行為の差止めを請求することができるかは議論がある。

　企業が営業権の侵害等の被害を受け、不法行為が認められ、加害者の損害賠償責任が認められる場合には、損害賠償の範囲が重要な問題になるところ、侵害行為等を排除し、是正するための費用相当額等につき損害賠償が認められるほか、企業の営業上の逸失利益も含まれる。

4 インターネットをめぐる権利侵害の内容・態様

> **コラム⑫ 企業の悪口を掲示板に書き込むとどうなるか**
>
> 　インターネット上においては、企業自身がさまざまな情報を開示したり、広報を行ったり、取引に利用するため情報交換を行っているし、近年は、twitter等を利用する企業も登場している。企業がさまざまな種類のインターネット利用を行っていることは、それだけ利便性が認識されているということであろうが、他方、クレーマーによる中傷ブログから従業員による悪口にみちた掲示板、ブラック企業ランキング等、企業を対象とするさまざまな情報による批判、中傷、企業内のシステムへの侵入、妨害、企業の管理する情報の改竄、窃取等の被害を受ける事例も生じている。企業がインターネット利用による各種の攻撃の対象になった場合には、その被害は広範囲であり、深刻になる可能性があるだけでなく、攻撃を受けたこと自体によって信用が低下するおそれもある。
> 　インターネット上には安易な企業批判、一読して根拠のない企業批判を行う情報提供、情報交換を行っている事例をみることは少なくないが、安易なインターネット利用によって高額の損害賠償責任を負わされる可能性があるし、企業が被害を受けた場合には、個人の場合と比較して、加害者に対する損害賠償責任等の法的責任を追及する可能性が高いから、安易な加害者にとっては高い代償を支払わされることになる。

(3) 不正競争防止法所定の法的責任

　インターネット利用によって企業に営業権の侵害、営業秘密の漏洩等の損害が生じた場合、民法709条に基づく損害賠償請求権の行使のほか、加害者の属性等の事情によっては、不正競争防止法3条、4条所定の差止請求権、損害賠償請求権を行使することも可能である。

第1章　インターネット・トラブルの概要と裁判の実効性

10　プロバイダ責任制限法による開示請求権

(1)　プロバイダ責任制限法

　インターネット利用による権利、利益の侵害の問題については、特定電気通信役務提供者の損害賠償責任の制限及び発信者情報の開示に関する法律（プロバイダ責任制限法と呼ばれることが多い。以下、本書中でも同様にいう）の内容を知っておくことが必要である。

　プロバイダ責任制限法は、平成14年5月27日に施行されているが、法律の題名どおりに、損害賠償責任の制限（同法3条）、発信者情報の開示請求等（同法4条）を主要な内容とする4カ条の条文から構成される法律である。

(2)　用語の定義（2条）

　プロバイダ責任制限法1条は、この法律の目的を定め、同法2条は、この法律の適用にあたって重要な用語の定義を定めており、特定電気通信、特定電気通信設備、特定電気通信役務提供者、発信者の定義を明らかにしている。

　これらの用語のうち、特定電気通信役務提供者は、特定電気通信設備を用いて他人の通信を媒介し、その他特定電気通信設備を他人の通信の用に供する者をいうものと定め、発信者は、特定電気通信役務提供者の用いる特定通信設備の記録媒体（当該記録媒体に記録された情報が不特定の者に送信されるものに限る）に情報を記録し、または当該特定電気通信設備の送信装置（当該送信装置に入力された情報が不特定の者に送信されるものに限る）に情報を入力した者をいうと定めている。

(3)　特定電気通信役務提供者の責任（3条）

　(A)　情報の流通により他人の権利が侵害された場合

　プロバイダ責任制限法3条は、この特定電気通信役務提供者の損害賠償責

任を限定することを内容とするものであり、同条1項は、まず、特定電気通信による情報の流通により他人の権利が侵害されたときは、当該特定電気通信の用に供される特定電気通信設備を用いる特定電気通信役務提供者（ここでは、「関係役務提供者」と呼ばれている）は、これによって生じた損害については、権利を侵害した情報の不特定の者に対する送信を防止する措置を講ずることが技術的に可能な場合であって、次の各号のいずれかに該当するときでなければ、賠償の責めに任じないとし、各号として次のように定めている。ただし、当該関係役務提供者が当該権利を侵害した情報の発信者である場合はこの限りではないとされており、この場合には、通常の不法行為の原則に従って損害賠償責任を負うことになる。

① 当該関係役務提供者が当該特定電気通信による情報の流通によって他人の権利が侵害されることを知っていたとき。

② 当該関係役務提供者が、当該特定電気通信による情報の流通を知っていた場合であって、当該特定電気通信による情報の流通によって他人の権利が侵害されていることを知ることができたと認めるに足りる相当の理由があるとき。

(B) **責任が否定される場合**

関係役務提供者が損害賠償責任を負わない場合については、プロバイダ責任制限法3条2項は、特定電気通信役務提供者は、特定電気通信による情報の送信を防止する措置を講じた場合において、当該措置により送信を防止された情報の発信者に生じた損害については、当該措置が当該情報の不特定の者に対する送信を防止するために必要な限度において行われたものである場合であって、次の各号のいずれかに該当するときは、賠償の責めに任じないとし、各号として次のように定めている。

① 当該特定電気通信役務提供者が当該特定電気通信による情報の流通によって他人の権利が不当に侵害されていると信じるに足りる相当の理由があったとき。

② 特定電気通信による情報の流通によって自己の権利を侵害されたとする者から、当該権利を侵害したとする情報（侵害情報）、侵害されたとする権利および権利が侵害されたとする理由（侵害情報等）を示して当該特定電気通信役務提供者に対し侵害情報の送信を防止する措置（送信防止措置）を講ずるよう申出があった場合に、当該特定電気通信役務提供者が、当該侵害情報等の発信者に対し当該侵害情報等を示して当該送信防止措置を講ずることに同意するかどうかを照会した場合において、当該発信者が当該照会を受けた日から7日を経過しても当該発信者から当該送信防止措置を講ずることに同意しない旨の申出がなかったとき。

(4) 発信者情報の開示請求権（4条）

(A) 概 要

プロバイダ責任制限法は、もう一つの柱として、発信者情報の開示請求等について、同法4条に規定を設けている。

インターネット利用による権利侵害があった場合、加害者の氏名等が特定されないと、被害者としては、被害の救済を図ることができないことから、この開示請求権は、加害者の特定の資するための一つの手段を認めたものである。

プロバイダ責任制限法4条1項は、特定電気通信による情報の流通によって自己の権利を侵害されたとする者は、次の各号のいずれにも該当するときに限り、当該特定電気通信の用に供される特定電気通信の用に供される特定電気通信設備を用いる特定電気通信役務提供者（ここでは「開示関係役務提供者」と呼ばれる）に対し、当該開示関係役務提供者が保有する当該権利の侵害に係る発信者情報（氏名、住所その他の侵害情報の発信者の特定に資する情報であって総務省令で定めるもの）の開示を請求することができると定め、各号として次のようなものがある。

① 侵害情報の流通によって当該開示の請求をする者の権利が侵害された

ことが明らかであるとき。
② 当該発信者情報が当該開示の請求をする者の損害賠償請求権の行使のために必要である場合その他発信者情報の開示を受けるべき相当の理由があるとき。

(B) **発信者情報の範囲**

発信者情報については、総務省令で定めることになっているが、特定電気通信役務提供者の損害賠償責任の制限及び発信者情報の開示に関する法律第4条第1項の発信者情報を定める省令は、次のとおり定めている。
① 発信者その他侵害情報の送信に係る者の氏名および名称
② 発信者その他侵害情報の送信に係る者の住所
③ 発信者の電子メールアドレス（電子メールの利用者を識別するための文字、番号、記号その他の符号）
④ 侵害情報に係るIPアドレス（インターネットに接続された個々の電気通信設備を識別するために割り当てられた番号）
⑤ 前号のIPアドレスを割り当てられた電気通信設備から開示関係役務提供者の用いる特定電気通信設備に侵害情報が送信された年月日および時刻

(C) **情報取得者の義務**

発信者情報の開示を受けた者は、当該発信者情報をみだりに用いて、不当に当該発信者の名誉または生活の平穏を害する行為をしてはならないとされ（プロバイダ責任制限法4条3項）、損害賠償請求権を行使する等の際、制限も定められている。もっとも、このような制限は、権利行使一般にみられるものである。

(D) **不開示による責任**

また、開示関係役務提供者は、発信者情報の開示請求を受け、この請求に応じないことにより当該開示の請求をした者に生じた損害については、故意または重大な過失がある場合でなければ、賠償の責めに任じないとされてい

る（プロバイダ責任制限法4条4項）。もっとも、当該開示役務提供者が当該開示の請求に係る侵害情報の発信者である場合は、この限りでないとされており、この場合には、通常の不法行為の原則に従って損害賠償責任を負うことになる。

(5) インターネット利用の場合

　プロバイダ責任制限法は、特定電気通信による情報の流通によって権利の侵害があった場合を想定して規定を設けているが（プロバイダ責任制限法1条）、この特定電気通信は、インターネット上のウェブページ、電子掲示板等の不特定の者により受信されることを目的とするような電気通信のことであると解されており、インターネット利用による被害に適用されるものである。

　また、プロバイダ責任制限法は、前記のとおり、権利の侵害があった場合の取扱いを定めるものであるが、この権利の意義については、同法の立法関係者の解説によると、①同法で独自に定義されるものではないこと、②個人法益の侵害として、③民事上の不法行為等の要件としての権利侵害に該当するものであること、④侵害されることとなる「権利」は、著作権侵害、名誉毀損、プライバシー侵害等さまざまなものが想定されること、⑤特に限定されることなく、横断的に対象とすること、一般不法行為等の場合と同様であることを説明している（総務省電気通信利用環境整備室『プロバイダ責任制限法――逐条解説とガイドライン』14頁）。この解説は、やや迂遠であるが、プロバイダ責任制限法所定の「権利の侵害」の「権利」は、文字どおり権利の限定されるものではなく、民法上の一般不法行為責任において認められる権利、法益の侵害と同様な意味であるということである。

　後記のとおり、プロバイダ責任制限法3条、4条に関係する判例は相当数法律雑誌に公表されているところである。

　インターネット利用による被害があった場合には、プロバイダ責任制限法

の内容、使い方も前提としつつ、被害の救済を図る法的な手段、方法をとることが必要である。

11　その他の権利

　インターネット上に情報を保管し、提供し、流通させる場合には、以上のような権利、利益が侵害されるおそれがあり、それぞれの事実関係を前提とし、不法行為等の法的な根拠に基づき損害賠償等の法的な救済を図ることになるが、侵害される可能性のある権利、利益は、すでに説明したものに限られるものではない。インターネット利用の加害行為の基本は、インターネット上に情報を提供等することによって他人の権利、利益を侵害するものであるから、情報、あるいは情報の提供等によって被害を受け得る権利、利益であれば足り、それ以上に限定されるものではない。

　侵害される可能性のある権利として近年注目されているのは、著作権である。

　著作権法は、文字どおり、著作者の権利を明確にし、これを保護するための法律であり、著作物並びに実演、レコード、放送および有線放送に関し著作者の権利およびこれに隣接する権利を定め、これらの文化的所産の公正な利用に留意しつつ、著作者等の権利の保護を図り、もって文化の発展に寄与することを目的としている（同法１条）。著作権法は、２条に重要な用語の定義を定め、６条以下に保護を受ける著作物の範囲を明確にした後、10条以下に著作者の権利を具体的に明らかにしている。

　著作者の権利としては、著作者人格権と著作権があり、いずれも方式の履行を要することなく、保護されることになっている（著作権法10条１項、２項）。

　著作者人格権としては、公表権（著作権法18条１項）、氏名表示権（同法19条１項）、同一性保持権（同法20条１項）が認められている。

　著作権としては、複製権（著作権法21条）、上演権および演奏権（同法22条）、

上映権（同条22条の2）、公衆送信権等（同法23条）、口述権（同法24条）、展示権（同法25条）、頒布権（同法26条）、譲渡権（同法26条の2）、貸与権（同法26条の3）、翻訳権、翻案権等（同法27条）、二次的著作物の利用に関する原著作者の権利（同法28条）が認められている。

　また、著作権法は、出版権についても規定を設け、その保護を図っている（同法79条以下）。

　著作権法は、著作隣接権も明らかにし、保護を図っているが、著作隣接権としては、実演家の権利、レコード製作者の権利、放送事業者の権利、有線放送事業者の権利が認められている（著作権法89条以下）。

　また、著作権法は、著作者、著作権者、出版権者等が有する権利が侵害された場合における被害の救済に関する諸規定を「権利侵害」の題名の下で設けており（著作権法112条以下）、たとえば、差止請求権（同法112条）、侵害とみなす行為（同法113条）、損害の額の推定等（同法114条）、書類の提出等（同法114条の3）、相当の損害額の認定（同法114条の5）、名誉回復等の措置（同法115条）等が認められ、権利侵害の救済が図られている。

　著作者等は、著作物等につき多様な権利が認められているところであり、インターネットを利用するにあたっては、インターネットのウェブサイト等で他人の著作物等を取得し、保管し、利用し、これらを含む情報を提供すると、著作者等の権利を侵害することがあるし、自己の作成に係る著作物が逆に他人によって侵害されることもある。インターネット利用は、自己あるいは他人の著作物等の侵害のおそれがあることを十分に認識し、インターネット上において情報を取得し、保管し、利用し、提供する等することが重要である。

5 裁判の利用と実効性

1 多種・多様なインターネット・システム

　現在、インターネットに接続すると、さまざまなインターネット上のサービスが提供されていることがわかるが（接続する方法も、パソコン等の従来型のコンピュータだけでなく、携帯電話、スマートフォン等の一層手軽な方法が開発され、広く利用されている）、その名称も、会議室、掲示板、ホームページ、ブログ、ウェブサイト、SNS等、さまざまである。将来、どのようなインターネット上の情報の提供、交換の方法が開発されるか、接続の方法が社会に提供されるかは不明であるが、日進月歩のシステムであるから、格段に便利で手軽な方法が開発され、社会に提供されることは確かである。

　インターネット上の情報提供、交換のシステムは、つねに開発、改善され、多様化しているが、広く利用できるシステムから特定の者のみが利用できるシステムまでさまざまである。

　広く利用できるシステムにおいては、利用者は、プロバイダに加入し、プロバイダのIPアドレス内にメールアドレスを取得し、実名あるいは仮名（ハンドルネーム等）を使用し、情報の提供、交換を行うが、複数のプロバイダを経て行ったり、他人の実名、仮名を利用して行ったりする者も存在する（最後の場合は、なりすましであり、害意によるインターネット利用の場合にみられることが多い）。

　利用者が特定の者の範囲に限定されるシステムの場合には、実名の使用、属性の開示等が求められることがあるが、特定の者といっても、その範囲が相当に広いときは、情報の提供、交換による弊害・被害が生じるし、限定されたはずの情報が開示されたり、なりすましの事例も発生することがある。

なお、利用者が特定の者の範囲に限定される場合であっても、その範囲を前提として情報の提供、交換をしていたとしても、これらの情報が外部に漏洩される可能性があるし、仮にセキュリティ・システムによって保護されていたとしても、そのセキュリティ・システムが陳腐化し、保護の機能を果たさなくなることも予想される。

2　インターネット利用による被害救済の障害

(1) 概　要

インターネット利用による弊害・被害が発生した場合、被害者がその是正、救済を求めるとしても、さまざまな障害が存在する。被害者が被害の救済を求める手段、方法は、大きく分けて、裁判手続による場合と裁判手続以外の場合に分けることができるが、まず、共通して問題になる障害を概観してみたい。

(2) 被害認知の障害

まず、被害者が自己に係る被害を認知することができるか、どのようにして認知することができるかの障害がある。

インターネット上に提供されている情報は膨大な量であり（個人的な視点からみれば、無限といってよい情報が提供され、流通している）、これらの情報の中から自己に関係する情報を認知し、収集することは困難である。インターネット上にいくつかの検索システムが存在するが、これによって完璧に自己に関係する情報を把握することは困難である。

また、仮に自己に関係する情報を検索するシステムを駆使したとしても、個人が定期的に、あるいは随時検索することも容易ではなく、その検索には相当の時間がかかるだけでなく、完璧な把握には限度があるし、実際に把握した情報の内容を詳細に検討することも容易ではない。

(3) 証拠収集・確保の障害

　実際に情報を検討した場合、その情報によって具体的にどのような被害が生じたのか、その被害につきどのような法的な権利を取得するかは、一読して明らかであることもあるが、法律専門家の検討、判断が必要なことがある。

　仮にその情報による被害が発生し、法的な権利を取得したと判断することができる場合、その被害の救済、是正のために法的な手続を利用するときは、証拠の収集、確保が必要であり、重要であるが、インターネット利用の被害については、問題になるインターネット上の情報全部を媒体上にコピーし、確保することが必要である。

(4) 発信者特定の障害

　次に、仮に自己に関係する情報を検討したとしても、誰がそのような情報を提供しているかを特定することは相当に困難である。前記のとおり、インターネット上に情報を提供する者は、仮名の者であったり、なりすましの者がいて、匿名性が確保されていることが少なくないから、仮名の者等につき実社会における氏名、名称によって特定することが必要である。この特定は相当に困難であるし、事実上不可能なことがある。

　悪意をもって他人の権利、利益を侵害しようとする者の中には、複数のウェブサイト等を介して、あるいは他人のコンピュータを悪用して加害行為を行う者もいるが、この場合には、被害者が加害者を特定することは事実上不可能であることがほとんどであろう（外国に所在するウェブサイトやコンピュータ等を介して実行された加害行為の場合には、被害者個人が加害者の特定を行うことは事実上不可能である）。なお、実名を前提としたインターネット・システムの場合には、この特定はさほど困難ではないとしても、実名の場合であっても、なりすましの事例があるため、この特定は極めて困難になることがある。

　権利・利益を侵害する情報を提供した加害者の特定が困難である場合には、

被害者がインターネットに関する知識、技術、ノウハウを駆使して加害者の氏名・名称等の属性を調査し、加害者を特定することが必要になるが、一般の個人、一般の企業にとっては自らこのような調査を行うことは事実上不可能である。

　企業の中には、コンピュータ等の専門家、専門業者に依頼し、このような調査を実施し、加害者を特定することができることがあるが、そのための費用、時間、手間、必要性等を考慮して調査を依頼するかどうかを検討することが必要になる。

　このような調査を自ら行うことができない場合には、問題の情報の流通に関係したプロバイダに対して情報の提供者の特定に関する情報の提供を求めることが考えられるが、任意に提供することは期待できない。情報の提供者の特定が困難である場合、一定の要件の下で、プロバイダは、発信者情報を開示することが義務づけられていることは前記のとおりであるが（プロバイダ責任制限法4条）、この規定を利用して発信者情報の開示を請求し（発信者情報の開示請求）、特定させることができることがある。開示請求することができる発信者情報は、発信者の氏名、住所その他の侵害情報の発信者の特定に資する情報であって総務省令で定めるものをいうとされ（同条）、発信者その他侵害情報に係る者の氏名または名称、発信者その他侵害情報の送信に係る者の住所、発信者の電子メールアドレス（電子メールの利用者を識別するための文字、番号、記号その他の符号をいう）、侵害情報に係るIPアドレス（インターネットに接続された電気通信設備を識別するために割り当てられる番号をいう）、IPアドレスを割り当てられた電気通信設備から開示関係役務提供者の用いる特定電気通信設備に侵害情報が送信された年月日および時刻の開示を請求することができる（平成14年総務省令第57号）。

　ただ、特定のプロバイダに発信者情報の開示を請求したとしても、被害の内容等によっては開示が拒否されることがあるし、発信者情報を得たとしても、それだけでは加害者の特定に至らないことも多々あるため、加害者の特

定にはなお大きな障害がある。

　プロバイダ責任制限法によっても、プロバイダが任意の開示に応じない場合には、被害者としては訴訟を提起し、勝訴判決を得て、開示を強制することが必要になるが、まず、そのための費用、時間、手間等が負担になる。

　また、訴訟を提起し、発信者情報の開示請求をする場合には、開示の要件を証拠によって証明することが必要であるが、立証の内容・程度、被害の内容・態様によっては発信者情報の開示請求が認められないことがある。なお、プロバイダ責任制限法による発信者情報の開示請求が実効的でなかったり、プロバイダ責任法の適用外であったりする事例が相当に広く存在するため、プロバイダ責任制限法を頼ることもできないことが多い。たとえば、害意によって他人を攻撃しようとする者は、自己の特定を事実上できないような策を駆使してインターネットを利用するため、そもそも加害者の特定が極めて困難であるか、事実上不可能であることが通常であるし、外国のウェブサイト、他人のコンピュータを介して加害行為を実行した事例が判明しているが、このような事例においては、被害者がプロバイダ責任制限法によって発信者情報を得て加害者を特定することは事実上不可能である。

(5) 外国からの侵害の障害

　インターネット利用による権利・利益の侵害に対する法的な責任の追及は、加害者を特定しても、加害者が外国に居住する等していることが判明した場合には、事実上その追及をあきらめざるを得ないことが通常である。

　外国に所在する加害者に対してその法的な責任を任意の手段、方法によって追及することは、想像しただけで不可能であるし、訴訟等の法的な手続による場合であっても、どの国の裁判所で、どのような法的な手続を、どのように利用することができるかも不明確であるだけでなく、仮に外国の裁判所において訴訟を提起することを選択するときは、費用等の負担を考慮しただけで、事実上不可能であることが通常である。　逆に日本の裁判所において

第1章 インターネット・トラブルの概要と裁判の実効性

訴訟を提起することを選択し、勝訴の判決が得られるかも不透明であるし（権利・利益の侵害についてどの国の法律が適用されるかも問題になるが、外国の法律の正確な内容を調査し、把握することは相当に困難である）、仮に勝訴判決を得たとしても、その内容を強制的に実現するためには、加害者が所在する外国において判決の内容を強制する手続をとることが必要になるが、このような手続を実効的にとること自体、費用等の負担を考慮すると、あきらめざるを得ないであろう。

(6) 責任資産の障害

インターネット利用による被害を認識した場合、被害者としては、現実に加害者に対して損害賠償責任等の法的な責任を追及することができるのは、加害者を特定しただけでは足らず、加害者が日本に所在し、その住所等を把握できる場合に限られることになる。なお、仮にこのような場合であっても、損害賠償責任を実効的に追及するには、加害者が損害を賠償できるだけの資産を保有し、被害者がその資産を把握していることが重要である（加害者が会社等に雇用されている場合には、給料債権も資産に含まれる）。

(7) プロバイダへの情報の提供停止を求める警告の有効性

インターネット利用の加害行為が継続する可能性がある場合には、関係するプロバイダに権利・法益侵害の現状と継続に伴う法的な責任を警告するとともに、情報の提供継続の停止を要請することが考えられる。また、インターネット利用による被害が発生し、加害者を特定することができない場合であっても、前記の警告は有用であるし、限定的であるものの、プロバイダ責任制限法の適用によってプロバイダに対して損害賠償責任を追及することも検討に値する。また、インターネット利用による被害は、権利・利益を侵害する情報をもともと発信した加害者以外に情報の流通、交換に関与したり、これを容易にしたり、助長したりした者がいる場合には、これらの者に対す

92

る損害賠償責任を追及することも検討に値する。

3　裁判の利用

(1) 裁判の利用

　インターネット利用の加害者の氏名、住所等に関する情報を入手し、加害者の情報の提供が不法行為等に該当すると判断することができる場合には、被害者としては、被害の救済、是正を求めるため交渉を行うか、あるいはそのために必要な訴訟等の裁判を提起することになる（この場合、裁判としては、民事訴訟が最終的な解決手段であるが、加害行為の差止め等を求める場合には、仮処分を利用することも検討に値する。なお、この場合、理論的には、損害賠償を請求するために仮処分を利用することができるものの、実際にはこのような仮処分が認められる可能性はほとんどないであろう）。なお、前記の発信者情報の開示を受けた場合、発信者（加害者）の住所については、プロバイダが把握していた住所が旧来のものであることがあり、発信者が転居しているときは、現在の住所を調査し、把握することが必要である。

(2) 民事訴訟の利用

　被害者が費用、時間、手間等を考慮し、示談交渉を選択しても、加害者が示談交渉に応じなかったり、示談の内容につき合意ができない場合には、被害者としては、民事訴訟の提起に踏み切らざるを得ないことになる。訴訟を提起する場合に必要な準備、審理の進行にあたっては、名誉毀損、信用毀損、名誉感情の侵害、プライバシーの侵害、個人情報の漏洩、営業権の侵害、営業秘密の漏洩、無形の価値の侵害、著作権等の知的財産権の侵害等が問題になる類型の訴訟とさほど異なるところはない。被害者としては、自己の権利・法益の侵害が重大であること、加害行為・加害者が悪質であることを基調とした主張、立証を展開し、できるだけ勝訴判決が得られることを念頭に

訴訟を追行することが重要である。

⑶ 代理人訴訟・本人訴訟の選択

　被害者が訴訟を提起する場合、自分自身で提起することと法律専門家である弁護士に代理人となることを依頼することを選択することができる（訴訟の目的の価額が140万円を超えない訴訟等については、司法書士に代理人となることを依頼することもできる）。

　インターネット利用による被害の救済を求める訴訟を提起し、裁判所において主張、立証を行い、勝訴判決を得ることは、被害者自身が行うことは不可能ではないが、民事訴訟法、民法等に関する相当の知識の習得、裁判官、被告との対応を行うことになるため、相当な努力が必要であり、重要である（当事者本人が訴訟を提起し、あるいは提起され、訴訟手続を追行することは、業界用語では、「本人訴訟」と呼ばれているので、以下、「本人訴訟」ともいう）。被害者が本人訴訟を提起することは、事前の知識の習得等も相当の負担になるが、裁判所において主張、立証等の諸行為を行うことも大変な負担であるだけでなく、そのための事前準備も重要であるし（勝訴判決を得るためには、主張、立証の事前準備を充実させて行うことが前提である）、これもまた大変な負担である。確かに、被害者が本人訴訟を提起し、訴訟活動を行うことは、大変な準備と作業になるが、実際上不可能ではなく、実際にも本人訴訟の事例は多いし、勝訴判決を得た事例も少なくない。

　他方、法律専門家である弁護士等に訴訟を依頼する場合には、弁護士等と協議し、訴訟活動を行うことになるが、この場合であっても、被害者は、証拠の収集、証拠の説明、事実関係の説明、主張の内容等の準備に相当な努力を行うことが必要である（被害者の中には、弁護士等に依頼した場合、弁護士等が必要な準備、手続を行い、任せておけば勝訴判決が得られ、さらに権利の内容も自然に実現されるなどと考えるものもいるが、全くの誤解である）。

(4) 判決の限界と加害者の資力調査の重要性

　訴訟の提起、追行にあたって注意すべきことは、損害賠償等の金銭の支払いを請求する訴訟において勝訴判決を得たとしても（より正確にいえば、原則として勝訴判決が確定することが必要であるが、少なくとも仮執行の宣言が付されることが必要である）、それだけでは判決書という文書を得ているだけであり、判決の内容である権利は満足されていないものである。仮に勝訴判決を得たとしても、加害者に判決の内容である金銭を支払うだけの資力がなければ、絵に描いた餅にすぎないのである。

　このような事態を避けるためには、民事訴訟を提起する前に、被告とする加害者の資産状態、勤務先等の資力に関する情報を調査し、収集することが重要である。

　なお、自分の金銭の支払責任を認める判決が確定したとしても、任意にその責任を果たそうとしない者が少なくないのが世の中である。資産がなく、定職のない者は、訴訟において敗訴判決を受けても、それだけでは何も恐れることはないのが世間の実情である。

第2章

インターネット・トラブルをめぐる判例と被害救済の実情

1 侵害情報による被害の防止、救済の対策

1 概　要

　インターネット上の情報の提供、交換等による個人、企業等の被害の実態は、本書でその全容を詳細に紹介することは不可能であるし、今後予想される被害の実態を紹介することも不可能であるが、おおむね日常的な被害の実態を理解することはできたと思うし、被害の救済の対策、方法が相当に限定されていることも理解することができたのではなかろうか。

　インターネット上の情報による権利・利益の侵害を認識した場合、被害を被った個人、企業としては、まず、その加害者の特定等を行うとともに、被害の全容を把握し、被害の拡大の防止を図りつつ、被害の救済を図ることが重要である。

2 被害拡大の防止

(1) インターネット上の侵害情報の性質

　加害者の特定等についてはすでに紹介したとおりであるが、被害の全容を調査、把握することは、被害の実態に照らすと、極めて困難であることが多いが、次に、可能な手段、方法をとって被害の拡大の防止を図るほかはない。

　インターネット上に流通した情報による権利・利益の侵害は、流通した時点ですでに、最初に侵害情報を発信した者に対して被害の拡大防止の手段、方法をとっても、侵害情報が他に流通していることが多いし、事情によっては広範囲に情報が拡散していることもある（世界各地のコンピュータに情報が伝達されているかもしれない）。

(2) 防止の手段・方法

(A) サイト等管理者等への告知・警告

　被害の拡大を防止するためには、可能な限り迅速に拡大防止の措置を講ずることが重要であるが、侵害情報が特定のネット内、特定のグループ内にとどまっている場合には、そのネット、グループを管理する者に対して被害の発生、拡大のおそれ、法的な責任の追及等の告知、警告によって拡大防止の措置をとることが重要である。

　同時に、最初に侵害情報を発信した者、あるいはその情報が発信されたウェブサイトを特定し、発信者等に対して同様な告知、警告を行うことも重要である。ネットの管理者、最初の発信者等が任意に侵害情報を削除し、流通防止の措置に応じないような場合には、法的な差止請求を裁判手続によって求めることになる（このような裁判手続をとることが容易でないことは前記のとおりである）。

(B) 流通関与者への法的責任の追及

　インターネット社会においては、他人の権利・利益を侵害する情報は、最初の発信者から他の利用者に伝達され、流通するし、あるネットから他のネットに伝達され、流通するし、あるウェブサイトから他のウェブサイトに伝達され、流通するものであるが、この侵害情報の流通の過程に関与した者は、事情によって加害者として法的な責任を負う可能性が生じるから、被害者としては、これらの関与の実情に応じて加害者を認識し、被害の拡大防止、被害の救済に関する法的な責任を追及することを検討することが重要である。

3　被害の未然防止

　また、被害の未然の防止については、権利・利益の侵害のきっかけ・原因の分析、自己の業務、社会における関係等を考慮し、権利・利益の侵害がありうることを想定し、自己の言動、活動に注意を払うことが重要である。

　インターネット上に侵害情報が提供され、拡大される場合には、大きく分

1 侵害情報による被害の防止、救済の対策

けて、①自らインターネット上で情報の提供、交換を積極的に行ったことに伴って発生する場合（見方をかえると、仮想社会における言動、活動がきっかけになるものである）と、②インターネット外の言動、活動をきっかけにして発生する場合がありうる。

① インターネット上の行為による場合

　この場合の被害の防止は、被害の発生する可能性のある匿名でのやりとりが可能なウェブサイトやサービス等に近づかないこと、安易な情報の交換を避けること、自己の個人情報の提供を避けること、不要な情報を提供しないこと、情報攻撃を受けるような情報の交換の場に参加しないこと、他人を情報によって攻撃しないこと、深夜・早朝の時間帯での情報の交換を避けること、情報を提供するにあたってセキュリティの高いシステムを選択すること、自己の情報の検索を行うこと等に配慮することによっても相当程度、侵害情報の提供を避けることができる。

② インターネット外の行為による場合

　この場合における被害の防止は、実社会における言動、活動がきっかけになるものであるから、実社会における言動、活動を行うにあたって仮想社会と同様に、あるいは仮想社会以上に他人から情報攻撃を受ける可能性を前提とし、慎重な配慮を行うことが必要である。特に実社会においては、個人、企業が活動を行うにあたっては自己の情報を社会に提供することは避けることができないし、必要な場合が多々あるうえ、多数の個人、企業と人間関係、経済関係等の多様な関係を形成して生活し、活動するものであるから、これらの諸関係において可能な限り情報攻撃を受けるきっかけ、原因を生じさせないことが重要である（活動に関係する個人、企業もトラブルの発生する可能性の高い者を可能な限り避けることも重要である）。

　インターネット時代においては、インターネット上の権利・利益の侵害のおそれがあることから、この侵害を防止するためには、仮想社会、実社会の

言動、活動に伴う侵害情報の発生のリスクを大まかにでも測定し、そのリスクに応じてその内容、態様に配慮して言動、活動を行うことが望ましい。

4 被害の救済

(1) 救済の手順

　被害の救済は、すでに発生した被害につき主として損害賠償の方法によって救済を図るものである。損害賠償を実現するには、①誰を加害者として損害賠償責任を追及するか、②加害者に対する責任追及の法的な根拠が何か、③法的な責任を追及する手続が何か、④法的な責任が認められる難易度はどの程度か、⑤加害者として選択した者が十分な資産を有するか等を検討し、実際に手続を進行させることになる。　任意に法的な責任を追及し、加害者が任意に損害賠償に応じればよいが、事態はさほど簡単には進行しないのが通常である。訴訟の提起等の裁判手続をとって初めて法的な責任に応じることが多いし、裁判手続によっても法的な責任に応じない者は多いのである。

(2) 損害賠償の実現

　法的な責任は、インターネット上に流通した侵害情報に関する証拠の収集、保管を前提とし、主として責任原因、損害賠償額について適切な主張、立証を行うことが必要であるが、このうち、責任原因について関心が集まりがちであるものの、実際の被害救済の観点からはどれだけの損害賠償額が実際に得られるかが重要である（損害が発生した場合、賠償が具体的にいくらの金銭的な評価になるかを証明することは、損害賠償を求める者の責任であり、負担である）。
　インターネット上で被害が発生した場合、被害者が損害額に至るまで満足するような被害の救済を図ることは、任意の示談による場合であっても、訴訟等の裁判手続による場合であっても、極めて困難であるのが実情であり、

1 侵害情報による被害の防止、救済の対策

通常である。損害賠償が実現されるまでには、相当の長期にわたって時間、費用、手間、心理的な負担、人生等の多くの負担を強いられるのが実情であるから、これらの負担に耐えることができなければ、一応の満足も得られないことになる。

しかも、仮に損害賠償を一応実現することができたとしても、被害を受けた侵害情報がインターネット上から完全に削除され、この情報を見た者の記憶が完全に払拭されることは事実上ないから、被害前の状況に復帰することができるものではない。

インターネット上の侵害情報による被害の防止、拡大防止、救済の手段、方法は一般的には以上に説明したとおりであるが、本書では、以下、侵害情報によって被害を受ける権利・利益の内容・類型に沿って実際の判例を紹介しつつ、被害の救済の実情を説明したい。

2 侵害類型にみる判例

1 営業権の侵害、営業の侵害・妨害

(1) 事業活動に伴うリスク

　企業、個人事業者は、現在、実際にインターネットを利用する取引を行っているし、事業者概要の紹介、商品等の宣伝広告、公開すべき情報の提供等を積極的に行っているが、企業等がインターネット上に情報を提供し、インターネットを利用する諸活動を行えば、それだけインターネット上の情報攻撃にさらされることになる。企業等にとっては、インターネット上の情報の提供、交換は、実社会における多様な活動の手段であるのが現状であるが、企業等の仮想社会における情報の流通が実社会における諸活動に好影響、悪影響を与える時代が到来しているし（インターネットを利用した企業等のコンピュータ・システム自体に対する攻撃もみられ、重大な被害の事例も発生している）、今後、この傾向が進行するものと予想される。

　企業等は、インターネット社会においては、仮想社会の情報の流通による被害の発生というリスクを十分に認識し、被害の防止、拡大の防止、被害の救済に関する多角的な対策をとることが重要になっている。

(2) 営業権の侵害、営業の侵害・妨害をめぐる不法行為

　インターネット利用によって企業等が被害を被る場合、その被害の内容、態様は、個々の事案ごとに異なるが、営業に対する悪影響が生じているときは、営業権の侵害、営業の侵害、営業の妨害をめぐる不法行為として問題になりうる。

② 侵害類型にみる判例

(A) 損害賠償額の証明

インターネット利用に限らず、営業権の侵害、営業の侵害・妨害が行われた場合、被害を被った企業等につきどのような法的な救済が認められるかは、被害者が証拠によって被害の内容を明らかにするとともに、加害行為との因果関係がある損害賠償額を証明することが必要であり、重要である。

加害行為と因果関係がある損害賠償額については、加害行為と事実的因果関係の存在、法的因果関係の存在が証明されることが必要であるところ、事実的因果関係の存在は、条件関係とも呼ばれ、加害行為がなければ損害が発生しないという関係の存在のことであり、法的因果関係の存在は、訴訟の実務においては相当因果関係の存在のことである。

(B) 相当因果関係の存在

相当因果関係は、民法416条1項、2項の関係のことであると解されている（民法416条は、債務不履行に基づく損害賠償に関する規定であるが、不法行為に基づく損害賠償については、この規定が類推適用されると解されている）。同条1項は、通常生ずべき損害については、加害行為との法的因果関係を認めるものであり、同条2項は、特別の事情によって生じた損害については、その事情を予見し、または予見することができたときは、特別の事情から通常生ずる範囲の損害につき加害行為との法的因果関係を認めるものである。

(C) 証明すべき損害項目

企業等が営業権の侵害、営業の侵害・妨害の損害を被った場合、①被害状況の調査費用、②被害の復旧のための諸措置の実行費用、③営業上の逸失利益、④信用回復のための諸措置の実行費用等の損害を被ることが多く、これらの損害の発生を証明し、損害額を証明することが必要である。

これらの損害項目のうち、①、②は証明することが比較的容易であるが、③、④は変動要素も少なくないため、損害額の証明が容易でないことがある。特に③については、過去の収益の状況を証明したうえ、加害行為との因果関係の範囲にある逸失利益を算定することが必要であり（この場合の利益の基

準、意義については、理論的に粗利益、経常利益、純利益等のどれをとるかの議論があるし、具体的な企業等の規模、業者等の事案につきどの基準をとることが妥当であるかの議論もある）、認定、判断が困難なことが少なくない。企業等の逸失利益の算定が極めて困難である場合には、最終的な手段として、民事訴訟法248条の援用が考えられる。

　損害賠償を請求する場合、民事訴訟法248条の規定は忘れては損をする規定である。損害賠償を請求するにあたって、被害者は、損害賠償額につき証明することが必要であるが（金銭的な評価額についても証明することが必要である）、損害の内容・態様によってはその証明が困難なことがある。たとえば、企業の営業上の逸失利益、信用毀損による損害、風評損害等は、相当の証拠を提出しても、推認の方法によって損害賠償額を証明することもできるが、変動的な事情、不確かな事情が相当に入り込むことは否定できない。損害の発生は証明されているにもかかわらず、損害額が証明されていないような場合、従来は、その証明がないとして損害賠償責任が否定されるか、相当に控え目に損害額が算定されるか、無形の損害、慰謝料として控え目に算定されるか等の事例がみられたところである。現行の民事訴訟法の制定にあたって、このような事態に対応する規定として、同法248条が新設されたものであるが、その位置付け、解釈をめぐる議論がある。

　民事訴訟法248条は、損害が生じたことが認められる場合であって、損害の性質上その額を立証することが極めて困難であるときにその適用が認められるものであり、具体的には、裁判官が、口頭弁論の全趣旨および証拠調べの結果に基づき、相当な損害額を認定することを許容するものである。裁判官としては、損害が発生したと証明され、その額の証明が極めて困難な事態に直面した場合には、この規定によって相当額の損害額の認定、算定ができることになる。もっとも、同条の解釈、適用にあたって注意すべきことは、この規定による相当額の認定、算定は、実際上、控え目にされることが多いこと、最初からこの規定の適用を主張すると、損害額の立証に自信がないと

[2] 侵害類型にみる判例

疑われること（見方を変えると、損害額に関する証拠に乏しい実情を察知される可能性があるわけである）である。

(D) 風評損害

企業等につきインターネット上で営業に悪影響を及ぼす情報が流通すると、前記の①ないし④の損害が発生することがあるが、最近の特徴として、この情報によっていったん悪影響が発生した場合には、仮に情報が削除される等した後においても、あるいは問題になった事件、事態が解決された後においても、悪影響が残存することがあり、風評損害として問題になることがある（情報が虚偽のものであり、虚偽であることが後日判明した場合であっても、深刻な悪影響が残ることがある）。

現在、風評損害につき損害賠償の対象になるとの見解は判例上も認められているということができるが、風評損害の内容、風評損害の発生期間、損害額の判断基準等が具体的な事案で問題になっている（風評損害の内容として、営業上の逸失利益も含まれうる）。

(3) インターネット利用の場合

従来、さまざまな企業につき営業権の侵害等の被害が問題になった判例がみられるが、インターネット利用による営業権の侵害等の場合には、インターネット上に提供された情報の内容、加害者の動機・目的、情報が提供された範囲、提供に係る情報による企業の受けた悪影響の内容、収益状況の変化（利益の低下）等の事情を考慮し、損害賠償額が判断されることになる。

この場合、具体的なインターネット上の加害行為との事実的因果関係、法的因果関係の範囲の証明、判断が困難であるし、特に逸失利益については、その前提となる収益の経過、侵害情報による悪影響の範囲・程度を証明、判断することが困難である。インターネット上に侵害情報が流通することは、インターネットにおける情報の流通の範囲が広範な範囲にわたるものであり、企業等が広く社会の信用と信頼を基盤に営業を行っていることを十分に考慮

して、企業等の逸失利益等の損害賠償額を判断することが必要である。

(4) 証拠収集・保管、加害者の特定

　企業等は、インターネット上の侵害情報によって被害を被ったことを認識した場合には、前記の①ないし④に関係する証拠を作成し、保管することが損害賠償額の証明のために不可欠であるから、加害者の特定、法的責任の検討等の作業を行うとともに、証拠の作成、保管も適切に行うことが必要である。

---

(5) 営業権の侵害、営業の侵害・妨害をめぐる判例

　営業権の侵害、営業の侵害・妨害等をめぐる従来の判例の概要を紹介すると、次のようなものがあり、これらの判例の論理、結論に賛成するかどうかは別として、インターネット利用の場合にも参考になる。

判例番号 1　得意先（顧客）を失ったことによる逸失利益が否定された事例（浦和地判昭和35・1・29下民集11巻1号170頁）

●事案の概要●

　牛乳の小売りを業とするXは、牛乳等の卸販売を業とするY株式会社から牛乳を購入し、得意先に販売していたところ、Yが大腸菌の混入した牛乳を販売したことから、Xが得意先の信用を失い、顧客を失ったため、XがYに対して逸失利益の損害賠償を請求した。

　本判決は、得意先が法律上保護の対象にならないとし、請求を棄却した。

【判決の意義】

　この判決は、得意先（顧客）を失ったことにつき逸失利益を否定したものであり、当時の判例の事例を提供するものであるが、現在では、得意先を

② 侵害類型にみる判例

失ったことは損害賠償の対象になると解するのが通常である。

判例番号 ③　営業権に基づく営業の妨害禁止請求が理論的に肯定された事例（釧路地判昭和47・6・30判時677号93頁）

●事案の概要●

　Xは、Y道からバスを改造した食堂用自動車による飲食店営業の許可を受けていたところ、国立公園内の展望所に設置された駐車場に自動車を持ち込み、営業をしていたが、Yが自然公園法違反で退去を求める等したため、XがYに対して営業権に基づき営業の妨害禁止を請求した。
　本判決は、営業権に基づく妨害予防請求権を肯定したものの、Xの営業が法令違反の行為であるとし、請求を棄却した。

【判決の意義】
　この判決は、営業権に基づく営業の妨害禁止請求の可否、当否が問題になった事案について、理論的に妨害禁止請求権を認めたものの、この事案では請求権を否定したものであり、理論的な見解が参考になるものである。

判例番号 ④　営業権に基づく妨害排除請求が理論的に否定された事例（岐阜地判昭和52・10・3判時881号142頁）

●事案の概要●

　X有限会社は、その代表者Aから土地を賃借し、借地上に建物を建築、建物で土産物店を営業していたところ、隣接する土地で鍾乳洞の観覧、飲食店、土産物店を営業するY株式会社がXの借地の三方に塀を設置したため、XがYに対して営業権の侵害を理由に塀の撤去、営業妨害の禁止を求める仮処分を申請したところ、原裁判所が申請を認容したため、Yが異議を申し立てた。

1 営業権の侵害、営業の侵害・妨害

　本判決は、営業権に基づく妨害排除請求を否定し、営業の侵害も否定し、原決定を取り消し、申請を却下した。

【判決の意義】
　この判決は、営業権に基づく営業の妨害禁止等の請求の可否、当否が問題になった仮処分の事案について、理論的に営業権に基づく妨害排除請求権を否定したものである。

判例番号 10　営業権に基づく文書の配布禁止請求が肯定された事例（浦和地判昭和58・6・28判タ508号160頁）

●事案の概要●
　Yは、X株式会社の取締役であったが、代表取締役Aと対立し、AがXの名誉を毀損したことから代表取締役を解任され、Yが代表取締役に選任されたこと等の虚偽の内容の文書を作成し、Xの取引先、公共団体、金融機関等に約600枚配布したため、XがYに対して営業権の侵害を主張し、文書の配布禁止を請求した（Yは、期日に欠席した）。
　本判決は、理論的に営業権に基づく妨害排除請求権を認めたうえ、営業権の侵害を認め、請求を認容した。

【判決の意義】
　この判決は、営業権に基づく文書の配布禁止請求の可否、当否が問題になった事案について、理論的に営業権に基づく妨害排除請求権を認めたうえ、営業権の侵害を認め、文書の配布禁止請求を認めたものであり、事例として参考になる。

② 侵害類型にみる判例

判例番号 11 営業妨害による営業上の逸失利益が肯定された事例（福岡高判昭和58・9・13判タ520号148頁）

●事案の概要●

　Xは、Yに建物を賃貸し、Yが建物で喫茶店を営業していたところ、Xが解約を申し入れ、建物の明渡しを請求する訴訟を提起し、店舗入り口の飾りテントが取り去られ、その跡にXが家主に無断で修理することを禁ずる旨の掲示板を取り付けたため、客足が激減し、Yが閉店休業をせざるを得なくなったことから、Yが反訴として営業上の逸失利益につき損害賠償を請求した。第一審判決が解約申入れにより賃貸借が終了したとし、Xの本訴請求を認容し、Yの反訴請求を棄却したため、Yが控訴した。

　本判決は、営業妨害を認め、原判決を変更し、Yの反訴請求を一部認容した。

【判決の意義】

　この判決は、営業妨害が問題になった事案について、第一審判決がこれを否定したのに対し、営業妨害を肯定し、営業上の逸失利益を認めたものであり、事例として参考になる。

判例番号 14 営業妨害による営業上の逸失利益が肯定された事例（横浜地判昭和59・10・29判タ545号178頁）

●事案の概要●

　Xは、個人で機械部品の加工業のA製作所を営んでいたところ、その従業員Y_1、Y_2、Y_3、Y_4（いずれもXの親族）がXと対立し、Y_5株式会社を設立し、Xの取引先に対してAを発展的に解消したような通知をし、取引先と取引を開始する等したため、XがY_1、Y_2らに対してが営業妨害を理由に損害賠償を請求した。

110

本判決は、Y₃を除き、Y₁らの共同不法行為責任を肯定し、その範囲で請求を認容した（Xが会社経営によって得べき利益につき、10年分の逸失利益を損害として認めた）。

【判決の意義】
　この判決は、取引先を奪う営業妨害が問題になった事案について、これを肯定したほか、逸失利益につき10年間の長期にわたる損害を認めたことに特徴がある。

判例番号 20　営業権の侵害に基づく営業妨害禁止、損害賠償が肯定された事例（東京地判平成4・3・25判時1451号143頁）

●事案の概要●
　X₁は、土地建物を所有し、自ら経営するX₂株式会社に建物を賃貸し、X₂が建物でホテルを営業していたところ、貸金業を営むY₂株式会社の代表者Y₁が暴力団員と共謀し、X₁を脅迫して建物に侵入し、建物を占拠したため、X₁、X₂が営業妨害禁止の仮処分を得たうえ、Y₁らに対して営業権の侵害を理由に営業妨害禁止、損害賠償を請求した（X₁は、代理人による訴訟であったが、尋問期日に欠席した）。
　本判決は、X₂とY₂の営業譲渡契約を認めたが、契約締結の当時、X₁が代表権を有していなかったとし、契約を無効とする等し、X₂の請求を認容し、X₁の請求を棄却した。

【判決の意義】
　この判決は、営業権の侵害に基づく営業妨害禁止、損害賠償が問題になった事案について、これを肯定した事例として参考になる。

② 侵害類型にみる判例

判例番号㉒ ビル建築の反対運動につき住民らの不法行為が否定された事例（浦和地川越支判平成5・7・21判時1479号57頁）

●事案の概要●

X株式会社が自己所有地に4階建てのビルを建築しようとしたところ、近隣の住民Yらが反対し、他の住民とともに、建築計画の撤回の交渉をし、市役所に建築確認をしないように働きかけ、県土木事務所に建築反対の陳情をし、道路に面して建築反対等を内容とする垂れ幕を掲げ、立て看板を設置し、ビラを配付したりしたため、XがYらに対して損害賠償、垂れ幕・立て看板等の撤去、謝罪広告の掲載を請求したのに対し、Yらが反訴として不当提訴を理由に損害賠償を請求した。

本判決は、反対運動に社会的相当性がある等とし、Xの本訴請求を棄却し、Yらの反訴請求を棄却した。

【判決の意義】

この判決は、ビルの建築に近隣の住民らが垂れ幕を掲げる等して反対運動を行った事案について、反対運動に社会的相当性があるとし、住民らの不法行為を否定したものである。

判例番号㉔ ビル建築の反対運動において訴訟係属中に追加した垂れ幕につき住民らの不法行為が肯定された事例（東京高判平成6・3・23判時1515号86頁）

●事案の概要●

前記の判例番号㉒浦和地川越支判平成5・7・21（112頁）の控訴審判決であり、Xらが控訴した。控訴審の係属中、Yらが従前の垂れ幕等を撤去し、新たな垂れ幕等を設置したため、Xが請求を追加した。

本判決は、Xの控訴を棄却したが、新たに設置された垂れ幕が違法であるとし、追加された請求を認容した。

【判決の意義】

　この判決は、前記の第一審判決とは異なり、新たな垂れ幕を掲げたことが違法であるとし、住民らの不法行為を肯定したものであり、事例として参考になる。

判例番号 38

施設建築の反対運動につき営業権に基づく妨害排除、妨害予防請求が肯定された事例（京都地決平成9・12・10判タ976号240頁）

●事案の概要●

　医療法人 X_1 は、土地を造成して老人保健施設の建築を計画し、建築確認等の必要な許可等を得たうえ、X_2 株式会社に建築工事を発注したところ、近隣の住民Ｙらが施設の建築に反対し、付近の通路を封鎖し、通行を妨害する等したため、X_1 らがＹらに対して建築妨害禁止、通路の使用妨害禁止の仮処分を申請した。

　本決定は、X_1 の所有権、X_2 の営業権に基づく妨害排除、妨害予防請求を認め、建築妨害禁止の仮処分申請を認容した。

【判決の意義】

　この決定は、老人保健施設に近隣の住民らが反対運動をした仮処分の事案について、営業権に基づく妨害排除、妨害予防請求権の行使を認めたものであり、事例として参考になる。

② 侵害類型にみる判例

判例番号 36 マンション建築の反対運動につき妨害排除、妨害予防請求が否定された事例（横浜地決平成10・11・16判時1717号103頁）

●事案の概要●

　不動産販売会社であるX株式会社が土地を購入し、マンションの建築を計画したところ、近隣の住民であるYらがマンションの建築に反対し、土地の周辺に掲示物を設置したり、モデルルーム付近の公道においてプラカードをもって、モデルルームを訪れた購入希望者らに対してビラを配布する等したため、Xが営業権、人格権を被保全権利として掲示物の撤去、文書配布の禁止等の仮処分を申請した。

　本決定は、掲示物が客観的な事実を記載したものである等とし、掲示物の撤去請求を否定し、将来における文書配布のおそれも認められないとし、妨害予防請求権を否定し、申請を却下した。

【判決の意義】

　この決定は、マンションの建築に近隣の住民らが掲示物を設置する等して反対運動をした事案について、営業権の侵害を否定したものである。

判例番号 37 葬儀社の営業所設置の反対運動につき営業妨害が否定された事例（京都地判平成10・12・18判タ1053号164頁）

●事案の概要●

　X株式会社は、近隣商業地域において営業所を設置し、葬儀営業を行ったところ、近隣の住民Yらが反対運動をし、貼紙掲示をしたり、示威行動をしたため、Xが、営業妨害、名誉毀損を理由に損害賠償、営業妨害の禁止等を請求したのに対し、Yらが反訴として環境権、人格権侵害を理由に葬儀営業の禁止、損害賠償を請求し、不当な訴訟提起を理由に損害賠償を請求した。

　本判決は、受忍限度内の営業であるとし、Yらの活動が正当な表現

行為である等とし、Xの本訴請求、Yらの反訴請求等の請求を棄却した。

【判決の意義】

この判決は、葬儀施設の建築に近隣の住民らが貼紙を掲示する等して反対運動をした事案について、営業妨害を否定したものである。

判例番号 42 建物建築の反対運動につき営業権侵害が肯定された事例（横浜地判平成12・9・6判時1737号101頁、判タ1104号237頁）

●事案の概要●

不動産会社Xは、高級分譲地として開発された分譲地の一区画を購入し、三分割して建物を新築して販売しようとしたところ、近隣の住民Yらが分割に反対し、看板類を各自の土地上に設置したことから、Xが合計1600万円値下げして販売せざるを得なくなったため、XがYらに対して営業権の侵害を理由に損害賠償を請求したのに対し、Yらが反訴として不当訴訟を理由に損害賠償を請求した。

本判決は、営業権の不当な侵害を認め、本訴請求を認容し（値下げ分合計1400万円、慰謝料10万円の損害を認めた）、反訴請求を棄却した。

【判決の意義】

この判決は、建物の建築につき近隣の住民らが看板類を設置して反対運動をした事案について、営業権の侵害を認めたものであり、事例として参考になる。

2 侵害類型にみる判例

判例番号 49　マンション建築の反対運動につき営業妨害が否定された事例
（名古屋地決平成14・7・5判時1812号123頁）

●事案の概要●

　X株式会社がマンションを建築していたところ、北側に居住するYらが日照被害が生じると主張し、Xが出店している住宅展示場の周辺道路でXの住宅の不買を勧奨するプラカードを掲示したり、ビラ等を配布したため、XがYらに対して営業権侵害等を理由として不買を勧奨するプラカードの掲示を禁止等する仮処分を申請した。
　本決定は、表現の自由との関係で違法な表現とはいえず、違法不当な営業妨害とはいえない等とし、申請を却下した。

【判決の意義】

　この決定は、マンションの建築に近隣の住民らがプラカードを掲示する等して反対運動をしたことに対してした仮処分の事案について、表現の自由を尊重し、違法不当な営業妨害を否定したものである。

判例番号 50　出店の妨害につき不法行為が肯定された事例（札幌地判平成14・12・19判タ1140号178頁）

●事案の概要●

　パチンコ事業を行うX株式会社は、A市で新たにパチンコ店の開業を計画し、用地を取得し、風俗営業等の規制及び業務の適正化等に関する法律に基づき許可の申請をしたところ、A市で既存のパチンコ店を営業していたY_1株式会社らがその用地から50メートル以内に保有していた土地を児童遊園とし、建物を建築したうえ、Y_2社会福祉法人に寄付し、Y_2が児童遊園の設置の認可を受けたことから、北海道条例により児童福祉施設から50メートル以内には新規にパチンコ店の許可をすることができなくなり、許可を得ることができなくなったため、XがY₁

1 営業権の侵害、営業の侵害・妨害

らに対してパチンコ店の出店を阻止する目的で児童遊園を設置する等したと主張し、不法行為に基づき損害賠償を請求した。

本判決は、パチンコ店の出店阻止による不法行為を認め、請求を認容した。

【判決の意義】

この判決は、パチンコ店の開店の妨害が問題になった事案について、不法行為を認めたものであり、事例として参考になる。

判例番号 67　労働組合の街頭宣伝活動につき営業権侵害等が肯定された事例（東京地判平成16・11・29判時1883号128頁）

●事案の概要●

X_1株式会社（代表取締役X_2）の従業員Y_1がX_1を解雇され、解雇をめぐる訴訟が提起され（その後、Y_1の解雇が確定した）、Y_1、加入する労働組合Y_2、その組合員Y_3らがX_1の本社前、X_2の自宅前等において、解雇が不当である旨の街頭宣伝活動を繰り返し、ビラを配付する等したため、X_1、X_2がY_1らに対して街宣活動の差止め、名誉毀損等による損害賠償を請求した。

本判決は、法人の名誉・信用毀損、平穏に営業活動を営む権利の侵害等を肯定する等し、請求を認容した。

【判決の意義】

この判決は、労働組合が会社らに対する該当宣伝活動を行う等した事案について、平穏に営業活動を営む権利の侵害等を肯定したものであり、事例として参考になる。

2 侵害類型にみる判例

判例番号 87　出店の妨害につき不法行為が肯定された事例（最三小判平成19・3・20判時1968号124頁）

●事案の概要●

前記の判例番号㊿札幌地判平成14・12・19（116頁）の上告審判決であり、第一審判決に対して、Y₁らが控訴したところ、控訴審判決が原判決を取り消し、請求を棄却したため、Xが上告受理の申立てをした。

本判決は、不法行為を認め、原判決を破棄し、原審に本件を差し戻した。

【判決の意義】

この判決は、パチンコ店の開店の妨害が問題になった上告審の事案について、不法行為を認めたものであり、事例として参考になる。

判例番号 91　日本弁護士連合会の平穏に業務を遂行する権利に基づく侵害行為の差止請求が肯定された事例（東京地判平成19・7・20判タ1269号232頁）

●事案の概要●

Yは、弁護士Aら3名につき懲戒を請求したが、懲戒しない旨の議決が確定した後、X連合会（日本弁護士連合会）の事務局にその説明を求める等とし、頻繁に電話をかけ、訪問し、面談の要求を繰り返し、訪問した際には対応した者につきビデオカメラで撮影する等したため、XがYに対してXの建物への立入り、架電、面会要求等の方法による直接交渉の禁止を請求した。

本判決は、Xの平穏に業務を遂行する権利の侵害等を認め、侵害行為の差止めを求める権利を認め、請求を認容した。

1　営業権の侵害、営業の侵害・妨害

【判決の意義】

　この判決は、全国の弁護士を会員とする日本弁護士連合会に対する業務妨害が問題になった事案について、日本弁護士連合会の平穏に業務を遂行する権利の侵害を認めたこと、日本弁護士連合会による侵害行為の差止請求権の行使を肯定したことに特徴があるものであり、事例として参考になる。

　この判決の業務妨害、差止請求について参考になる判断を示しているので、判決の内容を若干紹介すると、

　「(1)　原告は、平穏に業務を遂行する権利に基づいて、別紙物件目録記載の建物への立入り及び面談強要等の差し止めを求めているところ、かかる業務を遂行する権利は、財産権行使の一内容と評価できるのであるから、原告の請求は、結局のところ、かかる業務を遂行するのであるから、原告の請求は、結局のところ、建物等の所有権もないし占有権等の財産権に基づく請求を含むものと理解できる。

　そして、法人は、平穏に業務を遂行する権利を侵害され、その後も侵害が継続する蓋然性が高い場合には、財産権あるいはその一内容である業務遂行権に基づき、侵害行為を差し止める権利を有すると解される。

　(2)　そこで、被告が原告の平穏に業務を遂行する権利を侵害し、その侵害が継続するおそれのあるかについて検討するに、本件では、別紙被告の架電・訪問時の対応記載のとおり、被告は、平成17年3月ころから平成18年10月にかけて、原告に架電し、原告事務局を訪問しているところ、この1年8か月における架電及び訪問の回数は、架電は1980回、訪問は95回と極めて多数回に及んでいる。そのうち、平成17年4月から10月には、ほぼ連日架電が繰り返され、その回数は、多い日には1日100回を超えることもあった。また、被告は、平成18年6月以降は、平日ほぼ連日のように原告事務局を訪問し、その都度ほぼ1時間にわたって原告事務局に滞在し、原告職員の度重なる退去要請にもかかわらず、原告職員が警察官を要請するまで退去しないことも度々あった。その際、被告は、綱紀委員会の議決書及び異議申出に対す

119

② 侵害類型にみる判例

る決議書には理由が付されていないことなどを繰り返し述べ、原告職員が、決議書等に記載のとおりであって付加して説明する事項はないなどと書面によって回答し（甲1《略》ないし4《略》）、口頭でも再三にわたり同趣旨の説明をしたにもかかわらず、被告は原告に対し、同様の主張、要求を繰り返している（甲5《略》）。このような被告の度重なる架電及び訪問の都度に、原告職員らは対応を強いられており、その対応に要する精神的な負担、時間的負担を考えると、原告の業務遂行に著しい支障が生じていることは明らかである。

また、別紙被告の架電・訪問時の対応記載のとおり、被告は、平成18年6月下旬ころから同年8月下旬ころまでは、頻繁にわたり原告事務所内のビデオ撮影を行い、原告職員等の姿を撮影しており、これにより、原告職員等が大きな精神的負担を感じ、原告の正常な職務遂行が困難ないし不可能となったことも認められるところである（甲5《略》）。

以上のとおり、被告の架電及び訪問の目的、回数、態様などからして、被告の原告に対する上記行為が、原告が有する財産権である業務遂行権をその受忍限度を超えて侵害していることは明らかであるというべきである。

そして、被告の架電及び訪問の行為が1年8か月もの長期間にわたって継続していること、被告自身は、本人尋問においても、自らの行為の正当性を強く述べるのみであることからすれば、今後も、被告が同様の方法で架電及び訪問の行為を継続する蓋然性は高く、原告の業務遂行権が侵害されるおそれは継続しているものというべきである。

(3) 以上のとおりであり、原告は、被告に対し、請求の趣旨第1項記載の差し止めを請求する権利を有する」と判示している。

判例番号103　労働組合の妨害活動につき差止請求が肯定された事例（東京地決平成21・9・10判時2056号99頁）

●事案の概要●

X学校法人は、A大学を設置し、甲、乙、丙校舎を開設、学内には

A大学消費生活協同組合があり、その従業員を構成員とするA大学生活協同組合労働組合が組織されていたところ、Xがオープンキャンパスを実施しようとしたのに対し、組合員Yらがオープンキャンパス付近でゼッケン、鉢巻をして赤旗、横断幕を掲げ、拡声器を用いてシュプレヒコールをあげる等したため、XがYらに対して営業権を被保全権利として、Xの行う業務の平穏を害する一切の行為を禁止する仮処分を申し立てた。原裁判所はこれを認容する仮処分決定をしたため、Yらが保全異議の申立てをした。

本決定は、営業権に基づく情報宣伝活動の差止めを認め、仮処分決定を認可した。

【判決の意義】

　この決定は、学校の業務を労働組合が妨害した仮処分の事案について、営業権に基づく妨害活動の差止請求権を肯定したものであり、事例として参考になる。

　この決定は、営業権に基づく学校の業務妨害行為の差止請求を認めた最近の事例であり、表現の自由との関係も説示しているものであり、参考になると考えられるので、その一部を紹介すると、

「二　営業権に基づく差止請求権の有無について

　(1)法人は、平穏に営業活動を営む権利を有し、このような権利が違法に侵害され、又は侵害される相当の蓋然性がある場合には、同権利に基づき、加害者に対し、現に行われている侵害行為を排除し、又は将来生ずべき侵害を防止するため、侵害行為の差止めを求めることができるものと解するのが相当である。もっとも、演説、シュプレヒコール、ビラ配りなど情報宣伝活動により営業活動に支障を来す場合には、憲法21条の保障する表現の自由との調整が問題となるところ、情報宣伝活動は、行動を伴う表現行為であるから、表現内容が不当な場合はもとより、表現内容自体は正当である場合であっても、

2 侵害類型にみる判例

情報宣伝活動が行われる日時、場所、活動内容などの外部的態様に照らし、営業活動に重大な支障が現に生じ、又は重大な支障を生ずる相当程度の蓋然性がある場合には、営業活動への妨害を排除し又は防止するため必要な限度において、情報宣伝活動の差止めを求めることができるものと解すべきである。

これに対し、債務者らは、大学である債権者は学問の研究機関であって利潤追求を目的とするものではなく、営業権を有しない旨主張する。しかし、学校法人は、その設置する私立学校の教育に支障のない限り、その収益を私立学校の経営に充てるため、収益を目的とする事業を行うことができるのであって、それを営業権と呼ぶかどうかはさておき、平穏に営業活動を営む権利を有している。したがって、上記債務者らの主張は理由がなく、採用することができない」と判示している。

2 営業妨害・業務妨害

(1) 営業妨害・業務妨害と不法行為等

　前記の１に関連するが、企業、個人事業者は、事業、営業を行うにあたって、法令に反しない範囲で、営業の自由、営業活動の自由を有するものであり、この自由を第三者から違法に妨害されることは、不法行為を構成することになる。

　営業の自由、営業活動の自由は、物理的な手段、方法によって妨害されるだけでなく、虚偽の風説、偽計等の情報の提供、公表等の情報によって妨害されることがあり、インターネット利用によっても妨害されることがある。

　企業等がインターネット上のさまざまな場で批判の対象になったり、提供される情報の対象になったりすることがあるが、提供、交換される情報の内容によっては企業の営業妨害、業務妨害として不法行為が認められることがある（なお、事案によっては、刑法233条、234条の２等の犯罪を構成することもありうる）。

---

(2) 営業妨害・業務妨害をめぐる判例

　インターネット上における情報の提供等による営業妨害、業務妨害が問題になった判例としては、次のようなものがある。

判例番号89 顧客による営業妨害が肯定された事例（東京地判平成11・7・1判時1694号94頁）

●事案の概要●

　銀行業を営むX株式会社の顧客Yが、Xから融資を受けていたところ、取引約定により期限の利益を失ったことから、定期預金を解約され、相殺されたにもかかわらず、Xの本支店の付近で定期預金が承諾なく

2 侵害類型にみる判例

解約された旨のビラを配布する等したため、XがYに対して名誉毀損、業務妨害を理由に損害賠償、ビラの配布等差止めを請求した。

本判決は、不法行為の成立を認め、請求を認容した（慰謝料として100万円の損害を認めた）。

【判決の意義】

この判決は、銀行の元預金者が銀行の支店付近でビラを配布する等した事案について、業務妨害の不法行為を肯定したものであり、事例として参考になる。

判例番号 94 電子掲示板の記載による業務妨害につき不法行為が肯定された事例（東京地判平成20・10・1判時2034号60頁）

●事案の概要●

X学校法人は、A大学等を設置、運営していたところ、Yは、A大学の助教授等を務めていたが、Xから普通解雇され、雇用上の権利を有することの仮の確認等を求める仮処分を申し立て、認容された後、異議審において解決金の支払い、一定の期間経過後における退職、誹謗中傷の禁止等を内容とする裁判上の和解が成立し、退職後、A大学のA教職員組合（Aユニオン）の代表者兼執行委員長を務めているところ、Aユニオンがインターネット上に電子掲示板を開設し、第三者による投稿が自動的に公開される体制がとられ（投稿の削除を希望する者は、一定の基準に従って削除等がされていた）、その後、投稿内容の確認を経て公開される体制に変更される等していたところ、Xに関する多数の投稿がされたため、XがYに対して、主位的にYの投稿であり、名誉毀損、業務妨害であると主張し、予備的にYが掲示板の管理者であり、削除義務を怠ったと主張し、損害賠償、和解の解除を理由に解決金の返還を請求した。

本判決は、自動的に投稿が公開される体制の下では一見して第三者の名誉を毀損するものを具体的に知ったときは、第三者による削除要求がなくても、削除義務を負い、これに至らないときは、削除要求があって初めて削除義務を負う等とし、一部の投稿がYによってされたものであり、これによる名誉毀損を認め、管理者として公開した一部の投稿につき削除すべき条理上の義務違反を認め、損害賠償請求を認容し、裁判上の和解の解除を否定し、原状回復請求を棄却した。

【判決の意義】

　この判決は、学校法人と教員との間のトラブルが発生し、労働組合の開設・管理する電子掲示板に大学を誹謗する書込みがされたことから（当該教員は労働組合の代表者に就任した）、大学に対する業務妨害等が問題になった事案について、一部の書込みが当該教員によってされたことを認め、条理上の削除義務違反の不法行為を認めたものであり、事例として参考になる。

判例番号 112　ウェブサイト上の記載につき業務妨害が否定された事例（東京地判平成23・4・22判時2130号21頁）

●事案の概要●

　X株式会社（代表取締役A）は、動画インターネットサイトを運営していたところ、Y_1協会が放映した番組につき事実を捏造、歪曲している等と批判していたが、Aは、動画の中でY_1の職員が不祥事を起こし、Y_1がもみ消した等と発言したことから、Y_1がXに謝罪と訂正を求める文書を送付し、Y_1の放送総局長Y_2が定例記者会見でXの批判が事実無根であり、訂正、謝罪を求める文書を発送した旨の発言をし、公式ウェブサイト上にその旨の記事を掲載する等したため、XがY_1らに対して名誉毀損、業務妨害を主張し、損害賠償を請求し、Y_1が反訴としてAの動画中の発言が名誉毀損であると主張し、損害賠償、人格権に

125

基づき動画中の発言部分の削除等を請求した。

本判決は、Y_1の公式ウェブサイトに掲載された記事等が名誉毀損にあたらないとし、業務妨害を否定し、本訴請求を棄却し、動画中のAの発言が名誉毀損、人格権としての名誉権の侵害を認め、損害賠償等の反訴請求を認容した。

【判決の意義】

この判決は、動画インターネットを運営する会社とテレビ放送を業とする法人との間のトラブルに際し、運営会社の代表者が動画中で法人らを誹謗等する発言をし、法人がウェブサイトで事実無根である旨の記事を掲載したことから、法人による名誉毀損（信用毀損）、業務妨害、運営会社による名誉毀損（信用毀損）等が問題になった事案について、法人による名誉毀損、業務妨害を否定し、運営会社による名誉毀損を肯定したものであり、双方ともインターネットを利用した情報提供における事例として参考になる。

3 信用毀損

(1) 信用毀損と不法行為

　企業であっても、個人であっても、事業者が社会で経済活動を行う場合には、他の企業等から受ける信用、社会的な評価が営業の基盤になっているものであり、この信用、評価が極端に悪化したときは、事実上倒産したり、あるいは法的な倒産手続を選択せざるを得ない事態に追い込まれることが少なくない（なお、消費者の場合であっても、信用取引を行う機会が増加しているため、経済社会からの信用がないと、通常の生活を行うことが困難になっている）。

　企業等が社会から受ける信用、他の企業から受ける信用は、その本質が情報によって蓄積されたものであるため、情報に脆弱であり、企業、個人等からの情報攻撃に曝されやすい。

　企業等に対しては競争関係にある企業等の事業者、団体、消費者等からさまざまな内容、態様の悪影響を及ぼす情報攻撃が行われてきたし、現在も行われているが、利用される情報は、真実の内容のものだけでなく、虚偽の内容、虚実取り混ぜた内容のものもある。企業等に関する真実の内容の情報が提供されることは、その目的、方法が社会通念を逸脱したような特段の事情がある場合は格別、企業等としても受忍せざるを得ないが、虚偽の内容、虚実取り混ぜた内容の情報が提供される場合には、信用毀損として不法行為を構成するものである。

(2) インターネット利用による信用毀損

　信用毀損は、従来の判例、学説上は名誉毀損の一つであると考えられているが、信用毀損によって企業等が受ける影響の深刻さは、虚偽の内容の情報であっても企業等を倒産に追いやるほどであり、その要件、免責の要件、損害賠償額の算定等の場面で通常の名誉毀損と異なる基準を採用し、企業等が

[2] 侵害類型にみる判例

受けた信用毀損の実態に即した解釈、判断をすべきである。

　インターネットの時代においては、情報の提供・交換、情報の操作がインターネットを利用することによって、他の媒体と比較して格段に強力になっているから、インターネット上の情報によって信用毀損の対象になった企業等はさらに深刻な被害を受ける可能性が高まっている。インターネット上の情報を悪用した信用毀損については、従来の媒体による信用毀損とは異なり、要件、免責の要件、損害賠償額の算定等の場面で、企業等が受けたインターネット利用による信用毀損の実態に即した解釈、判断をすべきである。

(3) 損害賠償額

　個人が名誉毀損を受けた場合には、加害者の動機・目的、加害行為の媒体、加害に係る情報の内容等の事情を考慮し、慰謝料額が判断されるものであり、従来の100万円の基準が批判され、一時期、400～500万円程度の基準が裁判例によって採用されていたが、近年は、その基準も低下しているようである。名誉毀損による慰謝料額の算定は、前記の諸事情を考慮し、個々の事案ごとに適正な額が判断されるべきであり、一律にどの額が妥当である等の議論は的外れである。

　他方、企業、個人事業者が信用毀損を受けた場合には、単に無形の損害だけが発生した損害ではなく、前記のとおり、営業上の逸失利益、信用回復のための諸措置の費用が損害になりうるものである。企業等が信用毀損の被害を受けた場合には、前記の名誉毀損における慰謝料の判断基準によることの合理的根拠を全く欠くものであり、企業等が受けた信用毀損の被害の実態に即して判断をすべきであり、インターネット上の情報による信用毀損の場合には、インターネット利用による信用毀損の被害の実態に即して判断をすべきである。インターネット上の情報によって信用毀損の被害を受けた企業等は、その被害の実態をさまざまな証拠を収集し、立証に努めることが重要である。

従来、信用毀損が問題になった判例は多数あるが、従来の信用毀損の判例は名誉毀損の事案と同様な判断基準により、同様な判断を示しているだけである。企業等が信用毀損を受けた場合には、前記のとおり、その要件、免責の要件、損害賠償額等につき、個人の名誉毀損による損害賠償額とは異質なものであることを十分に認識することが重要である。インターネットを利用した企業等の信用毀損の事案については、従来の名誉毀損の判例は、これらの損害賠償額の違いを無視し、あるいは軽視しているものであり、判例を参考とする場合には、相当な注意が必要である。

(4) 信用毀損をめぐる判例

信用毀損をめぐる判例は、従来から公表されているものであり、さまざまな事案で信用毀損が問題になっているが、これらの判例も含め、インターネット利用による信用毀損について参考になるものとしては、次のようなものがある。

判例番号 ⑧ 新聞記事による信用毀損が肯定された事例（東京地判昭和52・7・18判時880号56頁）

●事案の概要●

靴の中敷きの製造、販売業者Xが中敷き「ナオール」を製造、販売していたところ、日刊新聞を発行するY株式会社は、Xが薬事法上の製造許可を受けずに製造し、近く摘発されること、香料と糊のみで製造され、水虫等の治療に効能を有しない製品であること等を内容とする記事を掲載したため、Xが営業上の信用毀損等を理由に不法行為に基づき損害賠償を請求した。

本判決は、製品の性能に関する誤報であったことを肯定し、取材、編集上の過失を認め、請求を認容した（営業上の信用毀損として250万円の慰謝料を認めた）。

2 侵害類型にみる判例

【判決の意義】

　この判決は、日用品の製造・販売業者に対する新聞記事による信用毀損が問題になった事案について、信用毀損を肯定したものであり、事例として参考になる。

判例番号⑤　地方自治体の担当者による信用毀損が否定された事例（東京高判昭和54・2・22判時925号68頁）

●事案の概要●

　Xは、債権の取立業者であるが、A市生活情報センター所長 Y_1 が、市政記者クラブにおいて新聞記者に対して、Xの債権取立てのやり方が不穏当である旨を公表したため、XがY₁、その上司であるA市市民局生活部長 Y_2 に対して国家賠償法に基づき損害賠償を請求した。第一審判決が請求を棄却したため、Xが控訴した。

　本判決は、公権力の行使として行われたものであるが、公務員個人の行為であった等とし、控訴を棄却した。

【判決の意義】

　この判決は、債権の取立業者に対する地方自治体の担当者による信用毀損が問題になった事案について、信用毀損を否定したものである。

判例番号⑥　地方自治体による名誉毀損（信用毀損）が肯定された事例（東京地判昭和54・3・12判時919号23頁）

●事案の概要●

　Y都の物価局は、家庭用合成洗剤の物不足が発生したのに対し、調査を行い、業界による生産制限・出荷調整が原因であると疑われる旨の報告書を公表したが、合成洗剤の大手の製造・販売業者であるX株式会社が調査報告書は事実の誤認である等として、Yに対して名誉毀損

を理由に損害賠償を請求した。

　本判決は、公表された事実が主要な部分で真実に反するとして、名誉毀損を肯定し、無形損害として100万円の損害賠償請求を認容した。

【判決の意義】

　この判決は、日用品の製造・販売業者に対する地方自治体による名誉毀損（信用毀損）が問題になった事案について、名誉毀損を肯定したものであり、事例として参考になる。

判例番号7　新聞記事による信用毀損が肯定された事例（東京高判昭和54・3・12判時924号55頁）

●事案の概要●

　前記の判例番号③東京地判昭52・7・18（129頁）の控訴審判決であり、Yが控訴した。

　本判決は、不法行為を認めたが、慰謝料を150万円に減額し、原判決を変更した。

【判決の意義】

　この判決は、日用品の製造・販売業者に対する新聞記事による信用毀損が問題になった控訴審の事案について、信用毀損を肯定したものであり、事例として参考になる。

判例番号8　雑誌の記事による名誉毀損（信用毀損）が肯定された事例（札幌地判昭和56・3・26判時1031号148頁）

●事案の概要●

　Yは、精神科等の病院を経営する者であるが、北海道内で発行されている雑誌に精神科等の病院を経営する医療法人 X_1、その代表理事

X_2につき脱税、健保診療報酬の不正受給等を行っている旨の情報を投書等の方法で提供し、その旨の記事が掲載されたため、X_1らがYに対して名誉毀損に基づき損害賠償を請求した。

本判決は、虚偽の情報を提供した名誉毀損を認め、請求を認容した（慰謝料として100万円を認めた）。

【判決の意義】

この判決は、医療法人に対する雑誌の記事による名誉毀損（信用毀損）が問題になった事案について、名誉毀損を肯定したものであり、事例として参考になる。

判例番号 12　看板設置による信用毀損が肯定された事例（東京地判昭和59・5・10判時1145号59頁）

●事案の概要●

Xは、建物をY_1に賃貸していたが、Y_1が建物を増改築等したため、賃貸借契約を解除し、Y_1、建物の転借人Y_2に対して占有移転禁止の仮処分を得たところ、Y_1が正当な理由なく不当な方法で明渡しを求められている旨の看板を通行人に見える壁に設置したため、XがY_1、Y_2に対して建物の明渡し、名誉・信用毀損による損害賠償を請求した。

本判決は、無断転貸を理由とする賃貸借契約の解除を肯定し、名誉・信用毀損を認め（慰謝料として5万円を認めた）、請求を認容した。

【判決の意義】

この判決は、建物の賃貸人に対する賃借人の看板設置による信用毀損が問題になった事案について、信用毀損を肯定したものであり、事例として参考になる。

判例番号 15　看板設置による名誉毀損（信用毀損）が肯定された事例（横浜地判昭和63・5・24判時1311号102頁）

●事案の概要●

　Xは、Yに店舗と隣接する土地を駐車場として賃貸し、Yがレストラン、麻雀店として使用し、土地を顧客用の駐車場として使用していたところ、Xが賃貸借契約を解除し、建物、土地の明渡しを求めたため、Yが店舗の公道から見える場所に「大家の横暴な駐車場明渡要求に断固抗議する」旨の看板を設置したことから、XがYに対して建物、土地の明渡し、看板の撤去を請求した（後に、Zが土地の所有権を譲り受けたため、土地の明渡請求に参加した）。
　本判決は、看板が名誉毀損にあたる等とし、請求を認容した。

【判決の意義】

　この判決は、建物の賃貸人に対する賃借人の看板設置による名誉毀損（信用毀損）が問題になった事案について、名誉毀損を肯定したものであり、事例として参考になる。

判例番号 18　看板の設置、ビラの配布等による名誉毀損（信用毀損）が肯定された事例（東京地判平成3・11・27判時1435号84頁、判タ797号240頁）

●事案の概要●

　Aがオーナーとして経営していたゴルフ場について、昭和50年以降、会員権の乱売等によって経営危機に陥り、X_1株式会社が設立され、ゴルフ場の経営権が委譲され、その後、裁判上の和解により、Aから株式を買い受け、X_1がゴルフ場を経営し、会員の親睦を図るX_2ゴルフクラブが設立され、X_3らは、X_1の役員、X_2の理事であったところ、昭和62年、X_2が拠出金を募集し、拠出金を提供した会員を賛助会員とし

2 侵害類型にみる判例

て土曜日、日曜日、休日の優先プレー権を認める優遇措置を講じるなどしたことから、X_2の会員Y_3がゴルフ場を守る会の代表を名乗り、ゴルフ場の進入路等にX_2の理事会を非難する等の立看板を立て、同旨のビラを連日配布するなどし、Y_1株式会社、Y_2がY_3に関与していたため、X_1らがY_1らに対して立看板の撤去、印刷物の配布等の差止め、損害賠償を請求した。

本判決は、X_2の当事者能力を肯定し、名誉毀損を認め、立看板の撤去、損害賠償請求を認容し（Y_1 500万円、Y_2 300万円、Y_3 50万円を認めた）、その余の請求を棄却し、将来の差止請求の訴えを却下した。

【判決の意義】

この判決は、ゴルフ場を経営する会社らに対する会員の看板の設置、ビラの配布等による名誉毀損（信用毀損）が問題になった事案について、名誉毀損を肯定したものであり、事例として参考になる。

判例番号 ⑲　ミニコミ誌への情報提供による名誉毀損（信用毀損）が否定された事例（東京地判平成4・1・23判タ865号247頁）

●事案の概要●

A株式会社は、東京都新宿区内において不動産業を営んでおり、B会社との間で土地の売買の履行をめぐって紛争が生じていたところ、新宿区内でC会社によって発行されていた旬刊ミニコミ誌に、Yの情報提供によって、A、その代表者Xを非難する記事が掲載され、YによりXの親族に対してXの行動を非難する内容の電話がかけられ、手紙が郵送されたため、XがYに対して名誉毀損に基づき損害賠償、謝罪広告の掲載を請求した。

本判決は、情報提供についての名誉毀損を否定したが、電話、手紙による名誉毀損を肯定し、請求を認容した（慰謝料として20万円を認めた）。

【判決の意義】

　この判決は、不動産業者に対するミニコミ誌への情報提供による名誉毀損（信用毀損）が問題になった事案について、情報提供による名誉毀損を否定し、電話等による名誉毀損を肯定したものである。

判例番号21　新聞記事による名誉毀損（信用毀損）が否定された事例（大阪地判平成5・3・26判時1473号102頁）

●事案の概要●

　日刊紙を発行するY$_1$株式会社、Y$_2$株式会社は、群馬県で発生した保険金目当ての父親による娘の殺人事件における父親逮捕の記事につき、サラ金苦等の内容を掲載したため、全国の消費者金融業者Xら（501社）がY$_1$らに対して名誉毀損による損害賠償を請求した。

　本判決は、記事により消費者金融に対する非難の要素が含まれているとしても、消費者金融業界に対する概括的かつ一般的な非難にとどまり、業界に属する個々の業者を非難するものではないとし、名誉毀損を否定し、請求を棄却した。

【判決の意義】

　この判決は、全国の消費者金融業者らに対する新聞記事による名誉毀損（信用毀損）が問題になった事案について、業界に対する概括的かつ一般的な非難にとどまるとし、個々の業者に対する名誉毀損を否定したものである。

判例番号25　雑誌の記事による信用毀損が否定された事例（東京地判平成7・2・16判タ896号193頁）

●事案の概要●

　雑誌を発行するY株式会社は、雑誌の中で数種の浄水器の性能等を比較する記事を掲載したが、X株式会社の製造、販売する浄水器を性

2 侵害類型にみる判例

能が劣るものであるとの内容があったため、XがYに対して名誉・信用毀損を理由に不法行為に基づき損害賠償を請求した。

本判決は、公正かつ正確な方法で実験された等として、記事の内容が真実であることにつき相当な理由があるとし、請求を棄却した。

【判決の意義】

この判決は、浄水器の製造・販売業者に対する雑誌の記事による信用毀損が問題になった事案について、信用毀損を否定したものである。

判例番号 26　チラシの配付による名誉毀損（信用毀損）が肯定された事例（東京地判平成7・5・30判タ888号209頁）

●事案の概要●

X信用金庫は、YがXの役員らが杜撰な経理等を告発する内容のチラシを配付し、Xが文書配付禁止の仮処分を得た後もYがチラシを配付したため、XがYに対して名誉毀損により損害賠償を請求した。

本判決は、名誉毀損を肯定し、慰謝料として300万円を認め、請求を認容した。

【判決の意義】

この判決は、信用金庫に対するチラシの配付による名誉毀損（信用毀損）が問題になった事案について、名誉毀損を肯定したものであり、事例として参考になる。

判例番号 27　銀行作成に係るブラックリストによる名誉毀損（信用毀損）が否定された事例（東京地判平成7・10・25判タ909号205頁）

●事案の概要●

銀行業を営むX株式会社は、支店長が暴力団関連企業に対して巨額

の不正融資を実行したり、内部資料である「マル暴関連リスト」を作成する等していたところ、テレビのニュース番組で放映された。その中で政治団体 Y_1、代表者 Y_2 の名が記載されていたことから、Y_1 が街頭宣伝活動を行い、ビラを X の本店前で配付したりしたため、X が Y_1 らに対して損害賠償債務の不存在の確認、街頭宣伝活動等の差止めを請求し、Y_1 が反訴として名誉毀損により損害賠償等を請求した。

本判決は、リストの流出の経緯が一切不明であるとし、X の損害賠償責任を否定し、街頭宣伝活動等が人格権を侵害していることを認め、X の本訴請求を認容し、Y_1 の反訴請求を棄却した。

【判決の意義】

この判決は、政治団体に対する銀行の作成したブラックリストによる名誉毀損（信用毀損）が問題になった事案について、名誉毀損を否定したものである。

判例番号 28　週刊誌の記事による信用毀損が否定された事例（東京地判平成 8・12・17 判時1603号88頁）

●事案の概要●

ビジネス週刊誌を発行する Y_1 株式会社は、スーパーマーケットを経営する X 株式会社につき、ムーディーズが無担保長期債をジャンクボンドに格付けをしたこと等を内容とする記事を掲載したため、X が Y_1、その編集部長 Y_2 に対して信用毀損により損害賠償、謝罪広告の掲載を請求した。

本判決は、記事につき事実の裏付けがあるとし、信用毀損を否定し、請求を棄却した。

② 侵害類型にみる判例

【判決の意義】
　この判決は、大手のスーパーマーケットに対する週刊誌の記事による信用毀損が問題になった事案について、信用毀損を否定したものである。

判例番号 ㉚　ビラの貼付等による信用毀損が肯定された事例（東京地判平成9・7・9判タ979号188頁）

●事案の概要●
　X株式会社は、マンションの建築を計画し、地元住民に説明会を行い、建築工事を着工したところ、近隣の住民Yが自分の建物の外壁等にビラを貼ったり、看板を立てるなどして反対運動をしたため（Y以外の住民とは、見舞金の支払いにより建築工事の了承を得て、工事協定書を締結した）、XがYに対して信用毀損を主張し、ビラ・看板の撤去、損害賠償を請求した。
　本判決は、信用毀損等を認め、請求を認容した。

【判決の意義】
　この判決は、マンションの建築・販売業者に対する近隣の住民らのビラの貼付等による信用毀損が問題になった事案について、信用毀損を肯定したものである。

判例番号 ㉛　公的機関による名誉毀損（信用毀損）が否定された事例（東京地判平成9・8・29判タ985号225頁）

●事案の概要●
　Xは、浄水器の販売代理店を営業していたところ、経済企画庁の外郭団体であるY_1がXの販売に係る浄水器等の能力テストを実施し、水道法の水質基準を超える一般細菌が発生し、表示どおりの抗菌力がなかったこと等の結果を小冊子に記載し、報道機関等に送付する等したた

め、XがY₁のほか、その職員Y₂らに対して名誉毀損、ぶ告を理由に謝罪広告、損害賠償を請求した。

本判決は、テストの結果が真実であった等とし、名誉毀損等を否定し、請求を棄却した。

【判決の意義】

この判決は、浄水器の販売業者に対する公的機関による名誉毀損（信用毀損）が問題になった事案について、名誉毀損を否定したものである。

判例番号 32　新聞社への情報提供による名誉毀損（信用毀損）が否定された事例（和歌山地判平成9・10・22判時1649号151頁）

●事案の概要●

ゴルフ場を経営するX株式会社は、ゴルフ場の増設工事を計画していたところ、Yらが工事に反対する住民運動を行い、その運動の中で、Yらが和歌山県記者クラブにおいて、文書を公表し、新聞社等に配付し、新聞がこれを受けて、コイ、フナが全滅等の内容の記事を掲載したため、XがYらに対して記事の内容が名誉毀損にあたると主張し、損害賠償、謝罪広告の掲載を請求した。

本判決は、ゴルフ場の生活排水等によって池の魚が全滅したものがあると読まれる内容の記載があったとしたものの、事実関係の表現の誇張にすぎないとし、社会的相当性を逸脱した違法性なものと評価することはできないとし、請求を棄却した。

【判決の意義】

この判決は、ゴルフ場の経営会社に対する住民らの新聞社への情報提供による名誉毀損（信用毀損）が問題になった事案について、名誉毀損を否定したものである。

2 侵害類型にみる判例

判例番号 43　テレビ放送による名誉毀損（信用毀損）が否定された事例
（さいたま地判平成13・5・15判タ1063号277頁）

●事案の概要●

　テレビ放送局である Y_1 株式会社は、民間の研究所である Y_2 株式会社が埼玉県所沢市におけるダイオキシン汚染につき調査した結果を放送したところ、野菜等の売上げが下落したため、野菜農家Xら（合計376名）が名誉毀損に基づき Y_1 に対して謝罪広告の掲載、損害賠償（野菜の価格暴落、播種できなかったことによる経済的損害等）、Y_2 に対して損害賠償を請求した。
　本判決は、名誉毀損性を肯定したものの、真実性の免責を肯定し、請求を棄却した。

【判決の意義】

　この判決は、農業者らに対するテレビ放送による名誉毀損（信用毀損）が問題になった事案について、名誉毀損を否定したものである。

判例番号 47　テレビ放送による名誉毀損（信用毀損）が否定された事例
（東京高判平成14・2・20判時1782号45頁）

●事案の概要●

　前記の判例番号43さいたま地判平成13・5・15（140頁）の控訴審判決であり、Xらが控訴した。
　本判決は、放送の主要な部分が真実であるとし、不法行為を否定し、控訴を棄却した。

【判決の意義】

　この判決は、農業者らに対するテレビ放送による名誉毀損（信用毀損）が問題になった控訴審の事案について、名誉毀損を否定したものである。

3 信用毀損

判例番号 48 インターネット上の電子掲示板への匿名の書込みによる名誉毀損（信用毀損）が肯定された事例（東京地判平成14・6・26判時1810号78頁）

●事案の概要●

　Yは、インターネット上で電子掲示板「2ちゃんねる」を開設していたところ、平成13年1月16日以降、電子掲示板内の「ペット大好き掲示板」内の「悪徳病院告発スレッド！！」と題するスレッドにおいて、動物病院を経営するX_1有限会社（代表取締役X_2）について匿名でさまざまな発言の書込みがされたため、X_1、X_2がYに対して名誉毀損による不法行為に基づく損害賠償、人格権に基づく書込みの削除を請求した。

　本判決は、電子掲示板の運営・管理者には名誉毀損の発言を削除等すべき条理上の義務があるとし、その義務違反を肯定する等し、請求を認容した（慰謝料は、各200万円を認めた）。

【判決の意義】

　この判決は、インターネット上の電子掲示板に動物病院を誹謗する匿名の書込みによる名誉毀損（信用毀損）が問題になった事案について、名誉毀損を認め、電子掲示板の運営・管理者の名誉毀損の発言を削除等すべき条理上の義務違反の不法行為を肯定したものであり、事例として参考になる。

判例番号 51 インターネット上の電子掲示板への匿名の書込みによる名誉毀損（信用毀損）が肯定された事例（東京高判平成14・12・25判時1816号52頁）

●事案の概要●

　前記の判例番号㊽東京地判平成14・6・26（141頁）の控訴審判決であり、Yが控訴した。

　本判決は、電子掲示板に他人の権利を侵害する発言が書き込まれない

141

2 侵害類型にみる判例

ようにするとともに、そのような発言により被害者の被害が拡大しないようにこれを削除すべき義務があり、その義務違反があった等とし、控訴を棄却した。

【判決の意義】

　この判決は、インターネット上の電子掲示板に動物病院を誹謗する匿名の書込みによる名誉毀損（信用毀損）が問題になった控訴審の事案について、名誉毀損を認め、電子掲示板の運営・管理者の電子掲示板に他人の権利を侵害する発言が書き込まれないようにするとともに、そのような発言により被害者の被害が拡大しないようにこれを削除すべき義務違反の不法行為を肯定したものであり、事例として参考になる。

判例番号 56　インターネット上の電子掲示板への書込みによる名誉毀損（信用毀損）が肯定された事例（東京地判平成15・7・17判時1869号46頁）

●事案の概要●

　Yは、インターネット上の電子掲示板「2ちゃんねる」を運営していたところ、平成13年3月から同年7月の間、化粧という表題の掲示板において化粧品の製造、販売等を業とするX_1株式会社、その代表取締役X_2を誹謗する書込みがされたことから、X_1が書込みの削除を求め、X_1、X_2が削除を命ずる仮処分を申し立て、仮処分命令が送達される等したことから、削除されたが、X_1らがYに対して不法行為に基づき損害賠償を請求した。

　本判決は、削除すべき信義則上の義務違反を認め、請求を認容した（損害賠償額は、X_1につき300万円、X_2につき100万円）。

【判決の意義】

　この判決は、インターネット上の電子掲示板に化粧品の製造・販売業者を誹謗する書込みがされ、被害者が削除を求め、仮処分を介して削除された事案について、名誉毀損を認め、電子掲示板の運営・管理者の削除すべき信義則上の義務違反の不法行為を認めたものであり、事例として参考になる。

判例番号 58　ミニコミ誌の記事、インターネット上の電子掲示板による信用毀損が否定された事例（横浜地判平成15・9・24判タ1153号192頁）

●事案の概要●

　X株式会社は、神奈川県横須賀市内にマンションの建築を計画したところ、近隣の住民らが反対をし、地元自治会にマンション対策専門委員会が設立され、反対運動が行われ、その委員会の委員長Yがミニコミ誌、インターネット上の電子掲示板において建築予定地は地盤、交通の面で危険であり、近隣住民に対する説明が不十分である等の記載をしたため、XがYに対して名誉毀損、信用毀損を主張し、不法行為に基づき損害賠償、謝罪広告の掲載を請求した。

　本判決は、Yの意見表明は直ちにXの社会的評価を低下させるものではない等とし、信用毀損等を否定し、請求を棄却した。

【判決の意義】

　この判決は、マンションの建築・販売業者に対する近隣の住民らのミニコミ誌の記事、インターネット上の電子掲示板による信用毀損が問題になった事案について、信用毀損を否定したものである。この事案は、住民らによるマンションの建築、販売の反対運動にインターネット上の電子掲示板が利用されたものであり、事案の内容も、当時としては興味深いものである。

2 侵害類型にみる判例

判例番号 59 テレビ放送による名誉毀損（信用毀損）が肯定された事例
（最一小判平成15・10・16民集57巻9号1075頁、判時1845号26頁、判タ1140号58頁）

●事案の概要●

　前記の判例番号㊼東京高判平成14・2・20（140頁）の上告審判決であり、Xらの一部の者がY_1に対して上告をした（Y_2関係の判決は確定した）。
　本判決は、名誉毀損を認め、原判決を破棄し、本件を東京高等裁判所に差し戻した。

【判決の意義】

　この判決は、農業者らに対するテレビ放送による名誉毀損（信用毀損）が問題になった上告審の事案について、名誉毀損を肯定したものであり、先例として参考になる。

判例番号 64 インターネット上の電子掲示板への書込みによる名誉毀損（信用毀損）が否定された事例（東京地判平成16・5・18判タ1160号147頁）

●事案の概要●

　Yは、インターネット上に中高生、大学生、予備校生の利用を想定した電子掲示板を開設していたところ、医学部受験予備校を運営するX_1株式会社、その代表者X_2、その従業員X_3の名誉を毀損する書込みが電子掲示板にされたことから、X_1らがその削除を求める等したのに、削除されなかったため、X_1らがYに対して損害賠償、削除を請求した。
　本判決は、Yが常時監視すべき義務はなく、大半の書込みは通常の批判、意見の域を出ない等とし、X_1の削除請求の一部を認容し、他の請求を棄却した。

【判決の意義】

　この判決は、インターネット上の電子掲示板に医学部受験予備校の名誉を毀損する書込みがされ、被害者が削除を求めたものの、削除されなかった事案について、電子掲示板の運営・管理者の常時監視すべき義務を否定する等し、不法行為を否定したものである。

判例番号 69　インターネット上の電子掲示板への匿名の書込みによる名誉毀損（信用毀損）が否定された事例（名古屋地判平成17・1・21判時1893号75頁）

●事案の概要●

　X株式会社は、マンション建設を計画していたところ、Y株式会社（ヤフー株式会社）の運営に係る電子掲示板に「今更、ワンルームマンション、誤った新規事業、最低」と書き込まれたため、XがYに対して、書込みの削除、発信者情報の開示、削除拒否に係る不法行為に基づく損害賠償を請求した。

　本判決は、この書込みがXの名誉等の権利を侵害するものではないとし、請求を棄却した。

【判決の意義】

　この判決は、インターネット上の電子掲示板にマンションの建築・販売業者を批判する書込みがされ、名誉毀損（信用毀損）等が問題になった事案について、名誉毀損等を否定したものである。

判例番号 72　新聞の記事による名誉毀損（信用毀損）が肯定された事例（東京地判平成17・3・14判時1893号54頁）

●事案の概要●

　Y_1は、大学病院の医師Xの受診をしたが、治療方針に不満を抱き、

2 侵害類型にみる判例

診療の際にセクシュアル・ハラスメントを受けたなどと主張し、弁護士 Y_2 に委任して X を被告として訴訟を提起し、Y_2 が司法記者クラブで訴状の写しを配付して記者会見を開くなどしたところ、日刊紙を発行する Y_3 株式会社が X の実名で記事に掲載したため（前記訴訟は、X の勝訴で確定した）、X が Y_1 に対して不当訴訟の提起を主張して不法行為に基づき損害賠償を、Y_2 に対して名誉毀損、プライバシーの侵害を主張し、Y_3 に対して名誉毀損、プライバシーの侵害を主張して不法行為に基づき損害賠償、謝罪広告の掲載を請求した。

本判決は、名誉毀損、プライバシーの侵害を認める等し、請求を認容した。

【判決の意義】

この判決は、医師に対する新聞の記事による名誉毀損（信用毀損）が問題になった事案について、名誉毀損を肯定したものであり、事例として参考になる。

判例番号 81 ホームページ上の記載による信用毀損等が否定された事例
（東京地判平成18・6・6判時1948号100頁）

●事案の概要●

X_1 株式会社の代表取締役 X_2 は、償却資産を対象とした企業向けのサービスを展開するビジネスモデルを考案し、商品化を計画し、取引等に係る税務上の取扱い等に関する事前照会手続により、計画に係る方式が法人税法上、所得税法上どのように取り扱われるかにつき、国税局の回答を求める等し、東京国税局から X_2 の見解のとおりに取り扱われるとは限らない旨の回答書の送付を受けるなどしたものの、X_1 のホームページに、東京国税局が税務上の効果を承認しているかのような内容が掲載されたため、東京国税局が X_1、X_2 に対してホームページの内容の

削除、訂正を要求し、東京国税局のホームページに X_1 らの実名をあげて、X_1 のホームページの記載中に事実に反する部分があるとの内容の注意文書を掲載したため、X_1、X_2 が名誉毀損、信用毀損を主張し、Y（国）に対して不法行為に基づき損害賠償を請求した。

本判決は、注意文書の掲載につき法律上の根拠を要しないものであり、名誉毀損、信用毀損にあたらないとし、請求を棄却した。

【判決の意義】

この判決は、事業者がホームページに国税局の回答と異なる内容を国税局の見解として記載したため、国税局がホームページに注意文書を記載する等したことから、国による信用毀損等が問題になった事案について、信用毀損等を否定したものである。

判例番号82　新聞の記事による名誉毀損（信用毀損）が否定された事例
（東京高判平成18・8・31判時1950号76頁）

●事案の概要●

前記の判例番号72東京地判平成17・3・14（145頁）の控訴審判決であり、Y_1、Y_2、Y_3 が控訴し、X が Y_3 に対して控訴し、Y_2 に対して附帯控訴したものである。

本判決は、Y_1 の不当な訴訟提起を否定し、Y_2 の記者会見も名誉毀損の免責事由を肯定し、プライバシーの侵害を否定する等し、Y_1 らの控訴に基づき原判決中 Y_1 らの敗訴部分を取り消し、X の請求を棄却し、X の控訴、附帯控訴を棄却した。

【判決の意義】

この判決は、医師に対する新聞の記事による名誉毀損（信用毀損）が問題になった控訴審の事案について、名誉毀損を否定したものである。

2 侵害類型にみる判例

判例番号 88

住民らの看板の設置による名誉毀損（信用毀損）が否定された事例（東京地判平成18・9・14判タ1247号231頁）

●事案の概要●

　X宗教法人は、都内の市街地に墓地施設の建設を計画したところ、周辺住民Yらが反対運動を行い、A区保健所長らに対して墓地等経営許可申請受理の取消しを請求する訴訟を提起し、Xが補助参加し、YらとXとの間に墓参者等が利用する墓地の出入り口を制限すること（道路制限条項）、道路制限条項を墓参者および出入り業者に通知し、墓地出入り口付近に案内板を設けること、和解金300万円を支払うこと等を内容とする訴訟上の和解が成立したが、Yらが墓地付近にXを誹謗中傷等する看板を掲示し、Xに墓地の運営等につき苦情を申し立てたため、XがYら（32名）に対して本件和解の不履行を理由に解除し、和解で定められた債務の不存在確認、和解金の返還、看板の撤去、損害賠償を請求したのに対し、Yらの多くが反訴として和解の債務不履行、不法行為に基づき損害賠償を請求した。

　本判決は、Yらの和解上の債務不履行を否定し、看板による名誉毀損を否定し、他方、Xの和解上の債務不履行を肯定し、Xの本訴請求を棄却し、Yらの反訴請求を認容した。

【判決の意義】

　この判決は、宗教法人の墓地建設に対する近隣住民らの看板の設置による名誉毀損（信用毀損）が問題になった事案について、名誉毀損を否定したものである。

判例番号 90 ホームページへの書込みによる信用毀損等が肯定された事例
（東京地判平成19・6・25判時1989号42頁）

●事案の概要●

行政書士Xは、Y_2から委任を受け、Y_2の夫Aの不貞行為の相手方Bに対する内容証明郵便を作成、送付したり、調停申立書を作成、提出したりしたが、その後、裁判の提起に備えて、Y_2が知人の紹介により弁護士Y_1に相談する等し、Xとの委任関係を解消する等したのに対して、Xがさまざまな内容のメールをY_2に送信したことから、Y_1がY_2の代理人としてXにつき東京都行政書士会に懲戒請求をし、XがY_1につき懲戒請求をし、ホームページに書込みをする等したため（Y_1の肩書、学歴、刑法抵触の疑義・嫌疑あり、虚偽告訴罪の疑いがある旨を掲載した）、XがY_1に対して名誉毀損を主張し、損害賠償を請求し（甲事件）、Y_1がXに対して名誉毀損、信用毀損を主張し、損害賠償、Y_2が恫喝を受けたと主張し、損害賠償を請求した（乙事件）。

本判決は、XのY_2に対する脅迫的言辞を認め、Xの懲戒請求、ホームページの書込みが不法行為にあたるとし、Xの甲事件の請求を棄却し、Y_1、Y_2の乙事件の請求を認容した（Y_1の損害額として110万円、Y_2の損害額として165万円を認めた）。

【判決の意義】

この判決は、行政書士と依頼者との間でトラブルが発生し、弁護士がその依頼者の相談を受け、対応をしたところ、行政書士が弁護士につき懲戒請求をし、ホームページに刑法抵触の嫌疑がある等の書込みをし、弁護士に対する信用毀損等が問題になった事案について、ホームページ上の書込みによる信用毀損、名誉毀損を肯定したものであり、事例として参考になる。

② 侵害類型にみる判例

判例番号 94
インターネット上の電子掲示板への書込みによる名誉毀損（信用毀損）が肯定された事例（東京地判平成20・10・1判時2034号60頁）

●事案の概要●

　X学校法人は、A大学等を設置、運営していたところ、Yは、A大学の助教授等を務めていたが、Xから普通解雇され、雇用上の権利を有することの仮の確認等を求める仮処分を申し立て、認容された後、異議審において解決金の支払い、一定の期間経過後における退職、誹謗中傷の禁止等を内容とする裁判上の和解が成立、退職後、A大学のA教職員組合（Aユニオン）の代表者兼執行委員長を務めているところ、Aユニオンがインターネット上に電子掲示板を開設し、第三者による投稿が自動的に公開される体制がとられ（投稿の削除を希望する者は、一定の基準に従って削除等がされていた）、その後、投稿内容の確認を経て公開される体制に変更される等していたところ、Xに関する多数の投稿がされたため、XがYに対して、主位的にYの投稿であり、名誉毀損、業務妨害であると主張し、予備的にYが掲示板の管理者であり、削除義務を怠ったと主張し、損害賠償、和解の解除を理由に解決金の返還を請求した。

　本判決は、自動的に投稿が公開される体制の下では一見して第三者の名誉を毀損するものを具体的に知ったときは、第三者による削除要求がなくても、削除義務を負い、これに至らないときは、削除要求があって初めて削除義務を負う等とし、一部の投稿がYによってされたものであり、これによる名誉毀損を認め、管理者として公開した一部の投稿につき削除すべき条理上の義務違反を認め、損害賠償請求を認容し、裁判上の和解の解除を否定し、原状回復請求を棄却した。

【判決の意義】

　この判決は、学校法人と教員との間のトラブルが発生し、労働組合の開設・管理する電子掲示板に大学を誹謗する書込みがされたことから（当該教員は労働組合の代表者に就任した）、大学に対する名誉毀損（信用毀損）、業務妨害が問題になった事案について、一部の書込みが当該教員によってされたことを認め、名誉毀損を認めたうえ、条理上の削除義務違反の不法行為を認めたものであり、事例として参考になる。

判例番号96　インターネット上の電子掲示板への書込みにつき名誉毀損が否定された事例（神戸地判平成21・2・26判時2038号84頁）

●事案の概要●

　Y国立大学法人は、大学内で管理するサーバ内で電子掲示板において、Z_1がXの関与する磁気活水器につき科学的に根拠がない旨の書込みをする等したため、XがYに対して名誉毀損を主張し、不法行為に基づき損害賠償、民法723条に基づき名誉回復措置の履行、人格権に基づき本件文書の削除を請求したところ、Z_1、サイトの管理者Z_2が訴訟に参加し、Xに対して損害賠償義務の不存在の確認を請求した。

　本判決は、Z_1の評論が名誉毀損にあたらない等とし、Xの請求を棄却し、Z_1らの請求を認容した。

【判決の意義】

　この判決は、大学内の電子掲示板に磁気活水器を批判する書込みがされ、これに関与した者に対する名誉毀損が問題になった事案について、評論としての書込みにつき名誉毀損を否定したものである。

② 侵害類型にみる判例

判例番号 101

インターネット上の電子掲示板への書込者につき名誉毀損（信用毀損）が肯定された事例（東京高判平成21・6・17判時2065号50頁）

●事案の概要●

　X_1株式会社（X_2は、代表者）は、海釣り用ボートの製造販売を業とし、そのボートが複数の雑誌で肯定的に評価される等していたところ、Y_1は、平成13年6月、AとともにX_1の製造に係る小型ボートを購入し、使用しており、平成15年、本件ボートに補機エンジンを取り付けて使用していたが、平成16年9月、本件ボートが係留中に左舷を上に転覆して沈んでいるのが発見され、X_2とY_1との間で沈没原因につき争いが生じ（沈没が本件ボートの排水穴下部分に発生していたクラックから水が流入して船底に溜まったことまでは判明した）、Y_1が立ち上げていたホームページに掲示板を作成し、X_1らに対する不満を書き込み、Y_2、Y_3らが意見を書き込んだことから、X_2がY_1に掲示板への書込みをやめてほしいなどを申し入れたものの、Y_1がこれを拒絶したため（その後、本件ボートと同型のボートが売れなくなり、事実上廃業に追い込まれた）、X_1、X_2がY_1、Y_2、Y_3に対して名誉毀損、信用毀損、掲示板の管理者の責任を主張し、不法行為に基づき損害賠償を請求した。第一審判決が沈没原因に言及することなく、本件掲示板の書込み内容を検討し、名誉毀損、信用毀損を否定し、請求を棄却したため、X_1らが控訴した。

　本判決は、Y_1が船体構造力に適さないエンジン補機を設置したうえ、本件ボートの性能を越えるように使用し、適切な管理点検も怠った等とし、Y_1がこのような事情を明らかにすることなく、本件掲示板に一方的に都合のよい書込みをし、他の者が誹謗中傷等の書込みをした等とし、Y_1、Y_2の不法行為を認め、Y_3の名誉毀損を否定し、原判決中Y_1、Y_2に関する部分を変更し、Y_1、Y_2に対する請求を認容し、Y_3に対する控訴を棄却した（Y_1の責任については、X_1につき無形の損害100万円、弁

護士費用10万円、X_2につき慰謝料50万円、弁護士費用5万円、Y_2の責任については、X_1につき無形の損害30万円、弁護士費用3万円、X_2につき慰謝料15万円、弁護士費用1万円を認めた)。

【判決の意義】

　この判決は、販売された製品をめぐるトラブルをきっかけにし、購入者がホームページに電子掲示板を開設し、製品、製造・販売業者を誹謗し、名誉毀損、信用毀損等が問題になった控訴審の事案について、開設者、書込者の一部の者につき名誉毀損（信用毀損）を肯定し、一部の者につき名誉毀損を否定したものであり、事例として参考になる。

判例番号 102　事件の経過をホームページ上に記載したこと等による信用毀損等が肯定された事例（東京地判平成21・7・28判時2051号3頁、判タ1313号200頁）

●事案の概要●

　X_1組合は、Aホテル、Bホテルを経営するY_1株式会社との間で全国集会開催のために宴会場の使用予約、宿泊予約をしていたところ、同集会に反対する右翼団体による街宣活動等によって宿泊客、近隣等の迷惑を理由に、Y_1が各契約を解約し、宴会場等の使用を拒否したことから、仮処分の申立てがされる等の紛争が生じたが、Y_1のホームページ上に事件の経過等に関する説明文を掲載し、代表取締役Y_2らの記者会見、インタビューを掲載したため、X_1、その加盟単位組合X_2らがY_1、Y_2、取締役Y_3らに対して名誉毀損、信用毀損等を主張し、損害賠償等を請求した。

　本判決は、契約の解約が理由のない不当なものであり、ホームページ上の説明文の記載等が名誉・信用毀損にあたる等とし、請求を認容した。

② 侵害類型にみる判例

【判決の意義】

この判決は、ホテルの会議場の使用をめぐるトラブルから、ホテルが事件の経過をホームページに記載する等し、使用予定の労働組合に対する信用毀損等が問題になった事案について、信用毀損を認めたものであり、事例として参考になる。

判例番号 110 事件の経過をホームページ上に記載したこと等による信用毀損が肯定された事例（東京高判平成22・11・25判時2107号116頁）

●事案の概要●

前記の判例番号⑩東京地判平成21・7・28（153頁）の控訴審判決であり、Y₁らが控訴した。

本判決は、基本的には第一審判決を引用し、Y₁の不法行為責任、債務不履行責任を認め、取締役らのうち4名の不法行為を認めたうえ、X₁の財産的損害、非財産的損害（財産的損害の3倍）を認め、単位組合の財産的損害を認めたものの、非財産的損害、組合員の損害を否定し、原判決を変更し、X₁、単位組合の請求を一部認容し、組合員の請求を棄却した。

【判決の意義】

この判決は、ホテルの会議場の使用をめぐるトラブルから、ホテルが事件の経過をホームページに記載する等し、使用予定の労働組合に対する信用毀損等が問題になった控訴審の事案について、信用毀損を肯定したものであり、事例として参考になる。

判例番号 112 インターネット上の動画による名誉毀損が肯定された事例
（東京地判平成23・4・22判時2130号21頁）

●事案の概要●

　X株式会社（代表取締役A）は、インターネット動画サイトを運営していたところ、Y_1協会が放映した番組につき事実を捏造、歪曲している等と批判していたが、Aは、動画の中でY_1の職員が不祥事を起こし、Y_1がもみ消した等と発言したことから、Y_1がXに謝罪と訂正を求める文書を送付し、Y_1の放送総局長Y_2が定例記者会見でXの批判が事実無根であり、訂正、謝罪を求める抗議文を発送した旨の発言をし、公式ウェブサイト上にその旨の記事を掲載する等したため、XがY_1らに対して名誉毀損、業務妨害を主張し、損害賠償を請求し、Y_1が反訴としてAの動画中の発言が名誉毀損であると主張し、損害賠償、人格権に基づき動画中の発言部分の削除等を請求した。

　本判決は、公式ウェブサイトに掲載された記事等が名誉毀損にあたらないとし、業務妨害を否定し、本訴請求を棄却し、動画中のAの発言が名誉毀損、人格権としての名誉権の侵害を認め、損害賠償等の反訴請求を認容した。

【判決の意義】

　この判決は、インターネット動画を運営する会社とテレビ放送を業とする法人との間のトラブルに際し、運営会社の代表者が動画中で法人ら誹謗等する発言をし、法人がウェブサイトで事実無根である旨の記事を掲載したことから、法人による名誉毀損（信用毀損）、業務妨害、運営会社による名誉毀損（信用毀損）等が問題になった事案について、法人による名誉毀損、業務妨害を否定し、運営会社による名誉毀損を肯定したものであり、双方ともインターネットを利用した情報提供における事例として参考になる。

2 侵害類型にみる判例

判例番号 115

企業、経営者に対する好ましくない人物との付き合い等のホームページ上の記載、反社会的勢力との関係を示唆等する記者会見につき名誉毀損が否定された事例（東京地判平成23・7・19判タ1370号192頁）

●事案の概要●

　大手のメーカーであるY_4株式会社は、平成21年9月、予定された定例取締役会の前に会議を開催し（代表取締役会長Y_1、代表取締役A）、取締役Y_2、Y_3が投資コンサルタント業者であるX_1株式会社（代表取締役X_2）、英国法人で投資顧問業者の代表者X_3との交際等を理由に、Aの代表取締役、取締役の辞任を求め、結局、Aがこれを承諾して辞任届に署名した後、取締役会が開催され、Y_1がAの辞任を報告し、了承されたが、Aは、平成22年2月、Y_4に対して辞任の意思表示がY_1らの詐欺、強迫が原因であるとして取り消すなど旨を通知したことから、Y_4はホームページにおいて辞任につき病気を理由とする公表をしていたことを訂正し、好ましくない人物との付き合い等があった旨を開示し、Y_1らが記者会見を開き（弁護士も同席した）、反社会的勢力との関係が疑われるなどの旨を書面、口頭で説明する等したため、関係が示唆されたX_1らがY_1らに対して名誉毀損を主張し、損害賠償、謝罪広告の掲載を請求した。

　本判決は、ホームページの記載は、一般的読者と普通の注意と読み方を基準とすると、X_1らを指すものと認識できたものと認められないとして名誉毀損を否定し、記者会見における説明はX_1らの実名を言及せず、反社会的勢力と関係が疑われるとした等として名誉を不当に毀損する違法な行為とはいえない等とし、請求を棄却した。

【判決の意義】

　この判決は、企業の経営者らによる企業、経営者に対する好ましくない人

3 信用毀損

物との付き合い等のホームページ上の記載、反社会的勢力との関係を示唆等する記者会見が名誉毀損(信用毀損)が問題になった事案について、名誉毀損を否定したものであり、微妙な判断の事例である。

判例番号 117
他の事業者が権利侵害をしている旨の注意書をウェブサイト上に掲載したことにつき虚偽の事実の流布が肯定された事例
(知財高判平成24・2・22判時2149号119頁)

●事案の概要●

　Yは、体験型展示物を制作したところ、X株式会社が同様に体験型展示物を用いてイベントに出展等する事業を行っていたことから、Yがウェブサイトに XがYの権利侵害をしているなどの旨の注意書を掲載する等していたが、XがYに対してYの装置につき著作権を有しないことの確認を請求したのに対し、Yが反訴としてYの装置につき著作権侵害、不正競争防止法2条1項1号、3号、7号違反、Yがウェブサイトに本件注意書をしたことにつきXが仮処分の申立てをしたことが違法であること等を主張し、著作権を有することの確認、損害賠償等を請求した(本訴は取り下げられた)。第一審判決は反訴請求につき著作権の確認請求を認容し、その余の請求を棄却したため、Yが控訴し(請求を追加した)、Xが附帯控訴した。

　本判決は、Yの装置につき著作権を否定し、Yがウェブサイトに掲載した注意書は虚偽の内容を含み、Xの営業上の信用を害するものであり、虚偽の事実の流布(不正競争防止法2条1項14号)に該当し、注意書の削除を求める仮処分の申立ては違法ではないとし、控訴、追加請求を棄却し、Xの附帯控訴に基づき原判決中Xの敗訴部分を取り消し、その部分の訴えを却下した。

157

【判決の意義】

　この判決は、事業者がウェブサイトに他の事業者が権利侵害をしている旨の注意書を掲載し、不正競争（不正競争防止法2条1項14号所定の虚偽の事実に流布）にあたるかが問題になった事案について、不正競争にあたるとしたものであり（実質的には信用毀損である）、事例として参考になる。

判例番号 118　インターネット上のウェブサイトにおける批判記事につき名誉毀損が肯定された事例（最二小判平成24・3・23判時2147号61頁）

●事案の概要●

　フリージャーナリストYは、インターネット上にウェブサイトを開設し、新聞社の新聞販売店に対する対応等を批判する記事を掲載しており、日刊新聞を発行するX_1株式会社、その従業員X_2らがA新聞販売店を訪問し、突然取引中止を通告したことを批判し、チラシ等を持ち去り、窃盗に該当するなどの記事を掲載したため、X_1らが名誉毀損を主張し、Yに対して損害賠償を請求した。控訴審判決は、本件記載部分がX_1らの社会的評価が低下したということはできないとし、請求を棄却すべきものとしたため、X_1らが上告受理を申し立てた。

　本判決は、社会的評価を低下させることが明らかであるとし、原判決を破棄し、損害につき審理を尽くさせるため、本件を東京高等裁判所に差し戻した。

【判決の意義】

　この判決は、フリージャーナリストがウェブサイトを開設し、新聞社らを批判する記事を掲載し、新聞社らに対する名誉毀損（信用毀損）が問題になった事案について、名誉毀損を否定した控訴審判決を破棄し、名誉毀損を肯定したものであり、最高裁判所の判決として重要な意義をもつものである。

4 名誉毀損

(1) 名誉毀損の実情

個人が名誉毀損を受けた場合における慰謝料額は、前記のとおりである。

名誉毀損が問題になった判例は、法律雑誌に多数の事件が公表されているが、その全容を紹介する論文等は見あたらない。法律雑誌に公表されているものだけでも、多種多様な媒体による名誉毀損が行われた事例が公表されている。新聞の記事、雑誌の記事、週刊誌の記事、写真週刊誌の記事、テレビ放送、ビラ、口頭等の事例があり、さまざまな内容の名誉毀損が問題になっている。名誉毀損は、マスメディアによる場合が被害の広がり、内容に照らして重大な被害が発生しがちであり、問題になることが多いが、日常生活においても、近隣の住民らの間の会話、友人・知人らの間の会話、職場の会話、業界関係者の間の会話・議論、マンションの区分所有者の集会の議論等でも名誉毀損が問題になることがあり、他人事ではない（井戸端会議は、すでに過去の情報交換の場になったようであるが、井戸端会議の会話等も名誉毀損が成立しうる）。

(2) インターネット時代の名誉毀損

インターネット上の名誉毀損は、インターネットの開発、普及に伴って発生するようになった類型のものであるが、インターネットの利用数、利用率が増加するにつれ、名誉毀損が問題になる事件が増加することは容易に推測される。インターネット上には膨大な量の他人に関する情報が提供され、交換されているが、これらの情報は他人の悪口、批判、中傷等を内容とするものも少なくないと推測される（これらの情報の中には特定の者を貶めるための悪意の情報も含まれているようである）。インターネット上に他人の悪口、批判、中傷等の情報を提供し、交換する場合、その情報の提供・交換の場は、

[2] 侵害類型にみる判例

特定の者の間のメールの交換、特定のグループ間の情報の交換、掲示板への書込みによる情報の交換、自己あるいは他人の管理するホームページ等のウェブサイトへの書込み等があって多様であり、情報が拡散する範囲も多様である。

インターネット上に他人の社会的評価を低下させるおそれのある情報を提供し、交換した場合には、情報の提供、交換等に関与した者につき名誉毀損の法的な責任が追及される可能性がある。前記のとおり、インターネットの時代を迎える前から、日常生活上のさまざまな場における会話、議論によって名誉毀損が問題になることがあったが、インターネットの時代においても、掲示板等の場において多数の者が参加する井戸端会議と同様な風景がみられるようであるところ（井戸端会議とはいっても、参加人数、会話の時間帯等に照らすと、全く異なる情報の提供、交換の場である）、これらの場における書込み等による情報の提供、交換は、その内容によっては名誉毀損が成立するものであるし、伝統的な井戸端会議とは異なり、参加者の規模、情報の表現、情報の交換の進行等の実情に照らすと、他人の社会的な評価に配慮しない安易な書込み等を行うと、容易に名誉毀損が成立するものと考えられる。

(3) 名誉毀損の判断基準

インターネット上の情報の提供、交換による名誉毀損の要件は、すでに紹介した名誉毀損の要件と基本的に異なるものではないが、重要な要件である社会的評価の低下の有無は、一般のインターネット利用者の通常の読み方が判断基準になる。

現在、インターネットが社会に広く普及しているから、一般のインターネット利用者といっても、インターネットにつき特殊な知識、経験を有する者ではなく、一般人を前提とすることができる。また、インターネット上の情報の提供、交換が特定の資格、業種を前提したネット内で行われることがあるが、このような場における社会的評価の低下の有無は、これらのグルー

プの一般人の通常の読み方を基準とすることが相当である。

インターネット利用による名誉毀損が認められる場合、被害を受けた個人については慰謝料の損害賠償が認められることが通常であるが、この慰謝料額の算定基準、算定の仕方が重要な争点になる。伝統型の名誉毀損の場合には、慰謝料額は、長い間、100万円の基準であったところ、批判を受け、400～500万円の基準に増額されてきたが（もっとも、その合理的な根拠は明らかにされていないが、被害の実態に即した適正な慰謝料額の算定が重要であり、400～500万円に増額するかどうかが問題ではない）、最近は、減額傾向がみられるようになっている。損害賠償額の算定は、その基準にしろ、算定の仕方にしろ、被害の実態に即して適正な損害賠償額を算定することが必要であるから、合理的な根拠の説明もないまま基準を提示し、増額したり、減額したりすることは問題である。

(4) 名誉毀損をめぐる判例

インターネット利用に伴う名誉毀損が問題になった判例としては、次のようなものがあるから、その概要を紹介する（なお、名誉毀損については、事案によっては、刑法230条、231条の犯罪を構成することもあり得ることに留意すべきである）。

判例番号29 書込みをした者の名誉毀損、システムオペレータ、システムを運営する事業者の不法行為が肯定された事例（東京地判平成9・5・26判時1610号22頁）

●事案の概要●

Xは、Y₁株式会社（ニフティ株式会社）が運用するパソコン通信（ニフティサーブ）の会員であり、クッキーのハンドル名を用いてフォーラムの電子会議室にたびたび書込みを行っていたところ、Y₁の会員Y₃は、平成5年11月から平成6年3月にかけて、匿名でXに関する揶揄的、

161

侮辱的発言の書込みをしたため、Xの代理人は、Y₁に書込みを削除するように要求し、その一部の書込みが削除されたものの、残りは削除されなかったこと等から、XがシステムオペレータであるY₂、Y₃に対して不法行為に基づき、Y₁に対して使用者責任、債務不履行責任に基づき損害賠償、謝罪広告の掲載を請求したのに対し、Y₃が反訴として村八分による名誉毀損等を主張し、Xに対して損害賠償を請求した。

本判決は、Y₃の名誉毀損を認めたうえ、システムオペレータであるY₂の必要な措置をとる義務違反を認め、Y₁の使用者責任を肯定し、損害賠償請求を認容し（Y₁につき10万円、Y₂につき10万円、Y₃につき50万円）、謝罪広告の掲載請求を棄却し、Y₃の反訴請求を棄却した。

【判決の意義】

この判決は、パソコン通信の会員が他の会員につき名誉毀損が疑われる書込みをし、被害者が削除を申し込み、拒否されたことから、書込みをした匿名の者の名誉毀損のほか、システムオペレータ、システムを運営する事業者の不法行為が問題になった事案について、書込みをした者の名誉毀損、システムオペレータ、システムを運営する事業者の不法行為を認めたものであり、この判決当時、注目を集めたものである。

判例番号 35

会員番号の盗用の疑いを指摘する書込みにつき名誉毀損が否定された事例（東京地判平成9・12・22判時1637号66頁）

●事案の概要●

X、Yは、ともにA株式会社（日本電気株式会社）が運用する電子メール、オンライン会話サービス等のパソコン通信網 PC-VAN の会員であるが、YがXにおいてBの所有する会員番号を盗用してオンライン会話サービスを利用したと疑い、疑惑を指摘するXとの会話を電子掲示板に掲示したため、XがYに対して名誉毀損を主張し、不法行

為に基づき損害賠償を請求した。

本判決は、他の会員らが同様な発言を多数回にわたり行っていたこと等から社会的評価を低下させたものとはいえないとし、名誉毀損を否定し、請求を棄却した。

【判決の意義】

この判決は、パソコン通信の会員同士のトラブルから、会員が他の会員につき会員番号の盗用の疑いを指摘する書込みをし、名誉毀損が問題になった事案について、他の会員の書込み状況から社会的評価の低下を認めず、名誉毀損を否定したものであるが、社会的評価の低下を否定した事例として参考になる。

判例番号 40

書込みをした者の名誉毀損が肯定され、設置者の不法行為が否定された事例（東京地判平成11・9・24判時1707号139頁）

●事案の概要●

X_1 ないし X_3、Y_1 は、Y_2 の設置する A 大学の学生であり、各グループが対立し、Y_1 は、大学自治会執行委員長であったが、平成10年3月、A 大学の入学手続の際、両グループが衝突し、乱闘となり、双方のグループの学生が傷害を負う事件が発生したことから、Y_1 が A 大学に設置された教養教育用のパソコン教室のシステム内に学生個人としての利用資格に基づきホームページ内に前記事件につき X_1 らが暴力を振るった等の内容を掲載したため、X_1 らが Y_1、Y_2 に対して名誉毀損を主張し、不法行為に基づき損害賠償を請求した。

本判決は、Y_1 の名誉毀損を認めたものの、Y_2 の削除義務を否定し、X_1 らの Y_1 に対する請求を認容し（それぞれ3000円の慰謝料を認めた）、Y_2 に対する請求を棄却した。

② 侵害類型にみる判例

【判決の意義】

　この判決は、大学内の学生間のトラブルから、一方の学生が学内のホームページに名誉毀損が疑われる書込みをし、書込みをした者の名誉毀損、システムの設置者の不法行為が問題になった事案について、書込みをした者の名誉毀損を肯定し、設置者の不法行為を否定したものであり、事例として参考になる。

判例番号 45　電子会議室への書込みにつき名誉毀損が否定された事例（東京地判平成13・8・27判時1778号90頁）

●事案の概要●

　Xは、平成7年10月、パソコン通信サービスの提供等を業とするY株式会社（ニフティ株式会社）との間で、会員の加入契約を締結し、パソコン通信サービスの提供を受けていたところ、Yの他の会員がXにつき被害妄想をもっている等の内容を電子会議室に書込みをしたため、XがYに対して名誉毀損、侮辱を主張し、慰謝料の支払いと他の会員の氏名・住所の開示を請求した。

　本判決は、Xが必要かつ十分な反論をした等とし、名誉毀損、侮辱を否定し、請求を棄却した。

【判決の意義】

　この判決は、パソコン通信の会員が他の会員につき名誉毀損が疑われる書込みをし、名誉毀損が問題になった事案について、被害者の反論状況を考慮し、名誉毀損を否定したものであり、事例として参考になる。

4 名誉毀損

判例番号 46 書込みをした者の名誉毀損が肯定され、システムオペレータの不法行為が否定された事例（東京高判平成13・9・5判時1786号80頁）

●事案の概要●

前記の判例番号㉙東京地判平成9・5・26（161頁）の控訴審判決であり、Y₁ないしY₃が控訴し、Xが附帯控訴した。

本判決は、Y₃の名誉毀損を認め、Y₁、Y₂の義務違反を否定し、Y₃の控訴を棄却し、Y₁、Y₂に関する原判決を取り消し、Xの請求を棄却し、Xの附帯控訴を棄却した。

【判決の意義】

この判決は、パソコン通信の会員が他の会員につき名誉毀損が疑われる書込みをし、被害者が削除を申し込み、拒否されたことから、書込みをした匿名の者の名誉毀損のほか、システムオペレータ、システムを運営する事業者の不法行為が問題になった控訴審の事案について、書込みをした者の名誉毀損を肯定し、システムオペレータの不法行為を否定したものである。

判例番号 48 電子掲示板上の名誉毀損に係る書込みにつき運営・管理者の条理上の義務違反による不法行為が肯定された事例（東京地判平成14・6・26判時1810号78頁）

●事案の概要●

Yは、インターネット上で電子掲示板「2ちゃんねる」を開設していたところ、平成13年1月16日以降、電子掲示板内の「ペット大好き掲示板」内の「悪徳病院告発スレッド！！」と題するスレッドにおいて、動物病院を経営するX₁有限会社（代表取締役X₂）について匿名でさまざまな発言の書込みがされたため、X₁、X₂がYに対して名誉毀損による不法行為に基づく損害賠償、人格権に基づく書込みの削除を請求した。

2 侵害類型にみる判例

　本判決は、電子掲示板の運営・管理者には名誉毀損の発言を削除等すべき条理上の義務があるとし、その義務違反を肯定する等し、請求を認容した（慰謝料は、各200万円を認めた）。

【判決の意義】
　この判決は、インターネット上の電子掲示板に動物病院を誹謗する匿名の書込みによる名誉毀損（信用毀損）が問題になった事案について、電子掲示板の運営・管理者の名誉毀損の発言を削除等すべき条理上の義務違反の不法行為を肯定したものであり、事例として参考になる。

判例番号 51 電子掲示板上の名誉毀損に係る書込みにつき運営・管理者の被害拡大防止義務違反による不法行為が肯定された事例（東京高判平成14・12・25判時1816号52頁）

●事案の概要●
　前記の判例番号㊽東京地判平成14・6・26（165頁）の控訴審判決であり、Yが控訴した。
　本判決は、電子掲示板に他人の権利を侵害する発言が書き込まれないようにするとともに、そのような発言により被害者の被害が拡大しないようにこれを削除すべき義務があり、その義務違反があった等とし、控訴を棄却した。

【判決の意義】
　この判決は、インターネット上の電子掲示板に動物病院を誹謗する匿名の書込みによる名誉毀損（信用毀損）が問題になった控訴審の事案について、電子掲示板の運営・管理者の電子掲示板に他人の権利を侵害する発言が書き込まれないようにするとともに、そのような発言により被害者の被害が拡大しないようにこれを削除すべき義務違反の不法行為を肯定したものであり、

事例として参考になる。

判例番号 55 電子掲示板上の名誉毀損に係る書込みにつき運営・管理者の送信防止措置義務違反による不法行為が肯定された事例（東京地判平成15・6・25判時1869号54頁）

●事案の概要●

Yは、電子掲示板「2ちゃんねる」を運営していたところ、平成14年1月から同年4月までの間、プロの麻雀士であるXについて誹謗する内容の書込みがされたことから、XがYに対してその削除を求めたものの、削除されなかったため、XがYに対して人格権に基づき削除、不法行為に基づき損害賠償、プロバイダ責任法に基づき書込みをした者の情報開示を請求した。

本判決は、書込みによる名誉毀損を認め、送信防止措置をすべき義務違反を認め、損害賠償請求、削除請求を認容したものの、書込みをした者のIPアドレスを保管していると証明されていないとし、開示請求を棄却した。

【判決の意義】

この判決は、インターネット上の電子掲示板に個人を誹謗する書込みがされ、被害者が電子掲示板の運営・管理者に削除を求め、拒否された事案について、送信防止措置をすべき義務違反の不法行為を認めたものであり、事例として参考になる。なお、この判決は、IPアドレスの保管が証明されていないとし、開示請求が認められなかったものである。

2 侵害類型にみる判例

判例番号 56 電子掲示板上の名誉毀損に係る書込みにつき運営・管理者の削除すべき信義則上の義務違反の不法行為が肯定された事例
（東京地判平成15・7・17判時1869号46頁）

●事案の概要●

Yは、電子掲示板「2ちゃんねる」を運営していたところ、平成13年3月から同年7月の間、化粧という表題の掲示板において化粧品の製造、販売等を業とするX_1株式会社、その代表取締役X_2を誹謗する書込みがされたことから、X_1が書込みの削除を求め、X_1、X_2が削除を命ずる仮処分を申し立て、仮処分命令が送達される等したことから、削除されたが、X_1らがYに対して不法行為に基づき損害賠償を請求した。

本判決は、書込みにつき名誉毀損を認め、電子掲示板の運営・管理者の書込みを削除すべき信義則上の義務違反を認め、請求を認容した（損害賠償額は、X_1につき300万円、X_2につき100万円）。

【判決の意義】

この判決は、インターネット上の電子掲示板に化粧品の製造・販売業者を誹謗する書込みがされ、被害者が削除を求め、仮処分を介して削除された事案について、電子掲示板の運営・管理者の削除すべき信義則上の義務違反の不法行為を認めたものであり、事例として参考になる。

判例番号 57 ホームページ上に歯科医師の登録取消処分の記載が欠格期間を経過後も掲載されたことにつき名誉毀損が肯定された事例
（名古屋地判平成15・9・12判時1840号71頁）

●事案の概要●

歯科医院を経営していた歯科医師Xは、平成2年10月、A県知事により保険医の登録を取り消され、その後、平成9年11月、B県知事によりXが開設した医院につき保険医療機関の指定がされたものの、平成

10年7月、B県知事により保険医療機関の指定取消し、保険医の登録取消しを受け、医院を閉鎖したが、厚生省（平成13年1月6日以降は、厚生労働省）は、その運営に係るホームページにXの処分を掲載し続け、欠格期間を経過した後も掲載し続けていたため、XがY（国）に対して名誉毀損を主張し、国家賠償責任に基づき損害賠償を請求した。

本判決は、名誉毀損を認め、請求を認容した（慰謝料として30万円を認めた）。

【判決の意義】

この判決は、歯科医師につき保険医の登録取消しがされたことを国が運営するホームページに掲載され、欠格期間を経過後も掲載された事案について、名誉毀損を認めたものであり、事例として参考になる。

判例番号 64 電子掲示板上の名誉毀損に係る書込みにつき運営・管理者の常時監視すべき義務が否定された事例（東京地判平成16・5・18判タ1160号147頁）

●事案の概要●

Yは、インターネット上に中高生、大学生、予備校生の利用を想定した電子掲示板を開設していたところ、医学部受験予備校を運営するX_1株式会社、その代表者X_2、その従業員X_3の名誉を毀損する書込みが電子掲示板にされたことから、X_1らがその削除を求める等したのに、削除されなかったため、X_1らがYに対して損害賠償、削除を請求した。

本判決は、Yが常時監視すべき義務はなく、大半の書込みは通常の批判、意見の域を出ない等とし、X_1の削除請求の一部を認容し、他の請求を棄却した。

2 侵害類型にみる判例

【判決の意義】
　この判決は、インターネット上の電子掲示板に医学部受験予備校らの名誉を毀損する書込みがされ、被害者が削除を求めたものの、削除されなかった事案について、電子掲示板の運営・管理者の常時監視すべき義務を否定する等し、不法行為を否定したものである。

判例番号 81　ホームページ上の記載による名誉毀損等が否定された事例
（東京地判平成18・6・6判時1948号100頁）

●事案の概要●

　X_1株式会社の代表取締役X_2は、償却資産を対象とした企業向けのサービスを展開するビジネスモデルを考案し、商品化を計画し、取引等に係る税務上の取扱い等に関する事前照会手続により、計画に係る方式が法人税法上、所得税法上どのように取り扱われるかにつき、国税局の回答を求める等し、東京国税局からX_2の見解のとおりに取り扱われるとは限らない旨の回答書の送付を受けるなどしたものの、X_1のホームページに、東京国税局が税務上の効果を承認しているかのような内容が掲載されたため、東京国税局がX_1、X_2に対してホームページの内容の削除、訂正を要求し、東京国税局のホームページにX_1らの実名をあげて、X_1のホームページの記載中に事実に反する部分があるとの内容の注意文書を掲載したため、X_1、X_2がY（国）に対して名誉毀損、信用毀損を主張し、不法行為に基づき損害賠償を請求した。
　本判決は、注意文書の掲載につき法律上の根拠を要しないものであり、名誉毀損、信用毀損にあたらないとし、請求を棄却した。

【判決の意義】
　この判決は、事業者がホームページに国税局の回答と異なる内容を国税局の見解として記載したため、国税局がホームページに注意文書を記載する等

したことから、国による名誉毀損等が問題になった事案について、名誉毀損等を否定したものである。

判例番号 90 ホームページへの書込みによる名誉毀損等が肯定された事例
（東京地判平成19・6・25判時1989号42頁）

●事案の概要●

　行政書士Xは、Y_2から委任を受け、Y_2の夫Aの不貞行為の相手方Bに対する内容証明郵便を作成、送付したり、調停申立書を作成、提出したりしたが、その後、裁判の提起に備えて、Y_2が知人の紹介により弁護士Y_1に相談する等し、Xとの委任関係を解消する等したのに対して、Xがさまざまな内容のメールをY_2に送信したことから、Y_1がY_2の代理人としてXにつき東京都行政書士会に懲戒請求をし、XがY_1につき懲戒請求をし、ホームページに書込みをする等したため（Y_1の肩書き、学歴、刑法抵触の疑義・嫌疑あり、虚偽告訴罪の疑いがある旨を掲載した）、XがY_1に対して名誉毀損を主張し、損害賠償を請求し（甲事件）、Y_1がXに対して名誉毀損、信用毀損を主張し、損害賠償、Y_2が恫喝を受けたと主張し、損害賠償を請求した（乙事件）。

　本判決は、XのY_2に対する脅迫的言辞を認め、Xの懲戒請求、ホームページの書込みが不法行為にあたるとし、Xの甲事件の請求を棄却し、Y_1、Y_2の乙事件の請求を認容した（Y_1の損害額として110万円、Y_2の損害額として165万円を認めた）。

【判決の意義】

　この判決は、行政書士と依頼者とのトラブルが発生し、弁護士がその依頼者の相談を受け、対応をしたところ、行政書士が弁護士につき懲戒請求をし、ホームページに刑法抵触の嫌疑がある等の書込みをし、弁護士に対する信用毀損、名誉毀損が問題になった事案について、ホームページ上の書込みによ

② 侵害類型にみる判例

る信用毀損、名誉毀損を肯定したものであり、事例として参考になる。

判例番号94 管理者の電子掲示板上での書込みによる名誉毀損につき条理上の削除義務違反の不法行為が肯定された事例（東京地判平成20・10・1判時2034号60頁）

●事案の概要●

　X学校法人は、A大学等を設置、運営していたところ、Yは、A大学の助教授等を務めていたが、Xから普通解雇され、雇用上の権利を有することの仮の確認等を求める仮処分を申し立て、認容された後、異議審において解決金の支払い、一定の期間経過後における退職、誹謗中傷の禁止等を内容とする裁判上の和解が成立し、退職後、A大学のA教職員組合（Aユニオン）の代表者兼執行委員長を務めているところ、Aユニオンがインターネット上に電子掲示板を開設し、第三者による投稿が自動的に公開される体制がとられ（投稿の削除を希望する者は、一定の基準に従って削除等がされていた）、その後、投稿内容の確認を経て公開される体制に変更される等していたところ、Xに関する多数の投稿がされたため、XがYに対して、主位的にYの投稿であり、名誉毀損、業務妨害であると主張し、予備的にYが掲示板の管理者であり、削除義務を怠ったと主張し、損害賠償、和解の解除を理由に解決金の返還を請求した。

　本判決は、自動的に投稿が公開される体制の下では一見して第三者の名誉を毀損するものを具体的に知ったときは、第三者による削除要求がなくても、削除義務を負い、これに至らないときは、削除要求があって初めて削除義務を負う等とし、一部の投稿がYによってされたものであり、これによる名誉毀損を認め、管理者として公開した一部の投稿につき削除すべき条理上の義務違反を認め、損害賠償請求を認容し、裁判上の和解の解除を否定し、原状回復請求を棄却した。

4 名誉毀損

【判決の意義】

　この判決は、学校法人と教員との間のトラブルが発生し、労働組合の開設・管理する電子掲示板に大学を誹謗する書込みがされたことから（当該教員は労働組合の代表者に就任した）、大学に対する名誉毀損（信用毀損）、業務妨害が問題になった事案について、一部の書込みが当該教員によってされたことを認め、管理者の条理上の削除義務違反の不法行為を認めたものであり、事例として参考になる。

判例番号 96 大学内の電子掲示板での書込みにつき名誉毀損が否定された事例（神戸地判平成21・2・26判時2038号84頁）

●事案の概要●

　Y国立大学法人は、大学内で管理するサーバ内で電子掲示板において、Z_1がXの関与する磁気活水器につき科学的に根拠がない旨の書込みをする等したため、XがYに対して名誉毀損を主張し、不法行為に基づき損害賠償、民法723条に基づき名誉回復措置の履行、人格権に基づき本件文書の削除を請求したところ、Z_1、サイトの管理者Z_2が訴訟に参加し、Xに対して損害賠償義務の不存在の確認を請求した。

　本判決は、Z_1の評論が名誉毀損にあたらない等とし、Xの請求を棄却し、Z_1らの請求を認容した。

【判決の意義】

　この判決は、大学内の電子掲示板に磁気活水器を批判する書込みがされ、これに関与した者に対する名誉毀損が問題になった事案について、評論としての書込みにつき名誉毀損を否定したものである。

2 侵害類型にみる判例

判例番号 101

インターネット上の電子掲示板への書込みによる誹謗中傷につき開設者、書込者の一部の者による名誉毀損が肯定された事例（東京高判平成21・6・17判時2065号50頁）

●事案の概要●

　X_1株式会社（X_2は、代表者）は、海釣り用ボートの製造販売を業とし、そのボートが複数の雑誌で肯定的に評価される等していたところ、Y_1は、平成13年6月、AとともにX_1の製造に係る小型ボートを購入し、使用しており、平成15年、本件ボートに補機エンジンを取り付けて使用していたが、平成16年9月、本件ボートが係留中に左舷を上に転覆して沈んでいるのが発見され、X_2とY_1との間で沈没原因につき争いが生じ（沈没が本件ボートの排水穴下部分に発生していたクラックから水が流入して船底に溜まったことまでは判明した）、Y_1が立ち上げていたホームページに掲示板を作成し、X_1らに対する不満を書き込み、Y_2、Y_3らが意見を書き込んだことから、X_2がY_1に掲示板の書込みをやめてほしいなどを申し入れたものの、Y_1がこれを拒絶したため（その後、本件ボートと同型のボートが売れなくなり、事実上廃業に追い込まれた）、X_1、X_2がY_1、Y_2、Y_3に対して名誉毀損、信用毀損、掲示板の管理者の責任を主張し、不法行為に基づき損害賠償を請求した。第一審判決が沈没原因に言及することなく、本件掲示板の書込内容を検討し、名誉毀損、信用毀損を否定し、請求を棄却したため、X_1らが控訴した。

　本判決は、Y_1が船体構造力に適さないエンジン補機を設置したうえ、本件ボートの性能を越えるように使用し、適切な管理点検も怠った等とし、Y_1がこのような事情を明らかにすることなく、本件掲示板に一方的に都合のよい書込みをし、他の者が誹謗中傷等の書込みをした等とし、Y_1、Y_2の不法行為を認め、Y_3の名誉毀損を否定し、原判決中Y_1、Y_2に関する部分を変更し、Y_1、Y_2に対する請求を認容し、Y_3に対する控訴を棄却した（Y_1の責任については、X_1につき無形の損害100万円、弁

護士費用10万円、X₂につき慰謝料50万円、弁護士費用5万円、Y₂の責任については、X₁につき無形の損害30万円、弁護士費用3万円、X₂につき慰謝料15万円、弁護士費用1万円を認めた）。

【判決の意義】
　この判決は、販売された製品をめぐるトラブルをきっかけにし、購入者がホームページに電子掲示板を開設し、製品、製造・販売業者を誹謗し、信用毀損等が問題になった控訴審の事案について、開設者、書込者の一部の者につき名誉毀損を肯定し、一部の者につき名誉毀損を否定したものであり、事例として参考になる。

判例番号 102 　事件の経過をホームページに記載したこと等による名誉毀損等が肯定された事例（東京地判平成21・7・28判時2051号3頁、判タ1313号200頁）

●事案の概要●
　X₁組合は、Aホテル、Bホテルを経営するY₁株式会社との間で全国集会開催のために宴会場の使用予約、宿泊予約をしていたところ、同集会に反対する右翼団体による街宣活動等によって宿泊客、近隣等の迷惑を理由に、Y₁が各契約を解約し、宴会場等の使用を拒否したことから、仮処分の申立てがされる等の紛争が生じたが、Y₁のホームページ上に事件の経過等に関する説明文を掲載し、代表取締役Y₂らの記者会見、インタビューを掲載したため、X₁、その加盟単位組合X₂らがY₁、Y₂、取締役Y₃らに対して名誉毀損、信用毀損等を主張し、損害賠償等を請求した。
　本判決は、契約の解約が理由のない不当なものであり、ホームページ上の説明文の記載等が名誉・信用毀損にあたる等とし、請求を認容した。

② 侵害類型にみる判例

【判決の意義】
　この判決は、ホテルの会議場の使用をめぐるトラブルから、ホテルが事件の経過をホームページに記載する等し、使用予定の労働組合に対する信用毀損、名誉毀損等が問題になった事案について、名誉毀損、信用毀損を認めたものであり、事例として参考になる。

判例番号104　各自のホームページ上でなされた相手方を批判する書込みにつき一方の名誉毀損が否定され、他方の名誉毀損が肯定された事例（千葉地松戸支判平成21・9・11判時2064号88頁）

●事案の概要●
　A県B市市議会議員Yは、自分が運営するホームページ上にA県議会議員Xにつき政務調査費が無駄である旨の記事を掲載したところ、Xが自己の運営するホームページ上にYの記事の調査が杜撰である旨の記事を掲載したことから、XがYに対して名誉毀損を主張し、損害賠償を請求したのに対し、Yが反訴として名誉毀損を主張し、損害賠償を請求した。
　本判決は、Yの記事は重要な部分が真実であるとして名誉毀損を否定し、本訴請求を棄却し、Xの記事が重要な部分につき真実である証明がない等として名誉毀損を認め、反訴請求を認容した。

【判決の意義】
　この判決は、地方議会の議員同士が各自のホームページ上で相手方を批判する書込みをし、双方の名誉毀損が問題になった事案について、一方の名誉毀損を否定し、他方の名誉毀損を肯定したものであり、事例として参考になる。

4 名誉毀損

判例番号 110 事件の経過をホームページ上に記載したこと等による名誉毀損が肯定された事例（東京高判平成22・11・25判時2107号116頁）

●事案の概要●

前記の判例番号⑩東京地判平成21・7・28（175頁）の控訴審判決であり、Y₁らが控訴した。

本判決は、基本的には第一審判決を引用し、Y₁の不法行為責任、債務不履行責任を認め、取締役らのうち4名の不法行為を認めたうえ、X₁の財産的損害、非財産的損害（財産的損害の3倍）を認め、単位組合の財産的損害を認めたものの、非財産的損害、組合員の損害を否定し、原判決を変更し、X₁、単位組合の請求を一部認容し、組合員の請求を棄却した。

【判決の意義】

この判決は、ホテルの会議場の使用をめぐるトラブルから、ホテルが事件の経過をホームページに記載する等し、使用予定の労働組合に対する信用毀損等が問題になった控訴審の事案について、信用毀損を肯定したものであり、事例として参考になる。

判例番号 112 インターネット動画上でされた誹謗等につき名誉毀損が肯定された事例（東京地判平成23・4・22判時2130号21頁）

●事案の概要●

X株式会社（代表取締役はA）は、動画インターネットサイトを運営していたところ、Y₁協会が放映した番組につき事実を捏造、歪曲している等と批判していたが、Aは、動画の中でY₁の職員が不祥事を起こし、Y₁がもみ消した等と発言したことから、Y₁がXに謝罪と訂正を求める文書を送付し、Y₁の放送総局長Y₂が定例記者会見でXの批判が

[2] 侵害類型にみる判例

事実無根であり、訂正、謝罪を求める文書を発送した旨の発言をし、公式ウェブサイト上にその旨の記事を掲載する等したため、XがY₁らに対して名誉毀損、業務妨害を主張し、損害賠償を請求し、Y₁が反訴としてAの動画中の発言が名誉毀損であると主張し、損害賠償、人格権に基づき動画中の発言部分の削除等を請求した。

本判決は、公式ウェブサイトに掲載された記事等が名誉毀損にあたらないとし、業務妨害を否定し、本訴請求を棄却し、動画中のAの発言が名誉毀損、人格権としての名誉権の侵害を認め、損害賠償等の反訴請求を認容した。

【判決の意義】

この判決は、インターネット動画サイトを運営する会社とテレビ放送を業とする法人との間のトラブルに際し、運営会社の代表者が動画中で法人ら誹謗等する発言をし、法人がウェブサイトで事実無根である旨の記事を掲載したことから、法人による名誉毀損（信用毀損）、業務妨害、運営会社による名誉毀損（信用毀損）等が問題になった事案について、法人による名誉毀損、業務妨害を否定し、運営会社による名誉毀損を肯定したものであり、双方ともインターネットを利用した情報提供における事例として参考になる。

判例番号 118
ウェブサイト上の書込みにつき名誉毀損が肯定された事例
（最二小判平成24・3・23判時2147号61頁）

●事案の概要●

フリージャーナリストYは、インターネット上にウェブサイトを開設し、新聞社の新聞販売店に対する対応等を批判する記事を掲載しており、日刊新聞を発行するX₁株式会社、その従業員X₂らがA新聞販売店を訪問し、突然取引中止を通告したことを批判し、チラシ等を持ち去り、窃盗に該当するなどの記事を掲載したため、X₁らが名誉毀損を主

張し、Yに対して損害賠償を請求したものである。控訴審判決は、本件記載部分がX₁らの社会的評価が低下したということはできないとし、請求を棄却すべきものとしたため、X₁らが上告受理を申し立てた。

本判決は、社会的評価を低下させることが明らかであるとし、原判決を破棄、損害につき審理を尽くさせるため、本件を東京高等裁判所に差し戻した。

【判決の意義】

この判決は、インターネット上にウェブサイトを開設し、新聞社を誹謗する書込みをし、名誉毀損が問題になった事案について、名誉毀損を肯定したものであり、最高裁判所として初めてインターネット上のウェブサイトにおける名誉毀損を肯定した事例として参考になる。

判例番号 119

匿名の者による電子掲示板上の書込みにつき開示関係役務提供者の損害賠償責任が否定された事例（金沢地判平成24・3・27判時2152号62頁）

●事案の概要●

Xは、Y株式会社（株式会社エヌ・ティ・ティ・ドコモ）を経由プロバイダとするiモードを利用したインターネット上の電子掲示板において、氏名不詳の者によってXの名誉を毀損するなどの投稿がされ、Yに発信者の氏名、住所等の情報の開示を求めたものの、Yがこれを拒絶したため、XがYに対して名誉毀損、プライバシーの侵害等を主張し、発信者の情報の開示、拒絶に係る不法行為に基づき損害賠償を請求した。

本判決は、Yが保有する発信者情報の開示請求を認容したが、iモードIDによって特定される契約者の氏名等の情報が発信者情報に該当する旨の司法判断が示されていないこと等を指摘し、プロバイダ責任制限法4条1項所定の故意または重大な過失を否定し、損害賠償請求を棄却

② 侵害類型にみる判例

した。

【判決の意義】
　この判決は、インターネット上の電子掲示板で匿名の者によって名誉を毀損するなどの書込みがされ、名誉毀損等、プロバイダ責任制限法4条1項所定の開示関係役務提供者の責任が問題になった事案について、名誉毀損を肯定したが、開示関係役務提供者の損害賠償責任を否定したものである。

5　プライバシーの侵害

(1) プライバシーの侵害による慰謝料額の算定

　プライバシーの侵害は、個人が他人に知られたくないと考えている私的な事柄をみだりに公表される場合には、原則として不法行為が認められるが、プライバシーの侵害による慰謝料額は、名誉毀損の場合のような一応の判断基準があるとはいえない。公開されたプライバシーの内容（情報の内容）、保護の必要性、公開による被害の内容・態様等の事情を考慮し、慰謝料額が判断されることになる（多数の判例を概観すると、慰謝料額の判断は裁判官の「どんぶり勘定」によるというほかはない）。

　プライバシーの侵害が問題になった判例は、法律雑誌に多数公表されているが、年々公表される判例が増加しているようである。プライバシーの侵害が認められる事例は、従来は、知られていない私的な事柄の範囲が狭く、社会的に知られないことの要請が強い事柄が多かったが、近年は、本人自身が一部の範囲で開示している事柄、個人の属性に係る事柄についてもプライバシーの侵害が認められる事例もみかけるところであり、保護されるプライバシーの侵害の範囲が拡大している。その反面、プライバシーの侵害による慰謝料額は、保護の必要性の低い私的な事柄も保護されるため、低下しているようであり、5000円とか、1万円の慰謝料額を認める判例もある。なお、損害賠償額が認められるためには、原則として損害の現実の発生が認められることが必要であるが、名誉毀損の場合における慰謝料も、現実の発生が相当に緩和されているところ、プライバシーの侵害の場合における慰謝料は、さらに現実の発生が希薄であるし（単なる危惧、懸念の状況において慰謝料を認めるものもある）、事案によっては現実の発生が認められないときであっても、慰謝料を認める判例が登場しており、損害論として新たな問題が生じている。

(2) インターネット時代のプライバシーの侵害の実情

　プライバシーの侵害は、従来は、加害者が積極的な作為によって他人の私的な事柄を公開することが問題になっていたが、最近は、保有する他人の私的な事柄に関する情報を流出させたり、第三者が無断で漏洩したりした等により問題になっている。プライバシーの侵害の態様もまた、拡大しているところである。

　プライバシーは、その本質は個人に関する情報であり、コンピュータ処理に適しているし、いったんインターネット上に流通すると、検索、収集、加工、保管、利用等の処理がされやすいため、インターネット利用によるプライバシーの侵害が発生しやすい環境にある。しかも、インターネット上にプライバシーに関する情報を自ら提供する者は多数いるし（プライバシーの侵害のおそれが警告されても、そのような者は後を絶たない）、他人のプライバシーに関する情報を提供する者も多数に及んでいる。インターネット上に流通する膨大な個人に関する情報をさまざまな観点から検索し、個人を特定する技術も進歩しているため、従来はプライバシーの侵害のおそれがないか、あるいは低かった情報であっても、プライバシーの侵害のおそれが生じていることも忘れてはならない。

---

(3) プライバシーの侵害をめぐる判例

　前記のとおり、プライバシーの侵害が問題になった判例は法律雑誌に公表されたものだけでも多数あるが、ここではインターネット上におけるプライバシーの侵害が問題になった判例を紹介したい。

5 プライバシーの侵害

判例番号 38 電子掲示板上の氏名・電話番号等の書込みにつきプライバシーの侵害が肯定された事例（神戸地判平成11・6・23判時1700号99頁）

●事案の概要●

眼科医師 X と Y は、A 株式会社（ニフティ株式会社）が運営するパソコン通信ネットワークの掲示板システムの登録者であるが、Y が X に無断で X の氏名、職業、診療所の住所、電話番号を掲示したため、診療所に正体不明の者からいたずら電話がかかり、X 名で注文があったとして、診療所に注文物品の配達がされる等したため、X が Y に対してプライバシーの侵害を理由に損害賠償を請求した。

本判決は、プライバシーの侵害を認め、不法行為を肯定し、請求を認容した（慰謝料として20万円、治療費として2380円の損害を認めた）。

【判決の意義】

この判決は、パソコン通信の会員が他の会員の氏名、電話番号等の書込みをし、プライバシーの侵害が問題になった事案について、プライバシーの侵害を肯定したものであり、事例として参考になる。

判例番号 66 電子掲示板上の個人情報の書込みにつきプライバシーの侵害が肯定され、不法行為が否定された事例（東京地判平成16・11・24判タ1205号265頁）

●事案の概要●

X は、Y 株式会社（ヤフー株式会社）が運営するインターネット上の電子掲示板から ID を取得して利用していたところ、第三者により X につき職業欄に知的障害者、住所欄に精神病院隔離病棟などと記載され、携帯電話番号がプロフィールとして記載されたため、X が Y に対して発信者情報の開示、削除要求の拒否につき損害賠償を請求した。

183

[2] 侵害類型にみる判例

　本判決は、電子掲示板の記載がXのプライバシーの侵害にあたるとし、開示請求を認容したが、削除要求を受けた1週間後に削除したものであるとし、不法行為を否定し、損害賠償請求を棄却した。

【判決の意義】
　この判決は、電子掲示板に第三者が他人の個人情報の書込みをし、プライバシーの侵害が問題になった事案について、プライバシーの侵害を肯定したが、不法行為を否定したものであり、事例として参考になる。なお、この判決が不法行為を否定した理由は、電子掲示板の運営者が削除請求を受け、その1週間後に削除したことであり、プロバイダの対応上参考になる。

判例番号 80　インターネット・サービス・プロバイダによる個人情報流出につき不法行為が肯定された事例（大阪地判平成18・5・19判時1948号122頁）

●事案の概要●
　Xらは、インターネット接続等の総合電気通信サービスの会員であるが、本サービスを提供するY_1株式会社がXらの氏名、住所等の個人情報を入手し、管理していたところ、Y_1が個人情報を流出させたため、XらがY_1と共同して事業を営むY_2株式会社に対し不正アクセスの防止につき過失があると主張し、不法行為に基づき損害賠償を請求した。
　本判決は、Y_1の過失を認めたものの、Y_2の管理に係る個人情報が流出したものではない等とし、Y_1に対する請求を認容し（Xら各自につき慰謝料として5000円、弁護士費用として1000円の損害を認めた）、Y_2に対する請求を棄却した。

【判決の意義】
　この判決は、インターネットの接続業者（インターネット・サービス・プロ

バイダ）が会員の個人情報を流出させ、不法行為（プライバシーの侵害）が問題になった事案について、不法行為を肯定したものであり、事例として参考になる。

判例番号 85

事業者のホームページから顧客情報が流出したことにつきプライバシーの侵害が肯定された事例（東京地判平成19・2・8判時1964号113頁、判タ1262号270頁）

● 事案の概要 ●

　Y株式会社は、エステティックサロンを全国で営業していたところ、平成8年頃、A株式会社との間で、インターネット上にウェブサイトを開設する等するため、サーバコンピュータのレンタル契約を締結し、Aの施設内にあるサーバ上にウェブサイトを開設し、さらに、平成11年頃、ホームページの制作、保守管理に関する契約を締結し、ホームページの内容更新等を委託し、随時、無料体験の募集、資料送付依頼の受付け等を行い、顧客らが所定の登録フォームに必要事項、質問に対する回答等を入力させる等していたが（氏名、年齢、住所、職業、電話番号、メールアドレス等の個人情報を入力させた）、AがYの同意を得て、平成14年3月、4月、ウェブサイトをY専用のサーバに移設する作業を行った際、インターネット上の一般の利用者が自由にアクセスできる状態に置かれ、平成14年5月、Yの保管する個人情報が大量に流出したことを示す書込みがされる等したため、前記ウェブサイトに入力したX_1ないしX_{14}がプライバシーの侵害を主張し、Yに対して不法行為に基づき損害賠償を請求した。

　本判決は、プライバシーの侵害を認め、それぞれ慰謝料として3万円を認め、請求を一部認容した。

2 侵害類型にみる判例

【判決の意義】
　この判決は、事業者がホームページを開設し、顧客からの書込みを募集していたころ、個人情報が流出し、プライバシーの侵害が問題になった事案について、プライバシーの侵害を肯定したものであり、事例として参考になる。

判例番号 92　事業者のホームページから顧客情報が流出したことにつきプライバシーの侵害が肯定された事例（東京高判平成19・8・28判タ1264号299頁）

●事案の概要●
　前記の判例番号85東京地判平成19・2・8（185頁）の控訴審判決であり、X_1ら、Yの双方が控訴し、附帯控訴した。
　本判決は、原判決の判断を正当とし、控訴、附帯控訴をいずれも棄却した。

【判決の意義】
　この判決は、事業者がホームページを開設し、顧客からの書込みを募集していたころ、個人情報が流出し、プライバシーの侵害が問題になった控訴審の事案について、プライバシーの侵害を肯定したものであり、事例として参考になる。

判例番号 95　電子掲示板上の個人情報の書込みにつきプライバシーの侵害が肯定された事例（東京地判平成21・1・21判時2039号20頁）

●事案の概要●
　X_1は、インターネット上で消費者問題に関する電子掲示板「悪徳商法？マニアックス」を管理、運営していたところ、Yが電子掲示板「2ちゃんねる」上で「悪マニ管理人、X_1が企業恐喝？」と題するス

レッドに X_1 の氏名、住所、X の妻 X_2 の氏名、住所、親族の経営する会社の名称、本支店の所在地、電話番号を内容とする書込みをしたが、X_1 らが A 株式会社に対して発信者情報開示請求訴訟を提起し、勝訴判決を得て Y を特定し、Y に対してプライバシーの侵害を理由に損害賠償を請求した。

　本判決は、プライバシーの侵害を認め、請求を認容した（X_1、X_2 につき、それぞれ慰謝料として10万円、弁護士費用相当額として 2 万円を認めた）。

【判決の意義】

　この判決は、電子掲示板に個人情報の書込みがされ、プライバシーの侵害が問題になった事案について、プライバシーの侵害を肯定したものであり、事例として参考になる。

判例番号 98　議員宿舎の建設に反対する者の個人情報の開示につき不法行為が肯定された事例（東京地判平成21・4・13判時2043号98頁）

●事案の概要●

　X は、参議院の議員宿舎に隣接して土地を所有し、土地上の建物で事業を行っていたが、新宿舎の建設計画が立てられていることを知り、近隣の住民等とこの計画に反対し、参議院事務局に問い合わせる等したところ、参議院事務局は、平成19年 1 月15日、担当者等が建設に賛成する会の役員らと近隣住民に対する対応策を協議する会合を開催し、この会合の際、参議院の事務局担当者らが役員らに X らにおいて参議院、国土交通省に電話した日時、氏名、住所、電話番号、電話による発言内容、X の病歴等が記載された文書を交付し、X らは、その後、建設計画に反対する運動を続けたところ、X らは、週刊誌の記者からの取材

2 侵害類型にみる判例

によって本件文書の交付を知ったため、Y(国)に対して個人情報の漏洩を主張し、不法行為に基づき損害賠償を請求した。

　本判決は、議院宿舎の建設計画に関する参議院事務局の担当者、賛成者、反対者の動向、本件文書の内容、交付の経緯等を詳細に認定したうえ、Xが参議院事務局の者らに対する問い合わせ、意見表明のためにした発言は、これが記録されて外部に文書として渡されることを想定して話していないところ、何らの合理的必要性もなく、外部の者に本件文書を渡したものであり、第三者に知らせることを想定していなかった個人的情報をみだりに第三者に開示したものとして違法な行為であるとし、不法行為を認め(慰謝料として50万円、弁護士費用相当額として20万円認めた)、請求を認容した。

【判決の意義】

　この判決は、参議院の議員宿舎の建設計画が立てられ、近隣の土地の所有者らが反対運動を行い、参議院の担当者らがこれらの者の個人的な動静等に関する情報を開示したことから、個人情報の漏洩に係る不法行為(実質的にはプライバシーの侵害)が問題になった事案について、第三者に知らせることを想定していなかった個人的情報をみだりに第三者に開示したものとして違法な行為であるとし、不法行為を肯定したものであり、事例として参考になる。

判例番号 99　近隣の住民間のトラブルにおける監視カメラの設置、ホームページ上の記載につきプライバシーの侵害が肯定された事例
（東京地判平成21・5・11判時2055号85頁）

●事案の概要●

　X_1、X_2夫婦の自宅は、Y_1、Y_2夫婦の自宅の私道を挟んで向かい側にあるところ、Y_1らがX_1らとのトラブルが悪化し、X_1らを監視する

5 プライバシーの侵害

目的で、X_1らの自宅に向けて防犯カメラを設置し（なお、Y_1らは本件の前にも３台の防犯カメラを設置していた）、Y_1らのインターネット上のホームページでX_1らに関する記事を掲載したため、X_1らがY_1らに対してプライバシー権に基づきカメラの撤去、設置禁止、名誉権等に基づき記事の削除、不法行為に基づき損害賠償を請求した。

本判決は、プライバシー権を侵害するような態様でのカメラの設置、継続的な監視は社会通念上受忍すべき限度を越えているとし、撤去請求、設置禁止請求、損害賠償請求を認容した（慰謝料として各10万円を認めた）。

【判決の意義】

この判決は、近隣の住民間でトラブルが発生し、一方の住民が３台の監視カメラを設置し、ホームページ上に記事を掲載したため、プライバシーの侵害が問題になった事案について、社会通念上受忍すべき限度を超えたものであるとし、プライバシーの侵害を肯定したものであり、事例として参考になる。

判例番号 109
コンビニエンス・ストアに設置された監視カメラによる撮影、映像のテレビ局への提供につき不法行為が否定された事例
（東京地判平成22・9・27判タ1323号153頁）

●事案の概要●

Y_1有限会社（代表者はA）は、コンビニエンス・ストアを経営しており、Y_2株式会社に依頼し、店舗に監視カメラを設置していたところ、従業員から商品の一部の不足を報告され、Aはカメラの映像を再生し、Bの挙動につき万引が疑われると判断していたが（Bは著名人であった）、テレビ局を経営するC株式会社と契約を締結した制作会社の記者から万引の増加を題材とする番組の作成に協力を求められ、映像に係る動画

189

② 侵害類型にみる判例

ファイルを提供し、Y_2はCが放映したテレビ番組の一部をホームページに掲載し、自社のカメラの性能等を宣伝する等したため（Bは、窃盗により逮捕され、起訴された）、BがY_1らに対して肖像権、プライバシー権の侵害を主張し、不法行為に基づき損害賠償を請求した（Bが訴訟係属中死亡し、妻Xが訴訟を承継した）。

本判決は、違法性は受忍限度の理論によって判断すべきであるとしたうえ、監視カメラによる撮影、撮影された個人の映像を報道機関に提供することが違法ではないとし、不法行為を否定し、請求を棄却した。

【判決の意義】

この判決は、コンビニエンス・ストア内に設置された監視カメラに万引が疑われる映像が撮影されていたところ、テレビ番組に動画ファイルを提供し、放映されたテレビ番組の一部がホームページに掲載されたため、プライバシー権の侵害、肖像権の侵害が問題になった事案について、監視カメラによる撮影、報道機関への撮影に係る動画ファイルの提供が違法ではないとし、不法行為を否定したものであり（プライバシーの侵害、肖像権の侵害を否定した）、事例として参考になるものである。

6 肖像権の侵害

(1) 肖像権の侵害の実情

肖像権の侵害が問題になった訴訟は、名誉毀損、プライバシーの侵害が問題になった訴訟ほど多くはないが、散見される。

インターネット利用に伴う肖像権の侵害が問題になった判例は、その数は少ないが、次のような判例が公表されている。インターネットは、その能力が向上するにつれ、写真、動画が容易に提供されるようになり、これらの提供、公表を専門とするウェブサイトもみられるところであり、今後、肖像権の侵害が問題になる事件の増加が予想される。

なお、個人の肖像は、プライバシー、名誉の一部として問題になることがある。

---

(2) 肖像権の侵害をめぐる判例

インターネット利用に伴う肖像権の侵害が問題になった判例としては、次のようなものがあるから、その概要を紹介する。

判例番号 41 同僚の写真をホームページ上に掲載したことにつき肖像権の侵害等の不法行為が肯定された事例（東京地判平成12・1・31判タ1046号187頁）

●事案の概要●
Xは、Y₁株式会社の従業員であったところ、自分の机の引出しの中に自ら撮影した写真のネガフィルムを保管していたが、Y₁の情報技術部のシニアマネージャーであったY₂がXに無断でネガフィルムを盗み出し、焼き付け、その一部をY₁のコンピュータを使用して開設したホームページに掲載（Xがタオルしか身に着けていない写真、女性のヌー

191

② 侵害類型にみる判例

ド写真と関連づけられて掲載された）したため（その後、Y₂は退職した）、XがY₁、Y₂に対して損害賠償を請求した。

本判決は、Y₂の不法行為を認めたのに対し、ホームページの管理がY₂の職務行為の範囲内であるとはいえない等とし、Y₁の使用者責任を否定し、Y₁に対する請求を棄却し、Y₂に対する請求を認容した（慰謝料として200万円を認めた）。

【判決の意義】

この判決は、会社の従業員が同僚の従業員のネガフィルムを職場の机から盗み出し、会社から提供されたコンピュータを使用して開設したホームページ（会社のホームページにリンクされていた）に掲載し、従業員の不法行為責任（肖像権の侵害等）、会社の使用者責任が問題になった事案について、従業員の肖像権の侵害等の不法行為を肯定したが、会社の使用者責任を否定したものである。

判例番号 77　公道通行者の写真をウェブサイト上に掲載したことにつき肖像権の侵害が肯定された事例（東京地判平成17・9・27判時1917号101頁）

●事案の概要●

Y₁財団法人とY₂株式会社は、ストリートファッション等を紹介するウェブサイトを共同で開設しており、Y₂の従業員が銀座界隈を歩いているXの写真を撮影し、Xの承諾なくウェブサイトに掲載したところ、その後間もなく、電子掲示板「2ちゃんねる」にXを誹謗中傷する書込みが行われ、Xの抗議によりYらが掲示を削除した後も誹謗中傷が継続する等したため、XがY₁、Y₂に対して肖像権の侵害を主張し、不法行為に基づく損害賠償を請求した。

本判決は、肖像権の侵害を認め、表現の自由による違法性阻却事由を

否定し、請求を認容した（慰謝料として30万円の損害を認めた）。

【判決の意義】
　この判決は、事業者がウェブサイトに公道を通行する者の写真を承諾なく掲載したところ、電子掲示板で写真の被写体を誹謗中傷する書込みがされ、肖像権の侵害が問題になった事案について、肖像権の侵害を肯定したものであり、事例として参考になる。

判例番号 78　写真の広告利用につき肖像権の侵害が肯定された事例（東京地判平成17・12・16判時1932号103頁）

●事案の概要●

　Y_3は、Xの姉AがXをモデルとして作ったメイクのサンプルの写真撮影を依頼され、写真撮影をしたが、平成15年7月ごろ、Y_1株式会社に出会い系サイトの広告用写真としてこの撮影に係るXの写真を交付し、Y_2は、Xの承諾を得ることなく、Xの写真を用いて出会い系サイトの広告を作成、その広告をアダルト雑誌に掲載したため、XがY_1、その代表者であるY_2、Y_3に対して肖像権の侵害を主張し、不法行為に基づき損害賠償を請求した。
　本判決は、Xの承諾はなく、承諾があったと信じたことに相当の理由がなかったとし、Y_1、Y_2の共同不法行為を認めたものの、Y_2が代表者に就任したのは写真が交付された後のことである等とし、責任を否定し、Y_1、Y_3に対する請求を認容し（慰謝料として100万円を認めた）、Y_2に対する請求を棄却した。

【判決の意義】
　この判決は、メイクのサンプル用として撮影された写真を本人の承諾なく出会い系サイトの広告を作成し、アダルト雑誌の広告に利用し、肖像権の侵

2 侵害類型にみる判例

害が問題になった事案について、肖像権の侵害を肯定したものであり、事例として参考になる。

判例番号 108 漫画の描写による肖像権の侵害が肯定された事例（東京地判平成22・7・28判タ1362号168頁）

●事案の概要●

Xは、アパレル関係の業務を営むA株式会社の代表取締役であり、特定の分野のファッションリーダーであるところ、週間漫画雑誌等を出版するY株式会社の発行する漫画雑誌に、過去に情報誌に掲載されたXをモデルとして撮影した写真に写ったXと類似した人物が描写される等したことから、XがYに対して名誉毀損、名誉感情の侵害、肖像権の侵害を主張し、不法行為に基づき損害賠償を請求した。

本判決は、漫画の描写による名誉感情の侵害、肖像権の侵害を認め、請求を認容した。

【判決の意義】

この判決は、情報誌に掲載された写真と類似の本人を描写した漫画が雑誌に掲載され、肖像権の侵害が問題になった事案について、漫画の描写による肖像権の侵害を肯定したものであり、事例として参考になる。

判例番号 109 コンビニエンス・ストアに設置された監視カメラによる撮影、映像のテレビ局への提供につき肖像権の侵害が否定された事例（東京地判平成22・9・27判タ1323号153頁）

●事案の概要●

Y_1有限会社（代表者はA）は、コンビニエンス・ストアを経営しており、Y_2株式会社に依頼し、店舗に監視カメラを設置していたところ、従業員から商品の一部の不足を報告され、Aはカメラの映像を再生し、

194

Bの挙動につき万引が疑われると判断していたが（Bは著名人であった）、テレビ局を経営するC株式会社と契約を締結した制作会社の記者から万引の増加を題材とする番組の作成に協力を求められ、映像に係る動画ファイルを提供し、Y_2はCが放映したテレビ番組の一部をホームページに掲載し、自社のカメラの性能等を宣伝する等したため（Bは、窃盗により逮捕され、起訴された）、BがY_1らに対して肖像権、プライバシー権の侵害を主張し、不法行為に基づき損害賠償を請求した（Bが訴訟係属中死亡し、妻Xが訴訟を承継した）。

本判決は、違法性は受忍限度の理論によって判断すべきであるとしたうえ、監視カメラによる撮影、撮影された個人の映像を報道機関に提供することが違法ではないとし、不法行為を否定し、請求を棄却した。

【判決の意義】

この判決は、コンビニエンス・ストアに設置された監視カメラに万引が疑われる映像が撮影され、撮影された個人の映像がテレビ番組に提供され、放映されたことから、肖像権の侵害等が問題になった事案について、撮影、映像の提供が受忍限度の範囲内であるとし、不法行為を否定したものである。

判例番号 114　被疑者の死後に被疑者の写真をウェブサイト上に掲載したことにつき不法行為が肯定された事例（東京地判平成23・6・15判時2123号47頁）

●事案の概要●

Aは、ロス疑惑事件でマスコミに取り上げられたが、日刊紙を発行するY_1株式会社は、Aが死亡した際、Aが逮捕された時の手錠姿の写真とともに記事をグループ会社であるB株式会社に配信し、Bはウェブサイトを運営するY_2株式会社に配信し、Y_2は記事をウェブサイトのニュース欄に2度にわたり掲載したため、Aの妻XがY_1らに対して死

2 侵害類型にみる判例

者に対する名誉毀損を主張し、損害賠償を請求した。
　本判決は、手錠姿の写真の掲載が遺族の死者に対する敬愛追慕の情を受忍し難い程度に侵害するものであるとし、Y_1とY_2の共同不法行為を肯定し（各掲載につき30万円の慰謝料を認めた）、請求を認容した。

【判決の意義】

　この判決は、被疑者の手錠姿の写真が新聞社のウェブサイトのニュース欄に掲載され、被疑者の死亡後、死者に対する名誉毀損（生前であれば、肖像権の侵害）が問題になった事案について、遺族の死者に対する敬愛追慕の情を受忍しがたい程度に侵害するものであるとし、不法行為を肯定したものであり、事例として参考になる。

7 データの流出

(1) データ保管の問題

　日本の社会全体においては数億を数えるインターネットに接続することができるパソコン等のコンピュータ機器が利用されていると推測されるが、各コンピュータ機器、コンピュータ・システムには膨大な量のさまざまなデータが保存されている（これらのデータは日々増加している）。

　保存されるデータの種類、内容は多種多様であり、企業の営業秘密に属するデータ、企業、個人の信用に関するデータ、個人の属性に関する個人情報、プライバシーに属するデータ等の保護が要請されるデータが保存され、加工され、利用されている。

　データは、蓄積、加工される等し、経済的にも、社会的にもさまざまな用途に利用され、重要な機能を果たしているが、膨大なデータの蓄積、加工、利用に伴ってさまざまな問題が生じることも否定できない。

　これらの問題の一つとして、蓄積、保存に係るデータが保管者によって流出したり、第三者によって侵害され、漏洩したり、伝達に係るデータが伝達の過程で第三者によって窃取されたりすることがある。

　データの流出は、データの保管者の債務不履行、不法行為に基づく損害賠償責任の問題、データの侵害、漏洩者等の不法行為に基づく損害賠償責任の問題が生じうるが、不法行為の場合には、プライバシーの侵害、営業秘密の侵害、個人情報の漏洩等の問題として取り上げることができる。

(2) データ流出をめぐる判例

　インターネット上におけるデータの流出が問題になった判例としては、次のようなものがある。

② 侵害類型にみる判例

判例番号 75

不正なプログラムによる捜査関係情報の流出につきプライバシーの侵害が肯定された事例（札幌地判平成17・4・28判例地方自治268号28頁）

●事案の概要●

Xは、平成16年3月25日、北海道警察のA巡査らに道路交通法違反の嫌疑で現行犯逮捕されたところ、Aは、捜査関係書類を作成するにあたり、私有のパソコンを使用し、現行犯逮捕手続書、道路交通法違反被疑事件捜査報告書等の文書を作成し、パソコンを自宅に持ち帰り、インストールしていたウイニー（ファイル共有ソフト）をコンピュータ・ウィルスに感染した状況で起動させ、インターネットに接続したため、捜査関係文書のファイルが公開用フォルダーに圧縮転写され、他のウイニーの利用者にアクセス可能な状態におかれ、捜査関係文書が閲覧されたことから、XがY道に対して国家賠償責任に基づき損害賠償を請求した。

本判決は、プライバシーの侵害を認める等し、請求を認容した（慰謝料として40万円を認めた）。

【判決の意義】

この判決は、逮捕に関する情報が担当警察官のパソコンに保管中、不正なプログラムによって流出し、被疑者のプライバシーの侵害（情報の流出）が問題になった事案について、逮捕情報の流出というプライバシーの侵害を肯定したものであり、事例として参考になる。

7 データの流出

判例番号 80
インターネット・サービス・プロバイダによる個人情報の流出につき不法行為が肯定された事例（大阪地判平成18・5・19判時1948号122頁）

●事案の概要●

Xらは、インターネット接続等の総合電気通信サービスの会員であるが、このサービスを提供するY$_1$株式会社がXらの氏名、住所等の個人情報を入手し、管理していたところ、Y$_1$が個人情報を流出させたため、XらがY$_1$と共同して事業を営むY$_2$株式会社に対して不正アクセス防止につき過失があると主張し、不法行為に基づき損害賠償を請求した。

本判決は、Y$_1$の過失を認めたものの、Y$_2$の管理にかかる個人情報が流出したものではない等とし、Y$_1$に対する請求を認容し（Xら各自につき慰謝料として5000円、弁護士費用として1000円の損害を認めた）、Y$_2$に対する請求を棄却した。

【判決の意義】

この判決は、インターネットの接続業者が会員の個人情報を流出させ、不法行為（プライバシーの侵害）が問題になった事案について、情報の流出による不法行為を肯定したものであり、事例として参考になる。

判例番号 85
事業者のホームページから顧客情報が流出したことにつきプライバシーの侵害が肯定された事例（東京地判平成19・2・8判時1964号113頁、判タ1262号270頁）

●事案の概要●

Y株式会社は、エステティックサロンを全国で営業していたところ、平成8年頃、A株式会社との間で、インターネット上にウェブサイトを開設する等するため、サーバコンピュータのレンタル契約を締結し、

Aの施設内にあるサーバ上にウェブサイトを開設、さらに、平成11年頃、ホームページの制作、保守管理に関する契約を締結し、ホームページの内容更新等を委託し、随時、無料体験の募集、資料送付依頼の受付け等を行い、顧客らが所定の登録フォームに必要事項、質問に対する回答等を入力させる等していたが（氏名、年齢、住所、職業、電話番号、メールアドレス等の個人情報を入力させた）、AがYの同意を得て、平成14年3月、4月、ウェブサイトをY専用のサーバに移設する作業を行った際、インターネット上の一般の利用者が自由にアクセスできる状態に置かれ、平成14年5月、Yの保管する個人情報が大量に流出したことを示す書込みがされる等したため、前記ウェブサイトに入力したX_1ないしX_{14}がプライバシーの侵害を主張し、Yに対して不法行為に基づき損害賠償を請求した。

本判決は、プライバシーの侵害を認め、それぞれ慰謝料として3万円を認め、請求を一部認容した。

【判決の意義】

この判決は、事業者がホームページを開設し、顧客からの書込みを募集していたところ、個人情報が流出し、プライバシーの侵害が問題になった事案について、情報の流出によるプライバシーの侵害を肯定したものであり、事例として参考になる。

判例番号 92

事業者のホームページから顧客情報が流出したことにつきプライバシーの侵害が肯定された事例（東京高判平成19・8・28判タ1264号299頁）

●事案の概要●

前記の判例番号㉟東京地判平成19・2・8（199頁）の控訴審判決であり、Yが控訴するとともに、Xらが附帯控訴した。

> 本判決は、原判決の判断を正当とし、控訴、附帯控訴をいずれも棄却した。

【判決の意義】

　この判決は、事業者がホームページを開設し、顧客からの書込みを募集していたところ、個人情報が流出し、プライバシーの侵害が問題になった控訴審の事案について、情報の流出によるプライバシーの侵害を肯定したものであり、事例として参考になる。

2 侵害類型にみる判例

8 著作権等の侵害

(1) 著作権等の侵害

インターネットの利用にあたって、他人の作成した文章、写真、絵画等の情報を入手したり、伝達したり、保存したりした場合、著作権等の著作者の権利等の侵害が問題になりうることが少なくなく、最近、さかんに話題になっている。

著作権等の権利は、著作権法によって認められている権利であり、法律の改正によって権利の範囲が拡大されているところであり、コンピュータ、インターネットを想定した各種の規定も設けられている。

著作者の権利は、著作者人格権、著作権が含まれるが、隣接する権利も保護される。著作権等は、著作者人格権、著作権に含まれる権利、著作隣接権としてさまざまな内容の権利が認められ、判例が多数公表されているため、他人の作成した文章等をインターネット上で利用する場合には、著作権等の権利の侵害の可能性が生じることがあるため、権利侵害にならないように注意をしておくことが重要であるし、自分の著作権等の権利が侵害されることもありうる。

著作権法は、同法所定の権利侵害について特に権利者を保護する規定を設けており（同法112条ないし118条）、権利侵害があった場合には、侵害者は侵害の停止、予防等の差止責任、損害賠償責任を負うことになる。

(2) 著作権等の侵害をめぐる判例

インターネット利用による著作権等の侵害が問題になった判例としては、次のようなものがある。

判例番号 52

音楽著作物を無料でダウンロードできるサービスを提供した事業者につき著作権侵害が肯定された事例(東京地判(中間)平成15・1・29判時1810号29頁)

●事案の概要●

X社団法人は、著作権等管理事業法に基づく著作権等管理事業を行っているところ、Y₁有限会社が利用者のパソコン間でデータを送受信させるピア・ツー・ピア(P2P)技術を用いてサーバをカナダ国内に設置し、インターネットを経由し、不特定多数のパソコン利用者のパソコンに蔵置されている電子ファイルから他の利用者が選択し、無料でダウンロードできるサービスを提供し、利用者がMP3形式で複製した音楽著作物(Xが信託を受けたもの)を送受信したため、XがY₁に対して送受信の差止め、Y₁とその取締役Y₂に対して著作権侵害を主張し、損害賠償を請求した。

本判決は、中間判決として、自動公衆送信権、送信可能化権の侵害を認め、その旨の判断をした。

【判決の意義】

この判決は、インターネットを利用し、音楽著作物を無料でダウンロードできるサービスを提供する事業者の著作権の侵害が問題になった事案について、自動公衆送信権、送信可能化権(著作権法23条)の侵害を認めたものであり、事例として参考になる。

なお、この判決は、損害賠償の責任原因について審理、判断をした中間判決である(民事訴訟法245条)。

② 侵害類型にみる判例

判例番号 61　音楽著作物を無料でダウンロードできるサービスを提供した事業者につき著作権侵害が肯定された事例（東京地判平成15・12・17判時1845号36頁）

●事案の概要●

　前記の中間判決判例番号52東京地判（中間）平成15・1・29（203頁）の事案であり、中間判決は、自動公衆送信権、送信可能化権の侵害を認め、その旨の判断をした。
　本判決は、差止めの範囲を特定し、著作権侵害の損害額を認め、請求を認容した。

【判決の意義】
　この判決は、前記の判例番号52東京地判（中間）平成15・1・29（203頁）を前提とし、著作権侵害の損害賠償額の審理、判断をしたものであり、事例として参考になる。

判例番号 63　電子掲示板上に著作物が無断で掲載されたことにつき電子掲示板の運営・管理者の著作権侵害者性が否定された事例（東京地判平成16・3・11判時1893号131頁）

●事案の概要●

　Yが運営する電子掲示板「2ちゃんねる」に、書籍における対談記事が無断で掲載されたため、対談記事につき著作権を有する漫画家X_1、出版社であるX_2株式会社が送信可能化権、公衆送信権の侵害を主張し、Yに対して送信の差止め、損害賠償を請求した。
　本判決は、電子掲示板の運営・管理者が著作権法112条1項に基づく差止請求の相手方にならない等とし、請求を棄却した。

204

【判決の意義】

　この判決は、電子掲示板に書籍の対談記事が無断で掲載され、電子掲示板の運営・管理者による送信可能化権、公衆送信権の侵害が問題になった事案について、電子掲示板の運営・管理者が著作権法112条1項所定の侵害者に該当しないとし、権利侵害を否定したものである。

判例番号 71　電子掲示板上に著作物が無断で掲載されたことにつき、電子掲示板の運営・管理者による著作権の侵害が肯定された事例
（東京高判平成17・3・3判時1893号126頁）

●事案の概要●

　前記の判例番号63東京地判平成16・3・11（204頁）の控訴審判決であり、X_1らが控訴した。

　本判決は、Yが著作権侵害の通知を受けたものの、削除しなかったことは著作権侵害に加担していたものである等とし、原判決を変更し、請求を認容した（X_1につき、著作物使用料相当損害金45万円、X_2につき、同様な損害金75万円を損害額として認めた）。

【判決の意義】

　この判決は、電子掲示板に書籍の対談記事が無断で掲載され、電子掲示板の運営・管理者による送信可能化権、公衆送信権の侵害が問題になった控訴審の事案について、電子掲示板の運営・管理者が著作権侵害の通知を受けながら、削除しなかったものであり、これによって著作権侵害に加担していたとし、著作権法112条1項所定の侵害者に該当するとし、送信可能化権、公衆送信権の侵害を肯定したものであり、事例として参考になる。

② 侵害類型にみる判例

判例番号 105 動画投稿・共有サービスを提供する事業者につき著作権の侵害が肯定された事例（東京地判平成21・11・13判時2076号93頁）

●事案の概要●

Y_1株式会社（代表者はY_2）は、インターネット上にウェブサイトを開設し、動画ファイルを蔵置し、会員に動画ファイルを送信する等のサービス（動画投稿・共有サービス）を提供していたところ、音楽著作物の著作権等管理事業者であるX社団法人が著作権（複製権、公衆送信権）の侵害を主張し、Y_1、Y_2に対して損害賠償等を請求した。

本判決は、本件サービスは本来的に著作権を侵害する蓋然性の極めて高いサービスであり、Y_1が動画投稿を管理支配している等とし、Y_1は、プロバイダ責任制限法3条1項ただし書所定の発信者に該当し、同条項本文の適用はないとし、将来の給付の訴えを却下したが、その余の請求を認容した。

【判決の意義】

この判決は、動画投稿・共有サービスを提供する事業者につき複製権、公衆送信権の侵害が問題になった事案について、複製権、公衆送信権の侵害を肯定し、この事案の事業者につきプロバイダ責任制限法3条1項ただし書所定の発信者に該当し、同条項本文の適用はないとしたものであり、事例として参考になる。

判例番号 113 ウェブサイトに掲載した文章につき著作権の侵害が否定された事例（知財高判平成23・5・26判時2136号116頁）

●事案の概要●

Y株式会社がインターネット上のウェブサイトにデータ復旧サービスに関する文章を掲載したところ、X株式会社がウェブサイトに掲載

した復旧サービスに関する内容、広告用文章を無断で複製等していると考え（問題になった文章は、判決に別紙として添付されている）、XがYに対して主位的に、著作権（複製権、翻案権、二次的著作物に係る公衆送信権）、著作人格権（氏名表示権）等の侵害を主張し、予備的に一般不法行為を主張し、損害賠償等を請求した。第一審判決が請求を棄却したため、Xが控訴した。

　本判決は、Xの主張に係る文章、対応するYの文章は、それぞれ創作性のない部分において共通点を有するにすぎないとし、著作権等の侵害を否定し、具体的な権利、利益の侵害が認められない以上、不法行為が成立する余地はないとし、控訴を棄却した。

【判決の意義】

　この判決は、事業者がウェブサイトに自己の取り扱うサービスに関する文章を掲載したところ、他の事業者によってウェブサイトに掲載された文章につき著作権、著作人格権の侵害が問題になった事案について、これらの権利の侵害を否定したものである。

② 侵害類型にみる判例

9 守秘義務違反

(1) 守秘義務違反

　企業、個人は、法令上、契約上、あるいは業務上、倫理上、守秘義務を負うことがあるが、守秘義務に違反した場合、秘密を開示した者は、秘密の主体者に対して損害賠償責任を負うことがある。

　従来からさまざまな事業、職業、地位にある個人が秘密を開示し、秘密の主体者との間で守秘義務違反をめぐる紛争が発生し、紛争の中には訴訟に発展したものもある。また、近年は、公益通報者保護法の施行によって公益通報者が一定の範囲で保護されることになり、企業において公益通報、内部告発に関するシステムを構築する等の事例もみられるところ、従来も多くの内部告発が行われてきたが、内部告発、公益通報の中には守秘義務違反の可能性のある情報の提供であると推測される事例もみられる。

(2) インターネット時代の守秘義務違反

　インターネット上の情報の提供、交換においては、内部告発もみられるところであり、内部告発でなくても、秘密の主体者と一定の関係のある者によって秘密に属する情報が提供される事例もみられる。インターネット上では、秘密に属する情報、他人を批判する情報を提供することは、より情報の交換を促進することになりがちであるが（インターネットの利用者の関心をよびがちであり、より情報の交換に熱が入ることになる）、それだけに守秘義務違反とか、プライバシーの侵害等の問題を発生しやすいことになる。

(3) 守秘義務違反をめぐる判例

　インターネット利用による守秘義務違反が問題になった判例としては、次のようなものがある。

判例番号 84

弁護士がホームページ上で受け取った相談内容の一部を開示したことにつき守秘義務違反が肯定された事例（大阪地判平成18・9・27判タ1272号279頁）

●事案の概要●

Xは、勤務先で生じたセクハラ問題につき弁護士Aらに相談し、その処理を依頼していたところ、B弁護士会に所属する弁護士Yがインターネット上でC研究会を主催し（弁護士の肩書を明記していた）、守秘義務を守ることを明記して被害の情報を集めており、XがC研究会のホームページに前記問題、悩みにつき相談のメールを送信したのに対し、YがAにXから送信があり、Xが実在するかを確認する電話をし、このことが発覚したため、Xが守秘義務違反を主張し、Yに対して不法行為に基づき損害賠償を請求した。

本判決は、Yは委任関係がなくても守秘義務を負うとし、Xの了解を得ないまま受任弁護士Aにメールがあったことを漏らしたことが不法行為にあたるとし（慰謝料として20万円を認めた）、請求を認容した。

【判決の意義】

この判決は、弁護士の主催するインターネット上のホームページに相談のメールを送信し、この情報の漏洩が弁護士の守秘義務違反として問題になった事案について、弁護士の守秘義務違反の不法行為を肯定したものである。

判例番号 86

弁護士がホームページ上で受け取った相談内容の一部を開示したことにつき守秘義務違反が否定された事例（大阪高判平成19・2・28判タ1272号273頁）

●事案の概要●

前記の判例番号84大阪地判平成18・9・27（209頁）の控訴審判決であり、Yが控訴し、Xが附帯控訴した。

② 侵害類型にみる判例

> 本判決は、本件メールは心情を吐露したものであって、法律相談にあたらず、インターネット上の団体の主催者として知り得た事項であるとし、守秘義務を負わない等とし（なお、仮定的に守秘義務を負うとしても、実在の確認は弁護士活動として正当な理由があるとした）、原判決を取り消し、請求を棄却した。

【判決の意義】

この判決は、弁護士の主催するインターネット上のホームページに相談のメールを送信し、この情報の漏洩が弁護士の守秘義務違反として問題になった控訴審の事案について、弁護士の守秘義務違反の不法行為を否定したものである。

③ インターネットの利用・侵害方法類型にみる判例

1 電子掲示板をめぐる判例

(1) 電子掲示板の実情

　電子掲示板は、インターネット等を利用してメッセージ（情報）を交換するシステムであり、コンピュータ機器（端末）から掲示板にメッセージを書き込んだり、書き込まれたメッセージを閲覧することができる。また、電子掲示板の中には、特定のテーマを対象とするもの、特定の会員を対象とするものもあり、電子会議と呼ばれることがある。

　インターネットの一般における利用が始まって以来、日本においてインターネット利用による名誉毀損、信用毀損等の法律問題をめぐる判例が多いのはこの分野であり、次のような裁判例がある。

　電子掲示板におけるインターネット利用による紛争は、情報の提供者（発言者、書込者、会員、ユーザー）同士の間、情報の提供者と批判等の対象者との間、電子掲示板の運営者と批判等の対象者との間、プロバイダと批判等の対象者との間等のものがあり、それぞれに損害賠償責任の法的な根拠が異なることがあるし、損害賠償責任の要件が異なるものである。

　特に電子掲示板の運営者、プロバイダの損害賠償責任については、情報の提供者による加害行為とは異なるものであるため、問題になることが多い。

　なお、電子掲示板の運営者、プロバイダについては、情報の提供者とは異なる厳格な要件が必要であるとしても、情報の提供者の書込み等によって名誉毀損等の被害を受けたと思う者は、電子掲示板の運営者等にその被害の内容を告知しておくことは、告知前には損害賠償責任が認められる根拠が少な

③ インターネットの利用・侵害方法類型にみる判例

いと評価されることがあっても、告知後にはその根拠を提供したり、あるいは補強したりするために有用である。

---

(2) 電子掲示板をめぐる判例

従来、電子掲示板をめぐる判例が比較的多く公表されているが、その概要は次のようなものである。

判例番号 29 揶揄的、侮辱的発言の書込みにつき名誉毀損、システムオペレータの削除義務違反による不法行為が肯定された事例（東京地判平成9・5・26判時1610号22頁）

●事案の概要●

Xは、Y_1株式会社（ニフティ株式会社）が運用するパソコン通信（ニフティサーブ）の会員であり、クッキーのハンドル名を用いてフォーラムの電子会議室にたびたび書込みを行っていたところ、Y_1の会員Y_3は、平成5年11月から平成6年3月にかけて、匿名でXに関する揶揄的、侮辱的発言の書込みをしたため、Xの代理人は、Y_1に書込みを削除するように要求し、その一部の書込みが削除されたものの、残りは削除されなかったこと等から、XがシステムオペレータであるY_2、Y_3に対して不法行為に基づき、Y_1に対して使用者責任、債務不履行責任に基づき損害賠償、謝罪広告の掲載を請求したのに対し、Y_3が反訴として村八分による名誉毀損等を主張し、Xに対して損害賠償を請求した。

本判決は、Y_3の名誉毀損を認めたうえ、システムオペレータであるY_2の必要な措置をとる義務違反を認め、Y_1の使用者責任を肯定し、損害賠償請求を認容し（Y_1につき10万円、Y_2につき10万円、Y_3につき50万円）、謝罪広告の掲載請求を棄却し、Y_3の反訴請求を棄却した。

1 電子掲示板をめぐる判例

判例番号 35 誹謗中傷する内容の掲示につき名誉毀損が否定された事例
（東京地判平成9・12・22判時1637号66頁）

●事案の概要●

　X、Yは、ともにA株式会社（日本電気株式会社）が運用する電子メール、オンライン会話サービス等のパソコン通信網PC‒VANの会員であるが、YがXにおいてBの所有する会員番号を盗用してオンライン会話サービスを利用したと疑い、疑惑を指摘するXとの会話を電子掲示板に掲示したため、XがYに対して名誉毀損を主張し、不法行為に基づき損害賠償を請求した。

　本判決は、他の会員らが同様な発言を多数回にわたり行っていたこと等から社会的評価を低下させたものとはいえないとし、名誉毀損を否定し、請求を棄却した。

判例番号 36 個人情報の無断掲示につきプライバシー侵害が肯定された事例（神戸地判平成11・6・23判時1700号99頁）

●事案の概要●

　眼科医師XとYは、A株式会社（ニフティ株式会社）が運営するパソコン通信ネットワークの掲示板システムの登録者であるが、YがXに無断で氏名、職業、診療所の住所、電話番号を掲示したため、診療所に正体不明の者からいたずら電話がかかり、X名で注文があったとして、診療所に注文物品の配達がされる等したため、XがYに対してプライバシーの侵害を理由に損害賠償を請求した。

　本判決は、プライバシーの侵害を認め、不法行為を肯定し、請求を認容した（慰謝料として20万円、治療費として2380円の損害を認めた）。

213

判例番号 45　誹謗中傷を内容とする書込みにつき名誉毀損・侮辱が否定された事例（東京地判平成13・8・27判時1778号90頁）

●事案の概要●

Xは、平成7年10月、パソコン通信サービスの提供等を業とするY株式会社（ニフティ株式会社）との間で、会員の加入契約を締結し、パソコン通信サービスの提供を受けていたところ、Yの他の会員がXにつき被害妄想をもっている等の内容をフォーラムの電子会議室に書込みをしたため、XがYに対して名誉毀損、侮辱を主張し、慰謝料の支払いと他の会員の氏名・住所の開示を請求した。

本判決は、Xが必要かつ十分な反論をした等とし、名誉毀損、侮辱を否定し、請求を棄却した。

判例番号 46　システムオペレータの削除義務違反による不法行為が否定された事例（東京高判平成13・9・5判時1786号80頁）

●事案の概要●

前記の判例番号㉙東京地判平成9・5・26（212頁）の控訴審判決であり、Y_1ないしY_3が控訴し、Xが附帯控訴した。

本判決は、Y_3の名誉毀損を認め、Y_1、Y_2の義務違反を否定し、Y_3の控訴を棄却し、Y_1、Y_2に関する原判決を取り消し、Xの請求を棄却し、Xの附帯控訴を棄却した。

判例番号 48

誹謗中傷を内容とする書込みにつき電子掲示板運営者の条理上の削除義務違反による不法行為が肯定された事例（東京地判平成14・6・26判時1810号78頁）

●事案の概要●

Yは、インターネット上で電子掲示板「2ちゃんねる」を開設していたところ、平成13年1月16日以降、電子掲示板内の「ペット大好き掲示板」内の「悪徳病院告発スレッド！！」と題するスレッドにおいて、動物病院を経営するX_1有限会社（代表取締役X_2）について匿名でさまざまな発言の書込みがされたため、X_1、X_2がYに対して、名誉毀損による不法行為に基づく損害賠償、人格権に基づく書込みの削除を請求した。

本判決は、電子掲示板の運営・管理者には名誉毀損の発言を削除等すべき条理上の義務があるとし、その義務違反を肯定する等し、請求を認容した（慰謝料は、各200万円を認めた）。

判例番号 51

誹謗中傷を内容とする書込みにつき電子掲示板運営者の被害拡大防止・削除義務違反による不法行為が肯定された事例（東京高判平成14・12・25判時1816号52頁）

●事案の概要●

前記の判例番号48東京地判平成14・6・26（215頁）の控訴審判決であり、Yが控訴した。

本判決は、電子掲示板に他人の権利を侵害する発言が書き込まれないようにするとともに、そのような発言により被害者の被害が拡大しないようにこれを削除すべき義務があり、その義務違反があった等とし、控訴を棄却した。

3 インターネットの利用・侵害方法類型にみる判例

判例番号 55　誹謗中傷を内容とする書込みにつき電子掲示板運営者の防止措置義務違反による不法行為が肯定され、電子掲示板運営者に対する情報開示請求が否定された事例（東京地判平成15・6・25判時1869号54頁）

●事案の概要●

　Yは、インターネット上の電子掲示板「2ちゃんねる」を運営しているところ、平成14年1月から同年4月までの間、プロの麻雀士であるXについて誹謗する内容の書込みがされたことから、XがYに対してその削除を求めたものの、削除されなかったため、XがYに対して人格権に基づき削除、不法行為に基づき損害賠償、プロバイダ責任法に基づき書込みをした者の情報開示を請求した。

　本判決は、送信防止措置をすべき義務違反を認め、損害賠償請求、削除請求を認容したものの、書込みをした者のIPアドレスを保管していること等が証明されていないとし、開示請求を棄却した。

判例番号 56　誹謗中傷を内容とする書込みにつき電子掲示板運営者に信義則上の削除義務による不法行為が肯定された事例（東京地判平成15・7・17判時1869号46頁）

●事案の概要●

　Yは、インターネット上の電子掲示板「2ちゃんねる」を運営していたところ、平成13年3月から7月の間、化粧という表題の掲示板において化粧品の製造、販売等を業とするX_1株式会社、その代表取締役X_2を誹謗する書込みがされたことから、X_1が書込みの削除を求め、X_1、X_2が削除を命ずる仮処分を申し立て、仮処分命令が送達される等したことから、削除されたが、X_1らがYに対して不法行為に基づき損害賠償を請求した。

本判決は、削除すべき信義則上の義務違反を認め、請求を認容した（損害賠償額は、X_1につき300万円、X_2につき100万円）。

判例番号58　インターネット上の電子掲示板による信用毀損等が否定された事例（横浜地判平成15・9・24判タ1153号192頁）

●事案の概要●

X株式会社は、A市内にマンションの建築を計画したところ、近隣の住民らが反対をし、地元自治会にマンション対策専門委員会が設立され、反対運動が行われ、その委員会の委員長Yがミニコミ誌、インターネットの電子掲示板において建築予定地は地盤、交通の面で危険であり、近隣住民に対する説明が不十分である等の記載をしたため、XがYに対して名誉毀損、信用毀損を主張し、不法行為に基づき損害賠償、謝罪広告の掲載を請求した。

本判決は、Yの意見表明は直ちにXの社会的評価を低下させるものではない等とし、信用毀損等を否定し、請求を棄却した。

判例番号63　著作権侵害物の掲載につき電子掲示板運営者に対する差止請求が否定された事例（東京地判平成16・3・11判時1893号131頁）

●事案の概要●

Yが運営するインターネット上の電子掲示板「2ちゃんねる」に、書籍における対談記事が無断で掲載されたため、対談記事につき著作権を有する漫画家X_1、出版社であるX_2株式会社は、送信可能権、公衆送信権の侵害を主張し、Yに対して送信の差止め、損害賠償を請求した。

本判決は、電子掲示板の開設・運営者が著作権法112条1項に基づく差止請求の相手方にならない等とし、請求を棄却した。

判例番号 64　電子掲示板の開設者の常時監視義務が否定された事例（東京地判平成16・5・18判タ1160号147頁）

●事案の概要●

Yは、インターネット上に中高生、大学生、予備校生の利用を想定した電子掲示板を開設していたところ、医学部受験予備校を運営するX_1株式会社、その代表者X_2、その従業員X_3の名誉を毀損する書込みが電子掲示板にされたことから、X_1らがその削除を求める等したのに削除されなかったため、X_1らがYに対して損害賠償、削除を請求した。

本判決は、Yが常時監視すべき義務はなく、大半の書込みは通常の批判、意見の域を出ない等とし、X_1の削除請求の一部を認容し、他の請求を棄却した。

判例番号 66　電子掲示板への掲載後に削除された記載内容につき電子掲示板運営者の不法行為が否定された事例（東京地判平成16・11・24判タ1205号265頁）

●事案の概要●

Xは、Y株式会社（ヤフー株式会社）が運営するインターネット上の掲示板からIDを取得して利用していたところ、第三者によりXにつき職業欄に知的障害者、住所欄に精神病院隔離病棟などと記載され、携帯電話番号がプロフィールとして記載されたため、XがYに対して発信者情報の開示、削除要求の拒否につき損害賠償を請求した。

本判決は、電子掲示板の記載がXのプライバシーの侵害にあたると

し、開示請求を認容したが、削除要求を受けた1週間後に削除したものであるとし、不法行為を否定し、損害賠償請求を棄却した。

判例番号 69 電子掲示板への書込みにつき名誉毀損等が否定された事例
（名古屋地判平成17・1・21判時1893号75頁）

●事案の概要●

X株式会社は、マンション建設を計画していたところ、Y株式会社（ヤフー株式会社）の運営に係る電子掲示板に「今更、ワンルームマンション、誤った新規事業、最低」と書き込まれたため、XがYに対して書込みの削除、発信者情報の開示、削除拒否に係る不法行為に基づく損害賠償を請求した。

本判決は、この書込みがXの名誉等の権利を侵害するものではないとし、請求を棄却した。

判例番号 71 著作権侵害物の掲載につき電子掲示板運営者の著作権の侵害が肯定された事例（東京高判平成17・3・3判時1893号126頁）

●事案の概要●

前記の判例番号63東京地判平成16・3・11（217頁）の控訴審判決であり、X_1らが控訴した。

本判決は、Yが著作権侵害の通知を受けたものの、削除しなかったことは著作権侵害に加担していたものである等とし、原判決を変更し、請求を認容した（X_1につき、著作物使用料相当損害金45万円、X_2につき、同様な損害金75万円を損害額として認めた）。

3 インターネットの利用・侵害方法類型にみる判例

判例番号 94

電子掲示板への書込みにつき電子掲示板管理者の削除義務違反の不法行為が肯定された事例（東京地判平成20・10・1判時2034号60頁）

●事案の概要●

　X学校法人は、A大学等を設置、運営していたところ、Yは、A大学の助教授等を務めていたが、Xから普通解雇され、雇用上の権利を有することの仮の確認等を求める仮処分を申し立て、認容された後、異議審において解決金の支払い、一定の期間経過後における退職、誹謗中傷の禁止等を内容とする裁判上の和解が成立し、退職後、A大学のA教職員組合（Aユニオン）の代表者兼執行委員長を務めているところ、Aユニオンがインターネット上に電子掲示板を開設し、第三者による投稿が自動的に公開される体制がとられ（投稿の削除を希望する者は、一定の基準に従って削除等がされていた）、その後、投稿内容の確認を経て公開される体制に変更される等していたところ、Xに関する多数の投稿がされたため、XがYに対して、主位的にYの投稿であり、名誉毀損、業務妨害であると主張し、予備的にYが掲示板の管理者であり、削除義務を怠ったと主張し、損害賠償、和解の解除を理由に解決金の返還を請求した。

　本判決は、自動的に投稿が公開される体制の下では一見して第三者の名誉を毀損するものを具体的に知ったときは、第三者による削除要求がなくても、削除義務を負い、これに至らないときは、削除要求があって初めて削除義務を負う等とし、一部の投稿がYによってされたものであり、これによる名誉毀損を認め、管理者として公開した一部の投稿につき削除すべき条理上の義務違反を認め、損害賠償請求を認容し、裁判上の和解の解除を否定し、原状回復請求を棄却した。

1 電子掲示板をめぐる判例

判例番号 95 電子掲示板への氏名・住所等の掲載につきプライバシーの侵害が肯定された事例（東京地判平成21・1・21判時2039号20頁）

●事案の概要●

X_1は、インターネット上で消費者問題に関する電子掲示板「悪徳商法？マニアックス」を管理、運営していたところ、Yがインターネット電子掲示板「2ちゃんねる」上で「悪マニ管理人、X_1が企業恐喝？」と題するスレッドにX_1の氏名、住所、その妻X_2の氏名、住所、親族の経営する会社の名称、本支店の所在地、電話番号を内容とする書込みをしたが、X_1らがA株式会社に対して発信者情報開示請求訴訟を提起し、勝訴判決を得てYを特定し、Yに対してプライバシーの侵害を理由に損害賠償を請求した。

本判決は、プライバシーの侵害を認め、請求を認容した（X_1、X_2につき、それぞれ慰謝料として10万円、弁護士費用相当額として2万円を認めた）。

判例番号 96 電子掲示板への評論の掲載につき名誉毀損が否定された事例（神戸地判平成21・2・26判時2038号84頁）

●事案の概要●

Y国立大学法人は、大学内で管理するサーバ内で電子掲示板において、Z_1がXの関与する磁気活水器につき科学的に根拠がない旨の書込みをする等したため、XがYに対して名誉毀損を主張し、不法行為に基づき損害賠償、民法723条に基づき名誉回復措置の履行、人格権に基づき本件文書の削除を請求したところ、Z_1、サイトの管理者Z_2が訴訟に参加し、Xに対して損害賠償義務の不存在の確認を請求した。

本判決は、Z_1の評論が名誉毀損にあたらない等とし、Xの請求を棄却し、Z_1らの請求を認容した。

3 インターネットの利用・侵害方法類型にみる判例

判例番号 116 従業員の勤務中における電子掲示板への書込みにつき使用者責任が否定され、書込者の不法行為責任が肯定された事例
（東京地判平成24・1・31判時2154号80頁）

●事案の概要●

Xは、システムエンジニアであり、個人で事業を行っているところ、電気通信機器の販売等を業とするY_1株式会社との間で包括的な業務委託契約を締結し、この契約に基づきA株式会社においてシステム担当として稼動していたが、Y_1の従業員Y_2が携帯電話を介して、電子掲示板「2ちゃんねる」内のスレッドに書込みをし（Y_2は、書込みをしたこと自体争っている）、Xが盗撮をした旨をうかがわせる内容であったため、XがY_1らに対して不法行為に基づき発信者の調査費用（63万円）等の損害賠償を請求した。

本判決は、Y_2がY_1に勤務中に書込みをしたことを推認し、Y_2の書込みが業務に関係がないとして使用者責任を否定し、Y_1に対する請求を棄却し、Y_2に対する請求を認容した。

判例番号 119 電子掲示板運営者のプロバイダ責任制限法4条4項の責任が否定された事例（金沢地判平成24・3・27判時2152号62頁）

●事案の概要●

Xは、Y株式会社（株式会社エヌ・ティ・ティ・ドコモ）を経由プロバイダとするiモードを利用したインターネット上の電子掲示板において、氏名不詳の者によってXにつき投稿がされ、Yに発信者の氏名、住所等の情報の開示を求めたものの、Yがこれを拒絶したため、XがYに対して名誉毀損、プライバシーの侵害等を主張し、発信者の情報の開示、拒絶に係る不法行為に基づき損害賠償を請求した。

本判決は、Yが保有する発信者情報の開示請求を認容したが、iモードIDによって特定される契約者の氏名等の情報が発信者情報に該当する旨の司法判断が示されていないこと等を指摘し、プロバイダ責任制限法4条4項所定の故意または重大な過失を否定し、損害賠償請求を棄却した。

3 インターネットの利用・侵害方法類型にみる判例

2 ホームページ等のウェブサイトをめぐる判例

(1) ホームページの実情

　ホームページは、インターネット利用の一つの方法であるが、本来は、インターネットのWWWサーバにおいて最初に表示されるタイトル画面のことを指していたところ、最近では、WWWサーバ全体を指すものとして使用されている。

　ホームページにおいては、さまざまな情報を提供することができるため、現在、さまざまな機能をもつ多数のホームページが開設され、利用されている。ホームページは、社会に情報を伝達するさまざまな目的のために利用され、社会に働きかける手段になっているが、情報の提供、交換を行う場を提供するものであるため、他人に対する名誉毀損、信用毀損、プライバシーの侵害等のインターネット利用に伴う問題が生じる可能性があり、現にさまざまな事件が発生している。

　ホームページにおける名誉毀損、プライバシーの侵害、著作権の侵害等の問題が生じた場合には、被害を生じさせた情報を提供し、交換した者の損害賠償責任が問題になるほか、ホームページの管理者の損害賠償責任が問題になりうる。

　ウェブ（WWW）は、HTTPというプロトコルを使用し、インターネットに接続されるコンピュータにより情報が公開されるシステムであり、ウェブサイトは、URLによって特定されるアドレスのあるところをいうが、さまざまな機能をもつサーバ、ホームページのあるところを含むものである。ウェブサイトでは、情報の提供、保存、交換がされることから、名誉毀損、著作権侵害等の法律問題が生じる可能性がある。

(2) ホームページ等のウェブサイトをめぐる判例

ホームページ等のウェブサイトによる名誉毀損等が問題になった判例としては、次のようなものがあり、その概要を紹介したい。

判例番号 40 ホームページ管理者の削除義務違反による不法行為が否定された事例（東京地判平成11・9・24判時1707号139頁）

●事案の概要●

X_1 ないし X_3、Y_1 は、Y_2 の設置する A 大学の学生であり、各グループが対立し、Y_1 は、大学自治会執行委員長であったが、平成10年3月、A 大学の入学手続の際、両グループが衝突し、乱闘となり、双方のグループの学生が傷害を負う事件が発生したことから、Y_1 が A 大学に設置された教養教育用のパソコン教室のシステム内に学生個人としての利用資格に基づきホームページ内に前記事件につき X_1 らが暴力をふるった等の内容を掲載したため、X_1 らが Y_1、Y_2 に対して名誉毀損を主張し、不法行為に基づき損害賠償を請求した。

本判決は、Y_1 の名誉毀損を認めたものの、Y_2 の削除義務を否定し、X_1 らの Y_1 に対する請求を認容し（それぞれ3000円の慰謝料を認めた）、Y_2 に対する請求を棄却した。

判例番号 41 社用パソコンを利用して作成された従業員の私用ホームページ上の書込みにつき会社の使用者責任が否定された事例（東京地判平成12・1・31判タ1046号187頁）

●事案の概要●

X は、Y_1 株式会社の従業員であったところ、自分の机の引出しの中に自ら撮影した写真のネガフィルムを保管していたが、Y_1 の情報技術

③ インターネットの利用・侵害方法類型にみる判例

部のシニアマネージャーであったY_2がXに無断でネガフィルムを盗み出し、焼き付け、その一部（Xがタオルしか身に着けていない写真、女性のヌード写真と関連づけられて掲載された）をY_2のホームページに掲載したため（その後、Y_2は退職した）、XがY_1、Y_2に対して損害賠償を請求した。

本判決は、Y_2の不法行為を認めたのに対し、ホームページの管理がY_2の職務行為の範囲内であるとはいえない等とし、Y_1の使用者責任を否定し、Y_1に対する請求を棄却し、Y_2に対する請求を認容した（慰謝料として200万円を認めた）。

判例番号 44

ホームページ運用を妨害した行為をめぐる捜査差押えの違法性が否定された事例（東京地判平成13・5・29判時1796号108頁）

●事案の概要●

農林水産省がその主管行政につき国民から広く意見を求めるために資する目的でインターネット上にホームページを開設していたところ、第三者が書込み用メッセージボードに命令文等を書き込み、宗教団体の宣伝活動を図り、同省の業務を妨害した事件が発生し、東京地方裁判所の裁判官が捜索差押令状を発付、警視庁の担当者が捜索を行ったため、捜索の対象となった部屋に居住していたXがY_1（東京都）、Y_2（国）に対してプライバシーの侵害、信教の自由の侵害等を主張し、国家賠償責任に基づき損害賠償を請求した。

本判決は、令状発付、捜索差押えが違法ではないとし、請求を棄却した。

2 ホームページ等のウェブサイトをめぐる判例

判例番号 52
ファイル共有サービスの提供につき著作権侵害が肯定された事例（東京地判（中間）平成15・1・29判時1810号29頁）

●事案の概要●

　X社団法人は、著作権等管理事業法に基づく著作権等管理事業を行っているところ、Y_1有限会社が利用者のパソコン間でデータを送受信させるピア・ツー・ピア（P2P）技術を用いてサーバをカナダ国内に設置し、インターネットを経由し、不特定多数のパソコン利用者のパソコンに蔵置されている電子ファイルから他の利用者が選択し、無料でダウンロードできるサービスを提供し、利用者がMP3形式で複製した音楽著作物（Xが信託を受けたもの）を送受信したため、XがY_1に対して送受信の差止め、Y_1とその取締役Y_2に対して著作権侵害を主張し、損害賠償を請求した。

　本判決は、中間判決として、自動公衆送信権、送信可能化権の侵害を認め、その旨の判断をした。

判例番号 57
ホームページ上に歯科医師の登録取消処分が欠格期間を経過後も掲載されたことにつき名誉毀損が肯定された事例（名古屋地判平成15・9・12判時1840号71頁）

●事案の概要●

　歯科医院を経営していた歯科医師Xは、平成2年10月、A県知事により保険医の登録を取り消され、その後、平成9年11月、B県知事によりXが開設した医院につき保険医療機関の指定がされたものの、平成10年7月、B県知事により保険医療機関の指定取消し、保険医の登録取消しを受け、医院を閉鎖したが、厚生省（平成13年1月6日以降は、厚生労働省）は、その運営に係るホームページにXの処分を掲載し続け、欠格期間を経過した後も掲載し続けていたため、XがY（国）に対して名

227

3 インターネットの利用・侵害方法類型にみる判例

誉毀損を主張し、国家賠償責任に基づき損害賠償を請求した。

本判決は、名誉毀損を認め、請求を認容した（慰謝料として30万円を認めた）。

判例番号 61

ファイル共有サービスの提供につき著作権の侵害が肯定された事例（東京地判平成15・12・17判時1845号36頁）

●事案の概要●

前記の中間判決判例番号52東京地判（中間）平成15・1・29（227頁）の事案であり、中間判決は、自動公衆送信権、送信可能化権の侵害を認め、その旨の判断をした。

本判決は、差止めの範囲を特定し、著作権侵害の損害額を認め、請求を認容した。

判例番号 68

ホームページを利用した宣伝内容につき掲載者の不法行為が否定された事例（大阪地判平成17・1・12判時1913号97頁）

●事案の概要●

X_1、X_2は、食品の製造業を営むY_1株式会社が製造し、その子会社であるY_2株式会社が販売した健康食品を購入したが、Y_1がインターネット上のホームページで抗酸化成分を含むものと宣伝していたものであるところ、本件製品には食品衛生法6条により食品への添加が認められていないエトキシキンが含まれていたことから、X_1らがY_1らに対して不法行為、製造物責任、債務不履行等に基づき損害賠償を請求した。

本判決は、Y_1のホームページ上の宣伝内容も本件製品の購入の判断に影響する重要事項につき消費者の判断を誤認させるものとはいえないし、本件製品にエトキシキンが含まれていたことにより摂取者の身体に

障害を与える可能性がない等とし、Y_1 らの不法行為を否定し、本件製品の販売が契約の本旨に従った履行とはいえないとし、Y_2 の債務不履行のみを認め、Y_2 に対する請求を認容し、Y_1 に対する請求を棄却した。

判例番号76 ホームページの作成、提供サービス事業者につき発信者情報の開示義務が肯定された事例（東京地判平成17・8・29判タ1200号286頁）

●事案の概要●

Y株式会社（ヤフー株式会社）は、所有するサーバの領域の一部をホームページ作成希望者に無料で使用させ、その領域にあるデータをウェブ上で公開する事業をヤフージオシティーズとの名称で行っているところ、そのサーバ上に開設されたホームページに弁護士Xを誹謗する書込み（「私たちにとってはXらは、お金のために、何の関係のない私たちを利用し、沢山の幸せを奪い取るという精神的な虐待をした、恐喝犯でしかありません」）がされたため、XがYに対して発信者情報の開示を請求した。

本判決は、名誉毀損を認める等し、請求を認容した。

判例番号77 ウェブサイト上に無断で写真を掲載したことにつきウェブサイト運営者の肖像権の侵害が肯定された事例（東京地判平成17・9・27判時1917号101頁）

●事案の概要●

Y_1 財団法人と Y_2 株式会社は、ストリートファッション等を紹介するウェブサイトを共同で開設しており、Y_2 の従業員が銀座界隈を歩いているXの写真を撮影し、Xの承諾なくウェブサイトに掲載したところ、

その後間もなく、「2ちゃんねる」の掲示板にXを誹謗中傷する書込みが行われ、Xの抗議によりY_1らが掲示を削除した後も誹謗中傷が継続する等したため、XがY_1、Y_2に対して肖像権侵害を主張し、不法行為に基づく損害賠償を請求した。

本判決は、肖像権侵害を認め、表現の自由による違法性阻却事由を否定し、請求を認容した（慰謝料として30万円の損害を認めた）。

判例番号 78

写真のウェブサイト用広告利用につき肖像権の侵害が肯定された事例（東京地判平成17・12・16判時1932号103頁）

●事案の概要●

Y_3は、Xの姉AがXをモデルとして作ったメイクのサンプルの写真撮影を依頼され、写真撮影をしたが、平成15年7月頃、Y_1株式会社に出会い系サイトの広告用写真としてこの撮影に係るXの写真を交付し、Y_2は、Xの承諾を得ることなく、Xの写真を用いて出会い系サイトの広告を作成し、その広告をアダルト雑誌に掲載したため、XがY_1、その代表者であるY_2、Y_3に対して肖像権の侵害を主張し、不法行為に基づき損害賠償を請求した。

本判決は、Xの承諾はなく、承諾があったと信じたことに相当の理由がなかったとし、Y_1、Y_2の共同不法行為を認めたものの、Y_3が代表者に就任したのは写真が交付された後のことである等とし、責任を否定し、Y_1、Y_2に対する請求を認容し（慰謝料として100万円を認めた）、Y_3に対する請求を棄却した。

2 ホームページ等のウェブサイトをめぐる判例

判例番号 81

ホームページを利用した注意文書の掲載につき不法行為が否定された事例（東京地判平成18・6・6判時1948号100頁）

●事案の概要●

　X_1株式会社の代表取締役X_2は、償却資産を対象とした企業向けのサービスを展開するビジネスモデルを考案し、商品化を計画し、取引等に係る税務上の取扱い等に関する事前照会手続により、計画に係る方式が法人税法上、所得税法上どのように取り扱われるかにつき、国税局の回答を求める等し、東京国税局からX_2の見解のとおりに取り扱われるとは限らない旨の回答書の送付を受けるなどしたものの、X_1のホームページに、東京国税局が税務上の効果を承認しているかのような内容が掲載されたため、東京国税局がX_1、X_2に対してホームページの内容の削除、訂正を要求し、東京国税局のホームページにX_1らの実名をあげて、X_1のホームページの記載中に事実に反する部分があるとの内容の注意文書を掲載したため、X_1、X_2が名誉毀損、信用毀損を主張し、Y（国）に対して不法行為に基づき損害賠償を請求した。

　本判決は、注意文書の掲載につき法律上の根拠を要しないものであり、名誉毀損、信用毀損にあたらないとし、請求を棄却した。

判例番号 84

弁護士がホームページ上で受け取った相談内容の一部を開示したことにつき守秘義務違反が肯定された事例（大阪地判平成18・9・27判タ1272号279頁）

●事案の概要●

　Xは、勤務先で生じたセクハラ問題につき弁護士Aらに相談し、その処理を依頼していたところ、B弁護士会に所属する弁護士Yがインターネット上でC研究会を主催し（弁護士の肩書を明記していた）、守秘義務を守ることを明記して被害の情報を集めており、XがC研究会の

231

ホームページに前記問題、悩みにつき相談のメールを送信したのに対し、YがAにXから送信があり、Xが実在するかを確認する電話をし、このことが発覚したため、Xが守秘義務違反を主張し、Yに対して不法行為に基づき損害賠償を請求した。

本判決は、Yは委任関係がなくても守秘義務を負うとし、Xの了解を得ないまま受任弁護士Aにメールがあったことを漏らしたことが不法行為にあたるとし（慰謝料として20万円を認めた）、請求を認容した。

判例番号 85

ウェブサイト中の情報が流出したことにつきウェブサイト運営者のプライバシーの侵害が肯定された事例（東京地判平成19・2・8判時1964号113頁、判タ1262号270頁）

●事案の概要●

Y株式会社は、エステティクサロンを全国で営業していたところ、平成8年頃、A株式会社との間で、インターネット上にウェブサイトを開設する等するため、サーバーコンピュータのレンタル契約を締結し、Aの施設内にあるサーバ上にウェブサイトを開設し、さらに、平成11年頃、ホームページの制作、保守管理に関する契約を締結し、ホームページの内容更新等を委託し、随時、無料体験の募集、資料送付依頼の受付け等を行い、顧客らが所定の登録フォームに必要事項、質問に対する回答等を入力させる等していたが（氏名、年齢、住所、職業、電話番号、メールアドレス等の個人情報を入力させた）、AがYの同意を得て、平成14年3月、4月、ウェブサイトをY専用のサーバに移設する作業を行った際、インターネット上の一般の利用者が自由にアクセスできる状態に置かれ、平成14年5月、Yの保管する個人情報が大量に流出したことを示す書込みがされる等したため、前記ウェブサイトに入力したX_1ないしX_{14}がプライバシーの侵害を主張し、Yに対して不法行為に基

づき損害賠償を請求した。

本判決は、プライバシーの侵害を認め、それぞれ慰謝料として3万円を認め、請求を一部認容した。

判例番号 86

弁護士がホームページ上で受け取った相談内容の一部を開示したことにつき守秘義務違反が否定された事例（大阪高判平成19・2・28判タ1272号273頁）

●事案の概要●

前記の判例番号㉘大阪地判平成18・9・27（231頁）の控訴審判決であり、Yが控訴し、Xが附帯控訴した。

本判決は、本件メールは心情を吐露したものであって、法律相談にあたらず、インターネット上の団体の主催者として知り得た事項であるとし、守秘義務を負わない等とし（なお、仮定的に守秘義務を負うとしても、実在の確認は弁護士活動として正当な理由があるとした）、原判決を取り消し、請求を棄却した。

判例番号 89

ホームページ上に掲載した評論につき名誉毀損が否定された事例（横浜地判平成19・3・30判時1993号97頁）

●事案の概要●

Yは、大学教授等を経て、A独立行政法人のセンター長を務め、環境省主催のシンポジウムの一部門の座長を務めており、大学教授であるXは、これにパネリストとして参加し、新聞などのスライドを示して意見発表を行ったところ、Yが自己の開設するホームページにXのプレゼンテーションを批判する記事を掲載したため、XがYに対して名誉毀損を主張し、損害賠償を請求したのに対し、Yが反訴として不当

③ インターネットの利用・侵害方法類型にみる判例

訴訟を主張し、損害賠償を請求した。

本判決は、ホームページ上の記事が学者としての名誉を毀損するほどの社会的評価を低下させるものではない等とし、名誉毀損を否定する等し、本訴請求、反訴請求を棄却した。

判例番号 90 ホームページ上に掲載した誹謗中傷につき不法行為が肯定された事例（東京地判平成19・6・25判時1989号42頁）

●事案の概要●

行政書士Xは、Y_2から委任を受け、Y_2の夫Aの不貞行為の相手方Bに対する内容証明郵便を作成し、送付したり、調停申立書を作成し、提出したりしたが、その後、裁判の提起に備えて、Y_2が知人の紹介により弁護士Y_1に相談する等し、Xとの委任関係を解消する等したのに対して、Xがさまざまな内容のメールをY_2に送信したことから、Y_1がY_2の代理人としてXにつき東京都行政書士会に懲戒請求をし、XがY_1につき懲戒請求をし、ホームページに書込みをする等したため（Y_1の肩書、学歴、刑法抵触の疑義・嫌疑あり、虚偽告訴罪の疑いがある旨を掲載した）、XがY_1に対して名誉毀損を主張し、損害賠償を請求し（甲事件）、Y_1がXに対して名誉毀損、信用毀損を主張し、損害賠償、Y_2が恫喝を受けたと主張し、損害賠償を請求した（乙事件）。

本判決は、XのY_2に対する脅迫的言辞を認め、Xの懲戒請求、ホームページ上の書込みが不法行為にあたるとし、Xの甲事件の請求を棄却し、Y_1、Y_2の乙事件の請求を認容した（Y_1の損害額として110万円、Y_2の損害額として165万円を認めた）。

2 ホームページ等のウェブサイトをめぐる判例

判例番号 96
投稿された評論につきウェブサイト管理者の名誉毀損および削除義務が否定された事例（神戸地判平成21・2・26判時2038号84頁）

●事案の概要●

Y国立大学法人は、大学内で管理するサーバ内で電子掲示板において、Z_1がXの関与する磁気活水器につき科学的に根拠がない旨の書込みをする等したため、XがYに対して名誉毀損を主張し、不法行為に基づき損害賠償、民法723条に基づき名誉回復措置の履行、人格権に基づき本件文書の削除を請求したところ、Z_1、ウェブサイトの管理者Z_2が訴訟に参加し、Xに対して損害賠償義務の不存在の確認を請求した。

本判決は、Z_1の評論が名誉毀損にあたらない等とし、Xの請求を棄却し、Z_1らの請求を認容した。

判例番号 99
ホームページ上に近隣の者に関する記事を掲載したことにつき不法行為が肯定された事例（東京地判平成21・5・11判時2055号85頁）

●事案の概要●

X_1、X_2夫婦の自宅は、Y_1、Y_2夫婦の自宅の私道を挟んで向かい側にあるところ、Y_1らがX_1らとのトラブルが悪化し、X_1らを監視する目的で、X_1らの自宅に向けて防犯カメラを設置し（なお、Y_1らは本件の前にも3台の防犯カメラを設置していた）、Y_1らのインターネット上のホームページでX_1らに関する記事を掲載したため、X_1らがY_1らに対してプライバシー権に基づきカメラの撤去、設置禁止、名誉権等に基づき記事の削除、不法行為に基づき損害賠償を請求した。

本判決は、プライバシー権を侵害するような態様でのカメラの設置、継続的な監視は社会通念上受忍すべき限度を越えているとし、撤去請求、

235

3 インターネットの利用・侵害方法類型にみる判例

設置禁止請求、損害賠償請求を認容した（慰謝料として各10万円を認めた）。

判例番号 101 ホームページ上に根拠のない商品クレームを書き込んだことにつき名誉毀損、信用毀損が肯定された事例（東京高判平成21・6・17判時2065号50頁）

●事案の概要●

X_1株式会社（X_2は、代表者）は、海釣り用ボートの製造販売を業とし、そのボートが複数の雑誌で肯定的に評価される等していたところ、Y_1は、平成13年6月、AとともにX_1の製造に係る小型ボート（全長5.5メートル、全幅1.97メートル、定価147万円）を購入し、使用しており、平成15年、本件ボートに補機エンジンを取り付けて使用していたが、平成16年9月、本件ボートが係留中に左舷を上に転覆して沈んでいるのが発見され、X_2とY_1との間で沈没原因につき争いが生じ（沈没が本件ボートの排水穴下部分に発生していたクラックから水が流入して船底に溜まったことまでは判明した）、Y_1が立ち上げていたホームページに掲示板を作成し、X_1らに対する不満を書き込み、Y_2、Y_3らが意見を書き込んだことから、X_2がY_1に掲示板の書込みをやめてほしいなどを申し入れたものの、Y_1がこれを拒絶したため（その後、本件ボートと同型のボートが売れなくなり、事実上廃業に追い込まれた）、X_1、X_2がY_1、Y_2、Y_3に対して名誉毀損、信用毀損、掲示板の管理者の責任を主張し、不法行為に基づき損害賠償を請求した。第一審判決が沈没原因に言及することなく、本件掲示板の書込み内容を検討し、名誉毀損、信用毀損を否定し、請求を棄却したため、X_1らが控訴した。

本判決は、Y_1が船体構造力に適さないエンジン補機を設置したうえ、本件ボートの性能を越えるように使用し、適切な管理点検も怠った等と

し、Y₁がこのような事情を明らかにすることなく、本件掲示板に一方的に都合のよい書込みをし、他の者が誹謗中傷等の書込みをした等とし、Y₁、Y₂の不法行為を認め、Y₃の名誉毀損を否定し、原判決中Y₁、Y₂に関する部分を変更し、Y₁、Y₂に対する請求を認容し、Y₃に対する控訴を棄却した（Y₁の責任については、X₁につき無形の損害100万円、弁護士費用10万円、X₂につき慰謝料50万円、弁護士費用5万円、Y₂の責任については、X₁につき無形の損害30万円、弁護士費用3万円、X₂につき慰謝料15万円、弁護士費用1万円を認めた）。

判例番号 102

ホームページに事件の経過等を掲載したことにつき名誉毀損、信用毀損が肯定された事例（東京地判平成21・7・28判時2051号3頁、判タ1313号200頁）

●事案の概要●

X₁組合は、Aホテル、Bホテルを経営するY₁株式会社との間で全国集会開催のために宴会場の使用予約、宿泊予約をしていたところ、同集会に反対する右翼団体による街宣活動等によって宿泊客、近隣等の迷惑を理由に、Y₁が各契約を解約し、宴会場等の使用を拒否したことから、仮処分の申立てがされる等の紛争が生じたが、Y₁のホームページ上に事件の経過等に関する説明文を掲載し、代表取締役Y₂らの記者会見、インタビューを掲載したため、X₁、その加盟単位組合X₂らがY₁、Y₂、取締役Y₃らに対して名誉毀損、信用毀損等を主張し、損害賠償等を請求した。

本判決は、契約の解約が理由のない不当なものであり、ホームページ上の説明文の記載等が名誉・信用毀損にあたる等とし、請求を認容した。

3 インターネットの利用・侵害方法類型にみる判例

判例番号 104 ホームページ上における地方議会議員同士の書込みにつき名誉毀損が肯定・否定された事例（千葉地松戸支判平成21・9・11判時2064号88頁）

●事案の概要●

　A県B市市議会議員Yは、自分が運営するホームページ上にA県議会議員Xにつき政務調査費がむだである旨の記事を掲載したところ、Xが自己の運営するホームページ上にYの記事の調査が杜撰である旨の記事を掲載したことから、XがYに対して名誉毀損を主張し、損害賠償を請求したのに対し、Yが反訴として名誉毀損を主張し、損害賠償を請求した。

　本判決は、Yの記事は重要な部分が真実であるとして名誉毀損を否定し、本訴請求を棄却し、Xの記事が重要な部分につき真実である証明がない等として名誉毀損を認め、反訴請求を認容した。

判例番号 106 ウェブサイト上に掲載された批評記事につき名誉毀損が肯定された事例（東京地判平成22・1・18判時2087号93頁）

●事案の概要●

　Xは、A大学大学院教授であり、学会が厚生労働省補助金事業として行った事業に総合調整医等として関与し、調査研究を行う等していたが、医学博士で小説の執筆者であるYは、Xの調査研究をインターネットサイト上（出版社が運営する医師限定のサイトである）で批判する記事を掲載したため、Xが名誉毀損を主張し、Yに対して損害賠償を請求した。

　本判決は、記事の一部につき名誉毀損を認め、請求を認容した。

2 ホームページ等のウェブサイトをめぐる判例

判例番号 110 ホームページに事件の経過等を記載したことにつき信用毀損が肯定された事例（東京高判平成22・11・25判時2107号116頁）

●事案の概要●

　前記の判例番号⑩東京地判平成21・7・28（237頁）の控訴審判決であり、Y₁らが控訴した。
　本判決は、基本的には第一審判決を引用し、Y₁の不法行為責任、債務不履行責任を認め、取締役らのうち4名の不法行為を認めたうえ、X₁の財産的損害、非財産的損害（財産的損害の3倍）を認め、単位組合の財産的損害を認めたものの、非財産的損害、組合員の損害を否定し、原判決を変更し、X₁、単位組合の請求を一部認容し、組合員の請求を棄却した。

判例番号 112 動画サイトに投稿された動画につき名誉毀損が肯定された事例（東京地判平成23・4・22判時2130号21頁）

●事案の概要●

　X株式会社（代表取締役A）は、動画インターネットサイトを運営していたところ、Y₁協会が放映した番組につき事実を捏造、歪曲している等と批判していたが、Aは、動画の中でY₁の職員が不祥事を起こし、Y₁がもみ消した等と発言したことから、Y₁がXに謝罪と訂正を求める文書を送付し、Y₁の放送総局長Y₂が定例記者会見でXの批判が事実無根であり、訂正、謝罪を求める文書を発送した旨の発言をし、公式ウェブサイト上にその旨の記事を掲載する等したため、XがY₁らに対して名誉毀損、業務妨害を主張し、損害賠償を請求し、Y₁が反訴としてAの動画中の発言が名誉毀損であると主張し、損害賠償、人格権に

239

基づき動画中の発言部分の削除等を請求した。
　本判決は、公式ウェブサイトに掲載された記事等が名誉毀損にあたらないとし、本訴請求を棄却し、動画サイトに掲載された動画中の発言が名誉毀損、人格権としての名誉権侵害を認め、損害賠償等の請求を認容した。

判例番号 114

配信されたニュース記事のウェブサイト上の掲載につきウェブサイト運営者の共同不法行為責任が肯定された事例（東京地判平成23・6・15判時2123号47頁）

●事案の概要●

　Aは、ロス疑惑事件でマスコミに取り上げられたが、日刊新聞を発行するY_1株式会社は、Aが死亡した際、Aが逮捕された時の手錠姿の写真とともに記事をグループ会社であるB株式会社に配信し、Bはウェブサイトを運営するY_2株式会社に配信し、Y_2は記事をウェブサイトのニュース欄に2度にわたり掲載したため、Aの妻XがY_1らに対して死者に対する名誉毀損を主張し、損害賠償を請求した。
　本判決は、手錠姿の写真の掲載が遺族の死者に対する敬愛追慕の情を受忍し難い程度に侵害するものであるとし、Y_1とY_2の共同不法行為を肯定し（各掲載につき30万円の慰謝料を認めた）、請求を認容した。

判例番号 118

ウェブサイト上に掲載された記事につき名誉毀損が肯定された事例（最二小判平成24・3・23判時2147号61頁）

●事案の概要●

　フリージャーナリストYは、インターネット上にウェブサイトを開設し、新聞社の新聞販売店に対する対応等を批判する記事を掲載してお

り、日刊新聞を発行する X_1 株式会社、その従業員 X_2 らが A 新聞販売店を訪問し、突然取引中止を通告したことを批判し、チラシ等を持ち去り、窃盗に該当するなどの記事を掲載したため、X_1 らが名誉毀損を主張し、Y に対して損害賠償を請求した。控訴審判決は、本件記載部分が X_1 らの社会的評価が低下したということはできないとし、請求を棄却すべきものとしたため、X_1 らが上告受理を申し立てた。

　本判決は、社会的評価を低下させることが明らかであるとし、原判決を破棄し、損害につき審理を尽くさせるため、本件を東京高裁判所に差し戻した。

3 ブログ

(1) ブログの実情

ブログは、ウェブログの略称である。

ブログは、最近、話題になったインターネット利用による情報の提供、伝達の方法であるが、ホームページが発展したものといわれ、自分が設けたウェブサイト上に日記、記事を時間を追って記述するものである。ブログに自分の意見等を書き込み、これを読んだ者がコメントを書き込むことができるが、その内容が多くのインターネット利用者の反感を抱かせたような場合には、ブログ炎上などとして社会的に話題になった事例もみられる。

(2) ブログをめぐる判例

ブログにおけるインターネット利用による書込みをした者の名誉毀損等による損害賠償責任そのものが問題になった判例は、現在のところ見出せないが、インターネット接続プロバイダの開示責任が問題になった判例として、次のようなものがある。

判例番号 93　ブログに掲載された内容につき名誉・信用毀損が肯定された事例（東京地判平成20・9・9判時2049号40頁）

●事案の概要●

X医療法人社団は、診療所を開設し、化粧品の販売等を行っており、芸能人Aに化粧品を贈呈したところ、AがB株式会社が運営するインターネット上のブログに化粧品をもらったこと等を書き込んだが、第三者が「肌悲しい子」のハンドルネームで携帯電話を使用して、化粧品で肌がひどく赤くなったこと、使わないようにすること等を内容とする書込みをしたことから、BがXの求めに応じて、IPアドレス、送信の年

月日、時刻に関する情報を任意に開示し、Xが調査をしたところ、インターネット接続サービスを提供するY株式会社（株式会社エヌ・ティ・ティ・ドコモ）が接続サービスを提供したことが判明したため、XがYに対して通信回線を利用した契約者の氏名、住所等の開示を請求した。

本判決は、ブログへの書込みが化粧品の安全性につき不安感を与え、人体に有害な物質を含むかのような印象を与える等とし、Xの名誉、信用の毀損を認め、請求を認容した。

判例番号 111　ブログに刑事告訴等したことを記載したことにつき名誉毀損が肯定された事例（長野地上田支判平成23・1・14判時2109号103頁）

●事案の概要●

A県のB高校の高校1年生Cは、高校に不登校になる等していたところ、Cの母Y_1は、B高校の対応に不満を抱く等していたが、平成17年12月、Cが自宅で自殺したことから、Y_1、その委任を受けた弁護士Y_2が、B高校のX校長がCに対する殺人罪等を犯したとする告訴状を警察署長に提出したり、記者会見を開き、告訴状を記者に配布して説明したり、Y_1がブログに掲載したり（Y_2のブログへの関与が争点になっている）、損害賠償を請求する訴訟を提起する等したため、XがY$_1$、Y_2に対して不法行為に基づき損害賠償、謝罪広告の掲載を請求した。

本判決は、本件告訴が違法であり、Y_1のブログへの掲載にY_2の関与を認めて名誉毀損を認める等し、Y_2の行為が正当業務行為にあたらない等とし、Y_1、Y_2の共同不法行為を認め（慰謝料として150万円、弁護士費用として15万円の損害を認めた）、請求を認容した。

4 行為者類型別にみる判例

4 行為者類型別にみる判例

1 プロバイダ、システム管理者の責任

　プロバイダ、電子掲示板等のサービスを提供するさまざまな事業者がインターネット・システムの周囲において活動をしているが、インターネットが通信事業であることから、通信の秘密の要請を受けるものであり、また、言論の自由、表現の自由等の自由の保障に資するものであり、これらの活動もインターネットの自由として保護されるべきである。

　しかし、自由にも限界があることはいうまでもなく、インターネット利用に伴う被害が生じた場合等には、前記の事業者の法的な責任も問題になる。

　インターネット利用に伴うプロバイダ、システム管理者等の責任が問題になった判例としては、次のようなものがある。

判例番号29 システムオペレータの削除等義務違反、システム運営者の使用者責任が肯定された事例（東京地判平成9・5・26判時1610号22頁）

●事案の概要●

　Xは、Y₁株式会社（ニフティ株式会社）が運用するパソコン通信（ニフティサーブ）の会員であり、クッキーのハンドル名を用いてフォーラムの電子会議室にたびたび書込みを行っていたところ、Y₁の会員Y₃は、平成5年11月から平成6年3月にかけて、匿名でXに関する揶揄的、侮辱的発言の書込みをしたため、Xの代理人は、Y₁に書込みを削除するように要求し、その一部の書込みが削除されたものの、残りは削除されなかったこと等から、XがシステムオペレータであるY₂、Y₃に対し

1 プロバイダ、システム管理者の責任

て不法行為に基づき、Y_1に対して使用者責任、債務不履行責任に基づき損害賠償、謝罪広告の掲載を請求したのに対し、Y_3が反訴として村八分による名誉毀損等を主張し、Xに対して損害賠償を請求した。

本判決は、Y_3の名誉毀損を認めたうえ、システムオペレータであるY_2の必要な措置をとる義務違反を認め、Y_1の使用者責任を肯定し、損害賠償請求を認容し(Y_1につき10万円、Y_2につき10万円、Y_3につき50万円)、謝罪広告の掲載請求を棄却し、Y_3の反訴請求を棄却した。

判例番号 46 システムオペレータ、システム運営者の責任が否定された事例(東京高判平成13・9・5判時1786号80頁)

●事案の概要●

前記の判例番号㉙東京地判平成9・5・26(244頁)の控訴審判決であり、Y_1ないしY_3が控訴し、Xが附帯控訴した。

本判決は、Y_3の名誉毀損を認め、Y_1、Y_2の義務違反を否定し、Y_3の控訴を棄却し、Y_1、Y_2に関する原判決を取り消し、Xの請求を棄却し、Xの附帯控訴を棄却した。

判例番号 48 電子掲示板の運営・管理者の削除等の条理上の義務違反が肯定された事例(東京地判平成14・6・26判時1810号78頁)

●事案の概要●

Yは、インターネット上で電子掲示板「2ちゃんねる」を開設していたところ、平成13年1月16日以降、電子掲示板内の「ペット大好き掲示板」内の「悪徳病院告発スレッド!!」と題するスレッドにおいて、動物病院を経営するX_1有限会社(代表取締役X_2)について匿名でさまざまな発言の書込みがされたため、X_1、X_2がYに対して名誉毀損によ

4　行為者類型別にみる判例

る不法行為に基づく損害賠償、人格権に基づく書込みの削除を請求した。

　本判決は、電子掲示板の運営・管理者には名誉毀損の発言を削除等すべき条理上の義務があるとし、その義務違反を肯定する等し、請求を認容した（慰謝料は、各200万円を認めた）。

判例番号51　電子掲示板の運営・管理者の被害拡大防止義務違反が肯定された事例（東京高判平成14・12・25判時1816号52頁）

●事案の概要●

　前記の判例番号㊽東京地判平成14・6・26（245頁）の控訴審判決であり、Yが控訴した。

　本判決は、電子掲示板に他人の権利を侵害する発言が書き込まれないようにするとともに、そのような発言により被害者の被害が拡大しないようにこれを削除すべき義務があり、その義務違反があった等とし、控訴を棄却した。

判例番号56　電子掲示板の運営・管理者の削除等の信義則上の義務違反が肯定された事例（東京地判平成15・7・17判時1869号46頁）

●事案の概要●

　Yは、インターネット上の電子掲示板「2ちゃんねる」を運営していたところ、平成13年3月から同年7月の間、化粧という表題の掲示板において化粧品の製造、販売等を業とするX_1株式会社、その代表取締役X_2を誹謗する書込みがされたことから、X_1が書込みの削除を求め、X_1、X_2が削除を命ずる仮処分を申し立て、仮処分命令が送達される等したことから、削除されたが、X_1らがYに対して不法行為に基づき損害賠償を請求した。

246

本判決は、削除すべき信義則上の義務違反を認め、請求を認容した（損害賠償額は、X_1につき300万円、X_2につき100万円）。

判例番号 63

電子掲示板の運営・管理者の送信可能化権等の侵害防止のために必要な措置を講ずべき作為義務が否定された事例（東京地判平成16・3・11判時1893号131頁）

●事案の概要●

Yが運営するインターネット上の電子掲示板「2ちゃんねる」に、書籍における対談記事が無断で掲載されたため、対談記事につき著作権を有する漫画家X_1、出版社であるX_2株式会社は、送信可能化権、公衆送信権の侵害を主張し、Yに対して送信の差止め、損害賠償を請求した。

本判決は、電子掲示板の開設者が著作権法112条1項に基づく差止請求の相手方にならない等とし、請求を棄却した。

判例番号 64

電子掲示板の運営・管理者の常時監視すべき義務が否定された事例（東京地判平成16・5・18判タ1160号147頁）

●事案の概要●

Yは、インターネット上に中高生、大学生、予備校生の利用を想定した電子掲示板を開設していたところ、医学部受験予備校を運営するX_1株式会社、その代表者X_2、その従業員X_3の名誉を毀損する書込みが電子掲示板にされたことから、X_1らがその削除を求める等したのに、削除されなかったため、X_1らがYに対して、損害賠償、削除を請求した。

本判決は、Yが常時監視すべき義務はなく、大半の書込みは通常の

批判、意見の域を出ない等とし、X_1の削除請求の一部を認容し、他の請求を棄却した。

判例番号 66 電子掲示板の運営・管理者の削除義務違反が否定された事例
（東京地判平成16・11・24判タ1205号265頁）

●事案の概要●

Xは、Y株式会社（ヤフー株式会社）が運営するインターネット上の掲示板からIDを取得して利用していたところ、第三者がXにつき職業欄に知的障害者、住所欄に精神病院隔離病棟などと記載され、携帯電話番号がプロフィールとして記載されたため、Yに対して発信者情報の開示、削除要求の拒否につき損害賠償を請求した。

本判決は、電子掲示板の記載がXのプライバシーの侵害にあたるとし、開示請求を認容したが、削除要求を受けた1週間後に削除したものであるとし、不法行為を否定し、損害賠償請求を棄却した。

判例番号 69 電子掲示板の運営・管理者の削除義務違反が否定された事例
（名古屋地判平成17・1・21判時1893号75頁）

●事案の概要●

X株式会社は、マンション建設を計画していたところ、Y株式会社（ヤフー株式会社）の運営に係る電子掲示板に「今更、ワンルームマンション、誤った新規事業、最低」と書き込まれたため、XがYに対して、書込みの削除、発信者情報の開示、削除拒否に係る不法行為に基づく損害賠償を請求した。

本判決は、この書込みがXの名誉等の権利を侵害するものではないとし、請求を棄却した。

1 プロバイダ、システム管理者の責任

判例番号 71 電子掲示板の運営・管理者の著作権侵害情報の削除義務違反が肯定された事例（東京高判平成17・3・3判時1893号126頁）

●事案の概要●

前記の判例番号㊳東京地判平成16・3・11（247頁）の控訴審判決であり、X_1らが控訴した。

本判決は、Yが著作権侵害の通知を受けたものの、削除しなかったことは著作権侵害に加担していたものである等とし、原判決を変更し、請求を認容した（X_1につき、著作物使用料相当損害金45万円、X_2につき、同様な損害金75万円を損害額として認めた）。

判例番号 80 プロバイダの個人情報流出による不法行為が肯定された事例（大阪地判平成18・5・19判時1948号122頁）

●事案の概要●

Xらは、インターネット接続等の総合電気通信サービスの会員であるが、このサービスを提供するY_1株式会社がXらの氏名、住所等の個人情報を入手し、管理していたところ、Y_1が個人情報を流出させたため、XらがY_1と共同して事業を営むY_2株式会社に対して不正アクセス防止につき過失があると主張し、不法行為に基づき損害賠償を請求した。

本判決は、Y_1の過失を認めたものの、Y_2の管理に係る個人情報が流出したものではない等とし、Y_1に対する請求を認容し（Xら各自につき慰謝料として5000円、弁護士費用として1000円の損害を認めた）、Y_2に対する請求を棄却した。

4 行為者類型別にみる判例

判例番号 100

レンタルサーバ業者の共用サーバホスティングサービス利用契約者に対する善管注意義務違反が否定された事例（東京地判平成21・5・20判タ1308号260頁）

●事案の概要●

　X_1株式会社は、健康商品の製造、販売を業とし、X_2株式会社ら（4社）は、X_1の商品の販売代理店を営んでいたところ、X_1は、商品の販売促進のためのホームページの作成をAに依頼し、AらはB株式会社を設立し、Bは、サーバをレンタルする事業を営むY株式会社との間でYの提供に係る共用サーバを利用するために共用サーバホスティングサービス利用契約を締結し、X_1は、Bによって開設されたホームページを利用するためBとの間で共用サーバを利用したホスティングサービス利用契約を締結し、X_1らが健康食品の販売、顧客管理等を運用していたが、Yの共用サーバが故障し、X_1らのデータが消失したため、X_1らがYに対して記録の消失防止義務違反、損害拡大防止義務違反等を主張し、不法行為に基づき損害賠償を請求した。

　本判決は、レンタルサーバ業者であるYの利用規約上の責任制限規定、免責規定が公表されていること等から、レンタルサーバ業者の提供するサービスを利用する者は利用規約の存在を前提にサービスを利用するものであり、契約関係にある者に対して負う責任を越え、契約関係にある者を介してサービスを利用する者に対して責任を負うものではないとし、記録の消失防止義務、損害拡大防止義務、残存記録確認・回収義務を否定し、請求を棄却した。

判例番号 119

携帯電話向けインターネット・サービス・プロバイダの発信者情報開示義務が肯定、損害賠償責任が否定された事例（金沢地判平成24・3・27判時2152号62頁）

●事案の概要●

　Xは、Y株式会社（株式会社エヌ・ティ・ティ・ドコモ）を経由プロバイダとするiモードを利用したインターネット上の電子掲示板において、氏名不詳の者によってXにつき投稿がされ、Yに発信者の氏名、住所等の情報の開示を求めたものの、Yがこれを拒絶したため、XがYに対して名誉毀損、プライバシーの侵害等を主張し、発信者の情報の開示、拒絶に係る不法行為に基づき損害賠償を請求した。

　本判決は、Yが保有する発信者情報の開示請求を認容したが、iモードIDによって特定される契約者の氏名等の情報が発信者情報に該当する旨の司法判断が示されていないこと等を指摘し、プロバイダ責任制限法4条1項所定の故意または重大な過失を否定し、損害賠償請求を棄却した。

2 書込者の責任

インターネット上のさまざまな場において情報を提供し、交換する者は、提供する情報の内容が名誉毀損等の問題が生じるものについては、法的な責任を負う可能性があることはすでに紹介したとおりである。

インターネット上に情報を提供し、交換する場合、情報の提供者は、言論の自由、表現の自由が保障されていることはいうまでもないが、その自由は、他人の権利、法益を侵害するまでの範囲であると解される。名誉毀損等に基づく損害賠償等の法的な責任は、それぞれの法理の要件に従って判断されるものであり、適正に判断されるべきであるが、インターネット利用に伴う安易な気持、あるいは匿名を背景にした害意をもって利用する場合には、これらの法的な責任が認められることは当然である。

インターネット利用において情報の提供者（書込者）のプライバシーの侵害、名誉毀損等の法的な責任が問題になった判例としては、次のようなものがあり、中には安易に書込みをした者の責任を認めたものがあるが、これらの事例を含め、さまざまな事例が公表されている。

判例番号 88 他者の氏名・電話番号等を電子掲示板に書き込んだ者につきプライバシーの侵害が肯定された事例（神戸地判平成11・6・23判時1700号99頁）

●事案の概要●

眼科医師XとYは、A株式会社（ニフティ株式会社）が運営するパソコン通信ネットワークの掲示板システムの登録者であるが、YがXに無断で氏名、職業、診療所の住所、電話番号を掲示したため、診療所に正体不明の者からいたずら電話がかかり、X名で注文があったとして、診療所に注文物品の配達がされる等したため、XがYに対してプライ

バシーの侵害を理由に損害賠償を請求した。

本判決は、プライバシーの侵害を認め、不法行為を肯定し、請求を認容した（慰謝料として20万円、治療費として2380円の損害を認めた）。

判例番号 ㊵　大学内の暴行事件を電子掲示板上に書き込んだ者につき名誉毀損が肯定された事例（東京地判平成11・9・24判時1707号139頁）

●事案の概要●

X_1 ないし X_3、Y_1 は、Y_2 の設置する A 大学の学生であり、各グループが対立し、Y_1 は、大学自治会執行委員長であったが、平成10年3月、A 大学の入学手続の際、両グループが衝突し、乱闘となり、双方のグループの学生が傷害を負う事件が発生したことから、Y_1 が A 大学に設置された教養教育用のパソコン教室のシステム内に学生個人としての利用資格に基づきホームページ内に前記事件につき X_1 らが暴力を振るった等の内容を掲載したため、X_1 らが Y_1、Y_2 に対して名誉毀損を主張し、不法行為に基づき損害賠償を請求した。

本判決は、Y_1 の名誉毀損を認めたものの、Y_2 の削除義務を否定し、X_1 らの Y_1 に対する請求を認容し（それぞれ3000円の慰謝料を認めた）、Y_2 に対する請求を棄却した。

判例番号 ㊺　他者を誹謗中傷する内容を電子掲示板上に書き込んだ者につき名誉毀損が否定された事例（東京地判平成13・8・27判時1778号90頁）

●事案の概要●

X は、平成7年10月、パソコン通信サービスの提供等を業とする Y

253

4 行為者類型別にみる判例

株式会社（ニフティ株式会社）との間で、会員の加入契約を締結し、パソコン通信サービスの提供を受けていたところ、Yの他の会員がXにつき被害妄想をもっている等の内容を電子会議室に書込みをしたため、XがYに対して名誉毀損、侮辱を主張し、慰謝料の支払いと他の会員の氏名・住所の開示を請求した。

本判決は、Xが必要かつ十分な反論をした等とし、名誉毀損、侮辱を否定し、請求を棄却した。

判例番号 58 電子掲示板にマンション建築計画への反対意見を書き込んだ者につき名誉毀損（信用毀損）が否定された事例（横浜地判平成15・9・24判タ1153号192頁）

●事案の概要●

X株式会社は、神奈川県横須賀市内にマンションの建築を計画したところ、近隣の住民らが反対をし、地元自治会にマンション対策専門委員会が設立され、反対運動が行われ、その委員会の委員長Yがミニコミ誌、インターネットの電子掲示板において建築予定地は地盤、交通の面で危険であり、近隣住民に対する説明が不十分である等の記載をしたため、XがYに対して名誉毀損、信用毀損を主張し、不法行為に基づき損害賠償、謝罪広告の掲載を請求した。

本判決は、Yの意見表明は直ちにXの社会的評価を低下させるものではない等とし、信用毀損等を否定し、請求を棄却した。

2 書込者の責任

判例番号 90 ホームページに相手方の代理人弁護士を誹謗中傷する内容を書き込んだ者につき信用毀損等が肯定された事例（東京地判平成19・6・25判時1989号42頁）

●事案の概要●

行政書士 X は、Y_2 から委任を受け、Y_2 の夫 A の不貞行為の相手方 B に対する内容証明郵便を作成、送付したり、調停申立書を作成、提出したりしたが、その後、裁判の提起に備えて、Y_2 が知人の紹介により弁護士 Y_1 に相談する等し、X との委任関係を解消する等したのに対して、X がさまざまな内容のメールを Y_2 に送信したことから、Y_1 が Y_2 の代理人として X につき東京都行政書士会に懲戒請求をし、X が Y_1 につき懲戒請求をし、ホームページに書込みをする等したため（Y_1 の肩書、学歴、刑法抵触の疑義・嫌疑あり、虚偽告訴罪の疑いがある旨を掲載した）、X が Y_1 に対して名誉毀損を主張し、損害賠償を請求し（甲事件）、Y_1 が X に対して名誉毀損、信用毀損を主張し、損害賠償、Y_2 が恫喝を受けたと主張し、損害賠償を請求した（乙事件）。

本判決は、X の Y_2 に対する脅迫的言辞を認め、X の懲戒請求、ホームページの書込みが不法行為にあたるとし、X の甲事件の請求を棄却し、Y_1、Y_2 の乙事件の請求を認容した（Y_1 の損害額として110万円、Y_2 の損害額として165万円を認めた）。

判例番号 94 電子掲示板に誹謗中傷する内容を書き込んだ者につき名誉毀損が肯定された事例（東京地判平成20・10・1判時2034号60頁）

●事案の概要●

X 学校法人は、A 大学等を設置、運営していたところ、Y は、A 大学の助教授等を務めていたが、X から普通解雇され、雇用上の権利を

4 行為者類型別にみる判例

有することの仮の確認等を求める仮処分を申し立て、認容された後、異議審において解決金の支払い、一定の期間経過後における退職、誹謗中傷の禁止等を内容とする裁判上の和解が成立し、退職後、A大学のA教職員組合（Aユニオン）の代表者兼執行委員長を務めているところ、Aユニオンがインターネット上に電子掲示板を開設し、第三者による投稿が自動的に公開される体制がとられ（投稿の削除を希望する者は、一定の基準に従って削除等がされていた）、その後、投稿内容の確認を経て公開される体制に変更される等していたところ、Xに関する多数の投稿がされたため、XがYに対して主位的にYの投稿であり、名誉毀損、業務妨害であると主張し、予備的にYが掲示板の管理者であり、削除義務を怠ったと主張し、損害賠償、和解の解除を理由に解決金の返還を請求した。

　本判決は、自動的に投稿が公開される体制の下では一見して第三者の名誉を毀損するものを具体的に知ったときは、第三者による削除要求がなくても、削除義務を負い、これに至らないときは、削除要求があって初めて削除義務を負う等とし、一部の投稿がYによってされたものであり、これによる名誉毀損を認め、管理者として公開した一部の投稿につき削除すべき条理上の義務違反を認め、損害賠償請求を認容し、裁判上の和解の解除を否定し、原状回復請求を棄却した。

判例番号 95　他者の氏名・住所等を電子掲示板に書き込んだ者につきプライバシーの侵害が肯定された事例（東京地判平成21・1・21判時2039号20頁）

●事案の概要●

　X_1は、インターネット上で消費者問題に関する電子掲示板「悪徳商法？マニアックス」を管理、運営していたところ、Yが「2ちゃんね

る」上で「悪マニ管理人、X_1 が企業恐喝？」と題するスレッドに X_1 の氏名、住所、その妻 X_2 の氏名、住所、親族の経営する会社の名称、本支店の所在地、電話番号を内容とする書込みをしたが、X_1 らが A 株式会社に対して発信者情報開示請求訴訟を提起し、勝訴判決を得て Y を特定し、Y に対してプライバシーの侵害を理由に損害賠償を請求した。

本判決は、プライバシーの侵害を認め、請求を認容した（X_1、X_2 につき、それぞれ慰謝料として10万円、弁護士費用相当額として2万円を認めた）。

判例番号 101　ホームページに根拠のないクレーム等を書き込んだ者につき名誉毀損（信用毀損）が肯定された事例（東京高判平成21・6・17判時2065号50頁）

●事案の概要●

X_1 株式会社（X_2 は、代表者）は、海釣り用ボートの製造販売を業とし、そのボートが複数の雑誌で肯定的に評価される等していたところ、Y_1 は、平成13年6月、A とともに X_1 の製造に係る小型ボートを購入し、使用しており、平成15年、本件ボートに補機エンジンを取り付けて使用していたが、平成16年9月、本件ボートが係留中に左舷を上に転覆して沈んでいるのが発見され、X_2 と Y_1 との間で沈没原因につき争いが生じ（沈没が本件ボートの排水穴下部分に発生していたクラックから水が流入して船底に溜まったことまでは判明した）、Y_1 が立ち上げていたホームページに掲示板を作成し、X_1 らに対する不満を書き込み、Y_2、Y_3 らが意見を書き込んだことから、X_2 が Y_1 に掲示板の書込みをやめてほしいなどを申し入れたものの、Y_1 がこれを拒絶したため（その後、本件ボートと同型のボートが売れなくなり、事実上廃業に追い込まれた）、X_1、X_2 が Y_1、Y_2、Y_3 に対して名誉毀損、信用毀損、掲示板の管理者の責任を主張し、不法行為に基づき損害賠償を請求した。第一審判決が沈没原因に言及す

[4] 行為者類型別にみる判例

ることなく、本件掲示板の書込内容を検討し、名誉毀損、信用毀損を否定し、請求を棄却したため、X_1らが控訴した。

本判決は、Y_1が船体構造力に適さないエンジン補機を設置したうえ、本件ボートの性能を越えるように使用し、適切な管理点検も怠った等とし、Y_1がこのような事情を明らかにすることなく、本件掲示板に一方的に都合のよい書込みをし、他の者が誹謗中傷等の書込みをした等とし、Y_1、Y_2の不法行為を認め、Y_3の名誉毀損を否定し、原判決中Y_1、Y_2に関する部分を変更し、Y_1、Y_2に対する請求を認容し、Y_3に対する控訴を棄却した(Y_1の責任については、X_1につき無形の損害100万円、弁護士費用10万円、X_2につき慰謝料50万円、弁護士費用5万円、Y_2の責任については、X_1につき無形の損害30万円、弁護士費用3万円、X_2につき慰謝料15万円、弁護士費用1万円を認めた)。

判例番号102

ホームページに事件の経過等を書き込んだ者につき信用毀損等が肯定された事例(東京地判平成21・7・28判時2051号3頁、判タ1313号200頁)

●事案の概要●

X_1組合は、Aホテル、Bホテルを経営するY_1株式会社との間で全国集会開催のために宴会場の使用予約、宿泊予約をしていたところ、同集会に反対する右翼団体による街宣活動等によって宿泊客、近隣等の迷惑を理由に、Y_1が各契約を解約し、宴会場等の使用を拒否したことから、仮処分の申立てがされる等の紛争が生じたが、Y_1のホームページ上に説明文を掲載し、代表取締役Y_2らの記者会見、インタビューを掲載したため、X_1、その加盟単位組合X_2らがY_1、Y_2、取締役Y_3らに対して名誉毀損、信用毀損等を主張し、損害賠償等を請求した。

本判決は、契約の解約が理由のない不当なものであり、ホームページ

上の説明文の記載等が名誉・信用毀損にあたる等とし、請求を認容した。

判例番号 104

自己のホームページに相手当事者を誹謗する記事を書き込んだ者につき名誉毀損が肯定・否定された事例（千葉地松戸支判平成21・9・11判時2064号88頁）

●事案の概要●

A県B市市議会議員Yは、自分が運営するホームページ上にA県議会議員Xにつき政務調査費が無駄である旨の記事を掲載したところ、Xが自己の運営するホームページ上にYの記事の調査が杜撰である旨の記事を掲載したことから、XがYに対して名誉毀損を主張し、損害賠償を請求したのに対し、Yが反訴として名誉毀損を主張し、損害賠償を請求した。

本判決は、Yの記事は重要な部分が真実であるとして名誉毀損を認め、本訴請求を棄却し、Xの記事が重要な部分につき真実である証明がない等として名誉毀損を認め、反訴請求を認容した。

判例番号 106

ウェブサイトに批評記事を書き込んだ者につき名誉毀損が肯定された事例（東京地判平成22・1・18判時2087号93頁）

●事案の概要●

Xは、A大学大学院教授であり、学会が厚生労働省補助金事業として行った事業に総合調整医等として関与し、調査研究を行う等していたが、医学博士で小説の執筆者であるYは、Xの調査研究をインターネットサイト上（出版社が医師限定に運営するサイトである）で批判する記事を掲載したため、Xが名誉毀損を主張し、損害賠償を請求した。

本判決は、記事の一部につき名誉毀損を認め、請求を認容した。

4 行為者類型別にみる判例

判例番号 110 ホームページ上に事件の経過等を書き込んだ者につき信用毀損が肯定された事例（東京高判平成22・11・25判時2107号116頁）

●事案の概要●

前記の判例番号⑩東京地判平成21・7・28（258頁）の控訴審判決であり、Y_1 らが控訴した。

本判決は、基本的には第一審判決を引用し、Y_1 の不法行為責任、債務不履行責任を認め、取締役らのうち4名の不法行為を認めたうえ、X_1 の財産的損害、非財産的損害（財産的損害の3倍）を認め、単位組合の財産的損害を認めたものの、非財産的損害、組合員の損害を否定し、原判決を変更し、X_1、単位組合の請求を一部認容し、組合員の請求を棄却した。

判例番号 112 インターネット配信動画で発言した者につき名誉毀損が肯定された事例（東京地判平成23・4・22判時2130号21頁）

●事案の概要●

X株式会社（代表取締役A）は、インターネット動画サイトを運営していたところ、Y_1 協会が放映した番組につき事実を捏造、歪曲している等と批判していたが、Aは、動画の中で Y_1 の職員が不祥事を起こし、Y_1 がもみ消した等と発言したことから、Y_1 がXに謝罪と訂正を求める文書を送付し、Y_1 の放送総局長 Y_2 が定例記者会見でXの批判が事実無根であり、訂正、謝罪を求める文書を抗議文を発送した旨の発言をし、公式ウェブサイト上にその旨の記事を掲載する等したため、Xが Y_1 らに対して名誉毀損、業務妨害を主張し、損害賠償を請求し、Y_1 が反訴としてAの動画中の発言が名誉毀損であると主張し、損害賠償、人格権に基づき動画中の発言部分の削除等を請求した。

本判決は、公式ウェブサイトに掲載された記事等が名誉毀損にあたらないとし、本訴請求を棄却し、動画中の発言が名誉毀損、人格権としての名誉権侵害を認め、損害賠償等の請求を認容した。

判例番号 118 ウェブサイトに批判記事を書き込んだ者につき名誉毀損が肯定された事例（最二小判平成24・3・23判時2147号61頁）

●事案の概要●

フリージャーナリストYは、インターネット上にウェブサイトを開設し、新聞社の新聞販売店に対する対応等を批判する記事を掲載しており、日刊新聞を発行するX_1株式会社、その従業員X_2らがA新聞販売店を訪問し、突然取引中止を通告したことを批判し、チラシ等を持ち去り、窃盗に該当するなどの記事を掲載したため、X_1らが名誉毀損を主張し、Yに対して損害賠償を請求した。控訴審判決は、本件記載部分がX_1らの社会的評価が低下したということはできないとし、請求を棄却すべきものとしたため、X_1らが上告受理を申し立てた。

本判決は、社会的評価を低下させることが明らかであるとし、原判決を破棄し、損害につき審理を尽くさせるため、本件を東京高等裁判所に差し戻した。

[4] 行為者類型別にみる判例

3　開示請求の可否・当否

(1) 概　説

　プロバイダ責任制限法は、すでに説明したとおり、発信者情報の開示請求等について、同法4条に規定を設けている。加害者の氏名等が特定されないと、被害者としては、被害の救済を図ることができないことから、同法4条は加害者の特定に資するための一つの手段を認めている。プロバイダ責任制限法4条1項は、特定電気通信による情報の流通によって自己の権利を侵害されたとする者は、次の各号のいずれにも該当するときに限り、当該特定電気通信の用に供される特定電気通信の用に供される特定電気通信設備を用いる特定電気通信役務提供者（ここでは開示関係役務提供者と呼ばれる）に対し、当該開示関係役務提供者が保有する当該権利の侵害に係る発信者情報（氏名、住所その他の侵害情報の発信者の特定に資する情報であって総務省令で定めるもの）の開示を請求することができると定め、各号として次のようなものがある。

　1　侵害情報の流通によって当該開示の請求をする者の権利が侵害されたことが明らかであるとき。
　2　当該発信者情報が当該開示の請求をする者の損害賠償請求権の行使のために必要である場合その他発信者情報の開示を受けるべき相当の理由があるとき。

　プロバイダ責任制限法4条1項によって発信者情報の開示を請求する場合、その相手方は前記の開示関係役務提供者であることが必要であり、その要件を満たすことが必要であり、経由プロバイダが該当するかが問題になったことがあり、判例の見解が分かれたが、これを肯定するのが相当である。　また、発信者情報の開示を請求した場合、プロバイダ等の開示関係役務提供者が発信者情報を保有しているか、権利侵害が認められるか、権利侵害が明ら

(2) 発信者情報の開示請求の可否、当否をめぐる判例

発信者情報の開示請求の可否、当否が問題になった判例としては、次のようなものがある。

判例番号45 開示請求が否定された事例（東京地判平成13・8・27判時1778号90頁）

●事案の概要●

Xは、平成7年10月、パソコン通信サービスの提供等を業とするY株式会社（ニフティ株式会社）との間で、会員の加入契約を締結し、パソコン通信サービスの提供を受けていたところ、Yの他の会員A（ハンドルネーム）との間で議論を行っていたところ、AがXにつき被害妄想をもっている、精神障害者のような発言をしている等の内容を電子会議室に書込みをしたため（詳細は判決に別表として添付されている）、XがYに対して名誉毀損、侮辱、プライバシーの侵害（Aが使用したハンドルネームがXの本名に類似していた）を主張し、慰謝料（100万円）の支払いと他の会員の氏名・住所の開示を請求した。

本判決は、本件書込みが侮辱的であるとしたものの、Xが必要かつ十分な反論をした等とし、名誉毀損、侮辱、プライバシーの侵害を否定し、請求を棄却した。

判例番号53 開示請求が肯定された事例（東京地判平成15・3・31判時1817号84頁、金商1168号18頁）

●事案の概要●

X医療法人社団は、全国各地で眼科病院を運営していたが、平成14

年2月16日、Y株式会社（ヤフー株式会社）が運営する電子掲示板に、Aがハンドルネームを名乗って、Xにおいて3名を失明させた旨の書込みをしたため、XがYに対して名誉毀損、信用毀損が明白であると主張し、プロバイダ責任制限法4条1項に基づき、IPアドレス等の発信者情報の開示を請求した（Xの本人訴訟である）。

本判決は、権利侵害の客観的事実のほか、違法性阻却事由のないことの主張、立証が必要であるものの、主観的要件に係る阻却事由の不存在の主張、立証を要しないとしたうえ、本件では発信者情報の一部を把握しているときであっても、送信行為を行った者以外の発信者の存在が明らかになる可能性がある等とし、開示の要件を満たしているとし、請求を認容した。

判例番号 54　経由プロバイダに対する開示請求が否定された事例（東京地判平成15・4・24金商1168号8頁）

●事案の概要●

航空旅客の手荷物運搬等を業とするX株式会社は、A株式会社がインターネット上でレンタルサーバサービスを提供し、B株式会社がAから同サービスの提供を受け、ウェブサイトを開設していたところ、同ウェブサイト上にXの名誉を毀損する情報が書き込まれたため、平成14年1月11日、Aに対し、侵害情報の削除、発信者の情報を要求したところ、侵害情報が削除され、発信者情報の一部が開示されたものの、その余の発信者情報を把握していないと回答したため、Aを吸収合併したY株式会社に対して、プロバイダ責任制限法4条1項に基づき発信者情報の開示を請求した。

本判決は、経由プロバイダは開示関係役務提供者にあたらない等とし、請求を棄却した。

3 開示請求の可否・当否

判例番号 55 開示請求が否定された事例（東京地判平成15・6・25判時1869号54頁）

●事案の概要●

　Yは、インターネット上の電子掲示板「2ちゃんねる」を運営しているところ、平成14年1月から同年4月までの間、プロの麻雀士であるXについて誹謗する内容の書込みがされたことから、XがYに対してその削除を求めたものの、削除されなかったため、XがYに対して人格権に基づき削除、不法行為に基づき損害賠償、プロバイダ責任法4条1項に基づき書込みをした者の情報開示を請求した。

　本判決は、送信防止措置をすべき義務違反を認め、損害賠償請求、削除請求を認容したものの、書込みをした者のIPアドレスを保管していると証明されていないとし、開示請求を棄却した。

判例番号 60 経由プロバイダに対する開示請求が肯定された事例（東京地判平成15・11・28金商1183号51頁）

●事案の概要●

　Xは、A株式会社の従業員であり、人事を担当していたところ、Y株式会社（ソニーコミュニケーションネットワーク株式会社）が提供する「So－net」という名称で、インターネット接続サービスを提供する業務を行っていたプロバイダであり、その接続サービスを利用してインターネットの電子掲示板上にXを批判するサイトが作成され、書込みがされたため、Xがこの電子掲示板の管理人Bに対して書込みをした者の住所、氏名等の開示を求めたが、Bがドメインのみの開示を受けたため、XがYに対してプロバイダ責任制限法4条1項に基づき氏名、住所、電子メール等の開示を請求した。

　本判決は、経由プロバイダであるYもプロバイダ責任制限法4条1

項所定の開示関係役務提供者にあたるとし、請求を認容した。

判例番号 62　開示請求が肯定された事例（東京地判平成16・1・14判タ1152号134頁）

●事案の概要●

WinMXプログラムのユーザーであるAがこのプログラムを利用し、X_1、X_2のプライバシーを侵害する情報を電子ファイルに書き込んだため、X_1らが送信側のプロバイダであるY株式会社（ソニーコミュニケーションネットワーク株式会社）に対してプロバイダ責任制限法4条1項に基づきAの氏名、住所の開示を請求した。

本判決は、WinMXプログラムにおける送信側プロバイダがプロバイダ責任制限法4条1項所定の開示関係役務提供者にあたる等とし、請求を認容した。

判例番号 65　開示請求が肯定された事例（東京高判平成16・5・26判タ1152号131頁）

●事案の概要●

前記の判例番号62東京地判平成16・1・14（266頁）の控訴審判決であり、Yが控訴した。

本判決は、WinMXプログラムにおける送信側プロバイダがプロバイダ責任制限法4条1項所定の開示関係役務提供者にあたるとし、控訴を棄却した。

判例番号 66　開示請求が肯定された事例（東京地判平成16・11・24判タ1205号265頁）

●事案の概要●

Xは、Y株式会社（ヤフー株式会社）が運営するインターネット上のサービスを利用するために必要なIDについて、第三者がXの名前のイニシアルと苗字を組み合わせたIDとして取得されたうえ、第三者がこのIDを利用したプロフィールにXの携帯電話番号のほか、職業欄に知的障害者、住所欄に精神病院隔離病棟などと記載されたため（Xを示すものとして掲示板に侮辱等する書込みがされ、電子メールが送付された）、XがYに対して発信者情報の開示、削除要求の拒否につき損害賠償を請求した。

本判決は、電子メールがプロバイダ責任制限法4条1項の特定電気通信による情報に該当しないとし、ID記載の者とXが同一人であると判断できるとしたうえ、電子掲示板への書込みがXの名誉を毀損し、プライバシーの侵害にあたるとし、開示請求を認容したが、削除要求を受けた1週間後に削除したものであるとし、不法行為を否定し、損害賠償請求を棄却した。

判例番号 70　開示請求が一部肯定された事例（東京地決平成17・1・21判時1894号35頁）

●事案の概要●

X株式会社は、エステティックサロンの経営等をしていたところ、Y株式会社が運営するウェブサイト上の電子掲示板にXに関する書込みが多数行われたため、Xが名誉毀損を主張して、Yに対してプロバイダ責任制限法4条1項に基づきIPアドレス等の開示を求める仮処分を申請したところ、仮処分裁判所が申請の一部を認容したため、Yが保

全異議を申し立てた。

　本決定は、被保全権利の疎明がある等とし、仮処分の一部を取り消し、その部分の申請を却下し、その余の仮処分を認可した。

判例番号76　開示請求が肯定された事例（東京地判平成17・8・29判タ1200号286頁）

●事案の概要●

　Y株式会社（ヤフー株式会社）は、所有するサーバの領域の一部をホームページ作成希望者に無料で使用させ、その領域にあるデータをウェブ上で公開する事業をヤフージオシティーズとの名称で行っているところ、そのサーバ上に開設されたホームページに弁護士Xを誹謗する書込み（「私たちにとってはXらは、お金のために、何の関係のない私たちを利用し、沢山の幸せを奪い取るという精神的な虐待をした、恐喝犯でしかありません」）がされたため、XがYに対してプロバイダ責任制限法4条1項に基づき発信者情報の開示を請求した。

　本判決は、名誉毀損を認める等し、請求を認容した。

判例番号78　開示請求が肯定された事例（東京地判平成20・9・9判時2049号40頁）

●事案の概要●

　X医療法人社団は、診療所を開設し、化粧品の販売等を行っており、芸能人Aに化粧品を贈呈したところ、AがB株式会社が運営するインターネット上のブログに化粧品をもらったこと等を書き込んだが、第三者が「肌悲しい子」のハンドルネームで携帯電話を使用して、化粧品で肌がひどく赤くなったこと、使わないようにすること等を内容とする書

込みをしたことから、BがXの求めに応じて、IPアドレス、送信の年月日、時刻に関する情報を任意に開示し、Xが調査をしたところ、インターネット接続サービスを提供するY株式会社（株式会社エヌ・ティ・ティ・ドコモ）が接続サービスを提供したことが判明したため、XがYに対してプロバイダ責任制限法4条1項に基づき通信回線を利用した契約者の氏名、住所等の開示を請求した。

本判決は、ブログへの書込みが化粧品の安全性につき不安感を与え、人体に有害な物質を含むかのような印象を与える等とし、Xの名誉、信用の毀損を認め、請求を認容した。

判例番号 107　**開示請求が肯定された事例（最一小判平成22・4・8判タ1323号118頁）**

●事案の概要●

X_1ないしX_4は、インターネット上の電子掲示板に携帯電話を利用した匿名で名誉・信用毀損の書込みがされたため、インターネット接続サービスを提供した経由プロバイダであるY株式会社（株式会社エヌ・ティ・ティ・ドコモ）に対してプロバイダ責任制限法4条1項に基づき発信者の氏名等の開示を請求した。第一審判決は経由プロバイダが特定電気通信役務提供者、開示関係役務提供者に該当しないとし、請求を棄却したため、X_1らが控訴した。控訴審判決は、経由プロバイダは特定電気通信役務提供者にも、開示関係役務提供者にも該当するとし、原判決を取り消し、請求を認容したため、Yが上告受理を申し立てた。

本判決は、経由プロバイダは特定電気通信役務提供者に該当するとし、上告を棄却した。

5 クレーム対応

(1) クレームの現状

　現代社会においては、社会生活、経済活動を行うと、さまざまな場面において、個人も、企業も、他人からクレーム（苦情、文句、いちゃもん等と呼ばれることもあるが、最近は、クレームと呼ばれることが多く、クレームを付ける者はクレーマーと呼ばれている）を付けられることが通常になっている。クレームの中には、十分な根拠のあるもの、相応の根拠のあるものもあるが、全く根拠のないもの、根拠の乏しいもの、執拗なもの等もあり、暴力的、威嚇的、脅迫的なクレームもある。執拗なクレームとか、暴力的、威嚇的、脅迫的なクレームを付ける者はモンスター・クレーマーと呼ばれることもある。

　訴訟の提起は、国民の裁判を受ける権利に基礎づけられるものであるが、まったく根拠のないもの、根拠の乏しいものを見かけることも少なくなく、事情によっては訴訟を提起した原告、あるいはその代理人である法律専門家につき不法行為が認められることがある（従来から、不当訴訟の提起と不法行為をめぐる法律問題として議論されている）。これもまた、根拠のないクレームの一つであり、訴訟を利用するモンスター・クレーマーもいる。

(2) インターネット時代のクレーム

　インターネットの時代においては、クレームの基本的な部分がクレームの対象に関する批判、誹謗中傷、要求等であり、情報によって構成されているから、クレームはもともとインターネットの利用になじみやすい。従来は、クレームは、面談・口頭、電話、手紙等の媒体によって行われていたものであり、匿名による情報の提供も可能なインターネットはクレーマーに簡便な

手段を提供するものである。

(3) クレーム対応をめぐる判例

クレームを付けたことをめぐる不法行為等の法的な責任が問題になった判例としては、次のようなものがある。

判例番号 ⑨ 商品をめぐるトラブルにつきクレームが付けられた事例（東京地判昭和56・6・12判時1021号118頁）

●事案の概要●

Xは、デパートのバーゲンセールでブラウスを2着購入したが、うち1着を着用後に洗濯した際に、異常に縮んだため、その引換えを求めて、Yの消費者センターに持参し、苦情を申し立てたところ、デパートから現品を見せてほしい旨を告げられ、Yがこれを引き渡したことから、XがYに対して、不法行為、国家賠償法に基づき損害賠償、謝罪広告を請求した（なお、デパートでは、メーカーにブラウスを持ち込み、検査機関で検査を行ったところ、収縮率は許容範囲内であるとの結果を得たが、縫製に不良があったと判断した）。

本判決は、商品の引渡しはXに不利益をもたらすおそれがあるものではなく、商品テストは苦情処理上必要な措置であった等として、請求を棄却した。

【判決の意義】

この判決は、消費者がデパートで商品を購入し、不具合があり、地方自治体の公的機関にクレームを申し出たことをきっかけにしたトラブルが問題になった事案について、地方自治体の不法行為等を否定したものである。

判例番号 13 欠陥車クレーム問題に関与した新聞記者に対する週刊誌の記事による名誉毀損が肯定された事例（東京地判昭和59・6・4判時1120号9頁）

●事案の概要●

　欠陥車問題が社会の話題になった時期に、自動車に関するクレーム処理等の消費者運動を推進した弁護士らが恐喝罪等で起訴され、有罪判決を受けたことがあったが、雑誌を発行するY₁株式会社が週刊誌において新聞記者Xにつき家庭に不和があり、妻の財産を前記の事件の被告人になった者の保釈保証金に充てたような印象を与える記事等を掲載したため、XがY₁、情報を提供した日刊紙を発行するA株式会社の記者Y₂に対して名誉毀損に基づき損害賠償、謝罪広告の掲載を請求した。

　本判決は、名誉毀損を認め、請求を認容した（Y₁につき慰謝料60万円、Y₂につき30万円を認めた）。

【判決の意義】

　この判決は、欠陥自動車のクレーム問題に関係した新聞記者を対象とする週刊誌の記事が掲載され、週刊誌の発行業者、情報の提供者（他の新聞の記者）の名誉毀損が問題になった事案について、名誉毀損を肯定したものである。

判例番号 16 損害賠償の調査をめぐるクレームが付けられた事例（福岡地判昭和63・11・29判時1318号96頁、判タ697号248頁）

●事案の概要●

　Aの運転にかかる自動車がBの運転にかかる自動車に追突したため、損害保険業を営むY₂株式会社のあっせんによりAの代理人となったC弁護士が調査業務を行うY₁株式会社にBの休業損害の調査を依頼し、Y₁が調査を実施し、B、その母であるXに関する名誉・信用にかかわ

る情報を含む調査報告書を作成（親子ともども金に汚いなどの内容の報告書であった。報告書の表紙には、「極秘」と明記されていた）、C、Y_2に提出し、Cは、Aらの訴訟代理人として損害賠償債務不存在確認請求訴訟を提起し、Bの休業損害が生じていない旨の証拠として報告書を提出したため、XがY_1、Y_2に対して名誉毀損を主張し、不法行為に基づき損害賠償を請求した。

本判決は、Y_1の責任は、Cが相当な配慮をするものと信頼していたとし、Y_2の責任は、報告書を受け取ったにとどまり、Cに具体的な指示をしたものではないとし、いずれの責任も否定し、請求を棄却した。

【判決の意義】

この判決は、自動車事故による保険金の支払いのクレームにつき、保険会社から依頼を受けた弁護士がクレームを付けた者の調査を業者に依頼し、調査が実施され、名誉・信用に関わる情報を含み、クレームの根拠のないことを内容とする調査報告書が作成され、訴訟に証拠として提出され、弁護士らの名誉毀損が問題になった事案について、名誉毀損を否定したものである。

判例番号 17 訴訟上の和解に不満のある依頼者の代理人弁護士に対するクレームが付けられた事例（千葉地松戸支判平成2・8・23判タ784号231頁）

●事案の概要●

Xは、昭和49年7、8月ごろ、父の死亡に係る遺産相続について、母A、兄Bに対する相続回復、所有権移転登記抹消登記手続等を請求する訴訟の提起、追行を弁護士Yに委任し、Yは、弁護士Cに協力してもらい、YとCが共同して訴訟を追行し（YがCに事務処理を依頼していた）、昭和53年4月、訴訟上の和解が成立したところ、Xが、昭和63年、和解内容が不当であるなどと主張し、Yに対して債務不履行に

基づき損害賠償を請求した。

本判決は、Cの債務不履行が認められないとし、Cに委ねたことが債務不履行にあたらないとし、請求を棄却した。

【判決の意義】

この判決は、遺産相続をめぐる訴訟事件を弁護士に委任した個人が訴訟の提起後、訴訟上の和解が締結されたところ、和解の内容が不当であるとクレームを付け、弁護士の委任契約上の債務不履行責任が問題になった事案について、債務不履行責任を否定したものである。

判例番号㉓ 訴訟係属中に訴訟代理人である弁護士同士の間でトラブルとなり、一方の代理人から他方の代理人にクレームが付けられた事例（東京地判平成5・11・18判夕840号143頁）

●事案の概要●

X_1は、X_2、X_3を訴訟代理人とし、X_1、X_2は、X_3を訴訟代理人として（X_2、X_3は弁護士）、Yらに対し、訴訟を提起したが（Yが被告本人であるだけでなく、訴訟代理人弁護士であった）、YがX_2らの訴訟活動につき地方検察庁に有印私文書偽造等で告訴するとともに、X_2、X_3につき弁護士会に懲戒の請求をしたところ、嫌疑なしを理由として不起訴処分がされ、懲戒不相当の議決がされたため、X_1らがYに対して不法行為に基づき損害賠償を請求した。

本判決は、Yが告訴、懲戒の請求をするにあたって客観的根拠の調査があまりに不十分であったとし、不法行為を肯定し、請求を認容した（慰謝料としてX_1につき30万円、X_2、X_3につき各50万円を認めた）。

【判決の意義】

この判決は、訴訟の当事者本人、訴訟代理人となった原告、被告の弁護士

の間にトラブルが生じ、被告の訴訟代理人である弁護士が告訴、懲戒の請求をし（クレームを付けたものである）、その不法行為が問題になった事案について、被告の弁護士の不法行為を肯定したものである。

判例番号 34　訴訟係属中に訴訟代理人である弁護士同士の間でトラブルとなり、一方の代理人から他方の代理人にクレームが付けられた事例（東京高判平成9・12・17判時1639号50頁）

●事案の概要●

　Xは、建物収去、土地明渡しを請求する別件訴訟の原告代理人になり、Yが被告代理人になり、審理が行われたが、別件訴訟において、YがXの行為が弁護士法に違反する等と主張し、本件訴訟においてもYの本人尋問がXの名誉を毀損すると主張し、Xが名誉毀損による損害賠償を請求した。第一審判決が民事訴訟の弁論活動の一環として社会的に許容される範囲を逸脱したとまではいえないとし、名誉毀損を否定し、請求を棄却したため、Xが控訴した。

　本判決は、名誉毀損を肯定し、原判決を変更し、請求を認容した（慰謝料として50万円を認めた）。

【判決の意義】

　この判決は、訴訟の原告の訴訟代理人と被告の訴訟代理人との間でトラブルが生じ、被告の弁護士が原告の弁護士につき弁護士法違反を主張する等し（クレームを付けたものである）、その名誉毀損が問題になった事案について、被告の弁護士の名誉毀損を肯定したものである。

判例番号 39 元預金者の銀行に対するクレームが付けられた事例（東京地判平成11・7・1判時1694号94頁）

●事案の概要●

銀行業を営むX株式会社の顧客Yが、Xから融資を受けていたところ、取引約定により期限の利益を失ったことから、定期預金を解約され、相殺されたにもかかわらず、Xの本支店の付近で定期預金が承諾なく解約された旨のビラを配布する等したため、XがYに対して名誉毀損、業務妨害を理由に損害賠償、ビラの配布等差止めを請求した。

本判決は、不法行為の成立を認め、請求を認容した（慰謝料として100万円の損害を認めた）。

【判決の意義】

この判決は、銀行の元預金者が銀行の支店付近でビラを配布する等し（クレームを付けたものである）、不法行為が問題になった事案について、不法行為を肯定したものであり、事例として参考になる。

判例番号 73 従業員から会社による素行調査につきクレームが付けられた事例（東京地八王子支判平成17・3・16労働判例893号65頁）

●事案の概要●

Xは、Y株式会社に雇用され、航空機内装品の燃焼試験業務に従事していたところ、慢性気管支炎等に罹患し、医師の診断、治療を受け、休職したが、家計のため家族でオートバイ販売店を開業する等していたところ、XがYの承認を得ないで在籍のまま他の定職についたという就業規則違反を理由に懲戒解雇したため、XがYに対して労働契約上の安全配慮義務違反、不法行為に基づき損害賠償を請求した。

本判決は、不法行為について、Yが調査会社に依頼してオートバイ店で作業をしているところを写真撮影したことが不法行為にあたらない

としたものの、安全配慮義務違反を認め、請求を一部認容した。

【判決の意義】

この判決は、会社と従業員との間でトラブルが生じ、会社が従業員に関する調査を業者に依頼し、実施し（従業員の休業のクレームにつきその根拠を調査したものである）、会社の不法行為が問題になった事案について、不法行為を否定したものである。

判例番号 74 依頼者から弁護士の訴訟活動につきクレームが付けられた事例（東京地判平成17・3・23判時1912号30頁）

●事案の概要●

Xは、交通事故に遭い、被害を受けたため、弁護士Yに対して民事訴訟の追行等を委任し、着手金として250万円を支払い、Yが訴訟を提起する等したものの、委任契約を中途で解約したことから、Yに対して着手金のうち150万円の返還、債務不履行、不法行為に基づき50万円の損害賠償を請求したのに対し（甲事件）、YがXに対して委任契約の解約後、Yの法律事務所内で無断録音、事務所内の物色、無断の写真撮影等を理由に不法行為に基づき損害賠償を請求した（乙事件）。

本判決は、別件訴訟におけるYの訴訟活動が委任契約上の善管注意義務違反にあたるとし、甲事件の請求を認容し、無断の写真撮影が不法行為にあたるとし（無断録音、無断物色については、不法行為を否定した）、乙事件の請求を認容した。

【判決の意義】

この判決は、訴訟事件を弁護士に依頼した個人が委任契約を途中で解約し、トラブルが生じ、弁護士の法律事務所に行き、録音、撮影等を行い（クレームを付けたことに伴うものである）、元の依頼者の不法行為が問題になった事

案について、不法行為を肯定したものである。

判例番号79 会社から法令違反のクレームが付けられた事例（東京地判平成18・2・20判時1939号57頁）

●事案の概要●

　X株式会社は、電気工事、経営コンサルタントを業としていたが、電気需要契約上の契約種別が業務用電力・高圧電力により料金が異なることに着目し、需要家との間で電力会社の電気料金を安くするための電気料金診断・コンサルティング契約を締結し、業務を展開していたところ、電力供給業を営むY株式会社は、Xの業務が弁護士法72条に違反する非弁行為に該当するとし、弁護士会に非弁調査の申立てを行うとともに、Xの業務の受入れを拒否する等を内容とする通知をXの顧客に対して行ったことから、Xの業務ができなくなったため、XがYに対して不法行為に基づき損害賠償を請求した。

　本判決は、電力会社と協議・交渉し、成功報酬を得るコンサルティング業務が非弁行為にあたる疑いがあるとし、非弁調査の申立て、顧客への通知が不法行為にあたらないとし、請求を棄却した。

【判決の意義】

　この判決は、会社が電力会社との電気料金等の交渉等を行うコンサルティング業務を展開したことから、電力会社が弁護士会に非弁調査の申立て、顧客への通知を行い（クレームを付けたものである）、電力会社の不法行為が問題になった事案について、不法行為を否定したものである。

判例番号 88 区分所有者と管理会社、代理人弁護士との間にトラブルが生じ、代理人弁護士の活動にクレームが付けられた事例（東京地判平成19・3・26判タ1252号305頁）

●事案の概要●

　マンションの区分所有者Ｘは、他の区分所有者らとともに管理組合の設立を計画し、集会を開催し、管理規約の承認、役員の選任等をし、従前管理を委託されていたＡ管理会社に管理委託契約を解除するとともに、積立金、関係書類の引継ぎ等を要求したところ、Ａの代理人弁護士Y_1との間で紛争が生じ、ＸがY_1に対して所属弁護士会に懲戒を請求する等したことから、Y_1がＢ調査会社に対してＸの身辺調査を依頼し、Ｂが調査報告書を作成、マンションの区分所有者らに開示し、Ａの代表者Y_2らがマンションに監視カメラを設置してＸの監視をする等したため、ＸがY$_1$、Y_2に対してプライバシーの侵害等を主張し、共同不法行為に基づき損害賠償を請求した。

　本判決は、調査会社に調査を依頼したことは社会的に受忍すべき限度を越えていないとしたものの、調査報告書を開示したことはプライバシーの侵害にあたるとし、Y_1に対する請求を認容し（慰謝料として30万円を認めた）、Y_2の関与を否定し、請求を棄却した。

【判決の意義】

　この判決は、マンションの区分所有者らと管理会社、その代理人の間のトラブルが生じ、区分所有者が弁護士の懲戒を請求し（クレームを付けたものである）、弁護士が区分所有者の身辺調査を業者に依頼し、作成された調査報告書を区分所有者らに開示し、弁護士らの不法行為が問題になった事案について、プライバシーの侵害の不法行為を肯定したものである。

判例番号 91 日本弁護士連合会に執拗なクレームが付けられた事例（東京地判平成19・7・20判タ1269号232頁）

●事案の概要●

Yは、弁護士Aら3名につき懲戒を請求したが、懲戒しない旨の議決が確定した後、X連合会（日本弁護士連合会）の事務局にその説明を求める等とし、頻繁に電話をかけ、訪問し、面談の要求を繰り返し、訪問した際には対応した者につきビデオカメラで撮影する等したため、XがYに対してXの建物への立入り、架電、面会要求等の方法による直接交渉の禁止を請求した。

本判決は、Xの平穏に業務を遂行する権利の侵害等を認め、侵害行為の差止めを求める権利を認め、請求を認容した。

【判決の意義】

この判決は、クレーム対応に慣れているはずの日本弁護士連合会が執拗なクレームを付けられた事案について、侵害行為の差止請求をし、認容されたものである。

判例番号 97 個人、代理人弁護士から根拠のない訴訟を提起するクレームが付けられた事例（名古屋高判平成21・3・19判時2060号81頁）

●事案の概要●

X_1は、X_2株式会社の代表取締役であり（X_3は、X_1の妻、X_4は、X_1の子）、X_2の仲介により、Y_1がA所有の不動産を購入したところ、Y_1が弁護士Y_2を代理人として本件不動産の建築制限の説明を受けなかったなどと主張し、X_1、X_2に対して損害賠償を請求する訴訟を提起し（前訴）、前訴の第一審判決は、説明義務違反を認め、Y_1の請求を認容し、控訴審判決は、第一審判決を変更し、Y_1の請求を認容し、上告棄却、

⑤ クレーム対応

上告不受理決定がされたが、X_1ないしX_4が前訴においてY_1、Y_2が共謀して虚偽の事実を主張して判決を詐取したなどと主張し、損害賠償を請求した。第一審判決（名古屋地判平成20・4・9判時2060号91頁）は、X_1につき訴えの取下げが擬制されるとし、判決の対象とせず、前訴判決の不当取得等を否定し、請求を棄却したため、X_1ないしX_4が控訴した。

本判決は、X_1につき控訴を却下したが、Y_1につき前訴の判決の詐取を認めたものの、Y_2が法律的なアドバイスをし、真実と虚偽の事実を区分けして認識し、虚偽の主張を構成し、立証を進めたまでの事実は認められないとし、その不法行為を否定し、原判決を変更し、X_2の請求を認容し、X_3、X_4の請求を棄却した。

【判決の意義】

この判決は、別件訴訟の判決の詐取（根拠のないクレームを付けたものである）による別件訴訟の原告、その訴訟代理人の不法行為が問題になった事案について、当事者本人の不法行為を肯定し、弁護士の不法行為を否定したものである。

判例番号 99

近隣住民間にトラブルが生じ、一方から他方にクレームが付けられた事例（東京地判平成21・5・11判時2055号85頁）

●事案の概要●

X_1、X_2夫婦の自宅は、Y_1、Y_2夫婦の自宅の私道を挟んで向かい側にあるところ、Y_1らがX_1らとのトラブルが悪化し、X_1らを監視する目的で、X_1らの自宅に向けて防犯カメラを設置し（なお、Y_1らは本件の前にも3台の防犯カメラを設置していた）、Y_1らのインターネット上のホームページでX_1らに関する記事を掲載したため、X_1らがY_1らに対してプライバシー権に基づきカメラの撤去、設置禁止、名誉権等に基づ

き記事の削除、不法行為に基づき損害賠償を請求した。

　本判決は、プライバシー権を侵害するような態様でのカメラの設置、継続的な監視は社会通念上受忍すべき限度を越えているとし、撤去請求、設置禁止請求、損害賠償請求を認容した（慰謝料として各10万円を認めた）。

【判決の意義】

　この判決は、近隣の住民同士のトラブルが生じ、監視カメラを設置し、ホームページ上に記事を掲載する等し（クレームを付けたものである）、その住民の不法行為等が問題になった事案について、不法行為を肯定したものである。

判例番号 101　商品の購入者から製造業者に根拠のないクレームが付けられた事例（東京高判平成21・6・17判時2065号50頁）

●事案の概要●

　X_1株式会社（X_2は、代表者）は、海釣り用ボートの製造販売を業とし、そのボートが複数の雑誌で肯定的に評価される等していたところ、Y_1は、平成13年6月、AとともにX_1の製造に係る小型ボートを購入し、使用しており、平成15年、本件ボートに補機エンジンを取り付けて使用していたが、平成16年9月、本件ボートが係留中に左舷を上に転覆して沈んでいるのが発見され、X_2とY_1との間で沈没原因につき争いが生じ（沈没が本件ボートの排水穴下部分に発生していたクラックから水が流入して船底に溜まったことまでは判明した）、Y_1が立ち上げていたホームページに電子掲示板を作成し、X_1らに対する不満を書き込み、Y_2、Y_3らが意見を書き込んだことから、X_2がY_1に掲示板の書込みをやめてほしいなどを申し入れたものの、Y_1がこれを拒絶したため（その後、本件ボートと同型のボートが売れなくなり、事実上廃業に追い込まれた）、X_1、X_2が

Y_1、Y_2、Y_3に対して名誉毀損、信用毀損、掲示板の管理者の責任を主張し、不法行為に基づき損害賠償を請求した。第一審判決が沈没原因に言及することなく、本件掲示板の書込内容を検討し、名誉毀損、信用毀損を否定し、請求を棄却したため、X_1らが控訴したものである。

　本判決は、Y_1が船体構造力に適さないエンジン補機を設置したうえ、本件ボートの性能を越えるように使用し、適切な管理点検も怠った等とし、Y_1がこのような事情を明らかにすることなく、本件掲示板に一方的に都合のよい書込みをし、他の者が誹謗中傷等の書込みをした等とし、Y_1、Y_2の不法行為を認め、Y_3の名誉毀損を否定し、原判決中Y_1、Y_2に関する部分を変更し、Y_1、Y_2に対する請求を認容し、Y_3に対する控訴を棄却した（Y_1の責任については、X_1につき無形の損害100万円、弁護士費用10万円、X_2につき慰謝料50万円、弁護士費用5万円、Y_2の責任については、X_1につき無形の損害30万円、弁護士費用3万円、X_2につき慰謝料15万円、弁護士費用1万円を認めた）。

【判決の意義】

　この判決は、商品の購入者らが商品に不具合がある旨を執拗に追及し（クレームを付けたものである）、不法行為が問題になった事案について、不法行為を肯定したものである。

第3章

法的な責任を追及された
場合の対応

第3章 法的な責任を追及された場合の対応

1 はじめに

(1) 思わぬ落とし穴

　本書は、インターネット上の情報の流通等によって権利、法益を侵害された被害者の立場に立って、被害の防止、被害の救済の方法について関連する判例を紹介しながら説明することを主眼としているが、読者諸氏の中には、インターネット利用に伴って加害者であると指摘され、法的な責任を追及される可能性のあることもあろう。インターネットを利用して故意、害意をもって他人の権利、利益を侵害する者については、被害者から法的な責任を追及されることは当然であり、本書の対象外の事柄である。

　しかし、インターネットを利用していたところ、他人から根拠もないのに権利、法益を侵害されたと指摘され、法的な責任を追及される可能性もあるし、法的な責任が追及されるはずがないと思っているのに、法的な責任を現実に追及される可能性も相当にあるということができる。

　インターネットの利用は、被害者になる可能性だけでなく、加害者になる可能性もあるものである。

　日常的に何気なく、インターネットを利用していたところ、突然、インターネット上で法的な責任を追及する旨をインターネット上で通告されたり、書面を送付されたり、電話がかかったりすることがある。事案によっては、いきなり、裁判所から訴訟手続に特有な郵便によって訴状の副本が送付されたりすることもある。

　訴訟に慣れないインターネットの利用者は、法的な責任を追及するなどと通告されたり、訴状を送付されたりすると、どのような対応をしてよいのか戸惑うことになる。訴状などが送付されたとしても、その内容を読む元気も出ないのが通常であるが、訴状と一緒に裁判所から案内書のような書面も送付されており、これを読んでも、これからどのような対応をするかもわからないであろう。

(2) 潜んだリスクを認識する

インターネットを利用することは、社会との接触が広く、深く、多くなるわけであるが、他人との接触が拡大すれば、それだけトラブルが発生する可能性も高まることは当然である。

しかも、インターネット上で他の個人、企業等に関する情報を提供し、その情報の中には悪口、批判、中傷が含まれたり、他人の権利に属する情報が含まれたりすることも少なくないし、情報の交換、議論の過程で他人の情報、意見に穏当を欠き、あるいは根拠を欠く反論、批判をしていると、その他人から法的な責任を追及される可能性がさらに高まることになる。

なお、インターネット上、匿名による情報の提供、交換であっても、日本国内で通常のプロバイダを介して行っている場合には、前記の発信者情報の開示請求を経て、特定されることが多いから、法的な責任の追及の可能性から逃れられるものではない。

2　法的責任を追及された場合の対応

(1) 事前準備——心がまえ・現状把握・証拠保存

法的な責任を追及する旨の通告を受けた場合、無用に戸惑ったり、心配していたりしても何事も進まない。

ポイント①　平常心を保つ

まず、気持を落ち着けることが肝要である。

ポイント②　状況把握を行う

気持を落ち着けた場合には、通告の内容、通告者の特定、属性を把握することが重要である。

ポイント③　的確に証拠を保存する

　通告の指摘する権利、利益の侵害、その可能性のある自己の提供した情報の内容（書込み等）を確認し、可能であれば、検索し、媒体に保存することが重要である（自分の提供した情報の内容の確認については、自分の記憶のみに頼るだけでは、不正確な事態の認識のままに対応をすることになり、後日、後悔することがある）。

　また、通告後のすべての経過については、関係する証拠（後記の交渉の内容等も含む）をすべて保存することが必要であり、文書、ファックス、電子メール等のほか、口頭でのやりとりは必要に応じて録音、メモを作成し、保存することが重要である。

ポイント④　法的責任の有無等を検討する

　自分が提供した情報の内容を精査し、すでに本書で説明しているような他人の権利、法益を侵害しているか（名誉毀損、信用毀損、プライバシーの侵害、営業妨害、名誉感情の侵害・人格権の侵害等）、あるいは侵害の可能性、蓋然性がどの程度あるかを検討し、判断することが必要である。この場合、問題の情報の内容、媒体、提供された場等の事情を考慮し、他人の権利、法益の侵害の有無、損害賠償責任の成否等（責任の有無、内容、程度等）を検討することになるが、自分の検討だけで不十分であると考えるときは、第三者の意見を徴することは賢明であるし、事情によっては法律専門家に相談し、その意見を徴することも重要である。

　もっとも、法律専門家に相談した場合であっても、最終的には訴訟にいたったときに勝訴することができるか、訴訟の結果を予測することは相当に困難である。

ポイント⑤　書籍による検討を行う

　ポイント④の検討、判断を自ら行う場合には、現在、書店では、前記の権

利、インターネット利用に伴う法律問題に関するさまざまな書籍が販売されているところであり、これらの書籍を購入してじっくり検討し、判断することも重要である。

もっとも、書籍は、具体的な事例を前提とした解説等が記載されていても、個々の事件ごとに事情は多様であり、解説の結論を鵜呑みにしないことも賢明である。

(2) 訴訟前段階
ポイント⑥　通告者に回答・交渉の際は簡潔明快・冷静に行う

通告者の通告の内容によっては、回答をすることが必要であるし、事情によっては通告者と交渉を行うことが必要になることがある。

回答については、書面を作成して回答するか、口頭によるかも検討することになるところ、事案の内容によって、自分の見解、立場を明確にすること、可能な限り、簡潔な文章にすること、通告者に議論をふっかけるような表現は避けること、通告者の感情を荒立てるような表現は避けることに留意することが重要である（回答の書面案を作成した場合には、ある程度の時間をおいて読み直すことが重要である）。

通告者との交渉に踏み切る場合には、ある程度法的な責任を負うとの可能性があると判断することが前提となるものであり、何もそのような気持がないのに交渉を行うと、通告者が法的な責任への期待を抱くことがある。通告者との交渉にあたっては、事前に第三者に相談をすることが賢明であるが、文書にしろ、他の手段にしろ、前記の回答にあたっての留意事項が同様に重要である。

通告者との交渉においては、通告者の属性を考慮し、自分だけの対応が困難であると判断した場合には、可能な限り、法律専門家の助言、対応を求めることが賢明である。

なお、通告者との口頭の交渉の場合には、会話の内容が録音されているこ

とを前提とし、表現に留意することが賢明である。

ポイント⑦　示談文書の記載内容に留意する

　通告者との交渉によって示談が成立する場合には、その内容を文書として取りまとめることが必要である。

　示談の内容としては、示談の対象、範囲を明らかにすること、内容を具体的に明らかにすること、合意の履行の仕方を具体的に明らかにすること、トラブルがすべて解決したことを明らかにすることを記載することが必要であり、トラブルが重大であり、多額の金銭の支払い等が内容になっている場合には、可能な限り、法律専門家の助言、対応を求めることが賢明である。

ポイント⑧　通告拒絶時は以降の対応に留意する

　上記④の検討、判断によって法的な責任を負う可能性がないとか、相当に低い場合には、その旨を明確に通告者に告げ、その前提で対応することが重要である。通告者がその後も執拗に法的な責任を求める場合には（単なるクレーマーがモンスター・クレーマーになることがある）、不要な議論をふっかけないように対応することが必要である。

　通告者がインターネット上で回答、対応につき批判をしても、これにいちいち対応することは不要な議論、情報の交換をよぶことになる。通告者がさらに法的な責任を追及するか、また追及し続けるかは、通告者の属性、意図、おかれた環境等の事情によって異なるが、さらに執拗な方法、姿勢で法的な責任を追及し、社会生活、職業生活に何らかの不具合が生じるような場合には、法律専門家に相談し、事情によっては仮処分等を利用し、迷惑行為の差止め等を請求することも一つの対応である。

　通告者がどの時点で、あるいはどのような状況において法的な責任の要求をあきらめるかは、個々の通告者ごとに異なるものであり、明らかではないし、相当期間、このような要求がなくても、突然に要求が再開することがある。

ポイント⑨　暴行・脅迫等の事例は法律専門家・警察当局に相談する

　通告者が暴力的な手段・方法、脅迫的な手段・方法、社会常識を著しく逸脱した手段・方法によって法的な責任を要求したり、社会生活、職業生活に危険、不安を感じるような特段の事情があったりする場合には、法律専門家に相談したり、警察当局に相談することが賢明である。

(3) 訴訟提起時

　他方、通告者から訴訟を提起された場合、訴訟への対応が必要になる。この場合、弁護士に訴訟を依頼するかどうかを判断することが必要である。

ポイント⑩　答弁書・期日の重要性を理解する

　自ら訴訟を追行する場合には、通告者である原告の訴状の内容を読み、訴訟によって求められている原告の請求を認めるかどうか、原告の主張を認めるかどうか、原告の主張を争うとすれば、どのような事実関係を争うか、法的な評価を争うかについて、まず検討し、対策を立てることが必要である。この場合、裁判所から送付された案内書に記載された期限までに答弁書を作成し、裁判所に提出することが必要かつ重要であり、仮に答弁書を作成、提出せず、指定された期日に裁判所に出頭しないと、敗訴判決を受けることになる（この判決に控訴することは可能である）。

　答弁書を作成、提出しなかったものの、期日に裁判所に出頭した場合には、裁判長の面前で自分の意見を述べることができるが、十分な時間が用意されていないのが通常である（法的な責任を拒否する場合には、裁判長にその旨を明確に告げることができるし、明確に告げることが重要である）。

　期日の当日裁判所に出頭することができない場合には（期日に欠席する場合には、事前に裁判所に連絡することが望ましい。電話番号、担当者は、裁判所から送付された案内書に記載されている）、答弁書を期日前に提出することが必要である。この場合、次の期日が指定され、期日が続き、審理が行われる

ことになる。もっとも、次の期日に欠席したりすると、欠席のまま審理が続けられることになり、不利な判決を受ける可能性が著しく高まる。

　答弁書を作成、提出し、期日に裁判所に出頭した場合には、審理が行われ、次の期日が指定され、裁判長から訴訟活動の内容が示唆され、審理が続くことになる。

ポイント⑪　自ら訴訟を追行する場合には自らすべての訴訟活動を行う

　自ら訴訟を追行する場合には、原告の主張、立証に対して、事実関係、法律問題につき何をどのように反論し、立証するかが重要である。この場合、法律問題については、相当程度の法律の知識が必要であるが、自ら専門書を読み、検討するほかはない。

　事実関係については、関連する証拠を収集し、必要な範囲で裁判所に証拠として提出することが必要であるが、インターネット利用による権利、法益の侵害が問題になる場合には、自己が提供した情報の内容、提供の場、提供のきっかけ、提供の動機・目的、原告の対応等の事情が重要な事実関係になるから、インターネット上の情報は文書に印刷し、証拠として提出することが必要である。

　準備書面の様式、証拠の提出の仕方等の訴訟の手続については、裁判所の示唆を期待することができる。

ポイント⑫　代理人訴訟の場合には協力して訴訟活動を行う

　訴訟の追行を弁護士に依頼する場合には、訴訟の技術的な事項、法律問題の検討、分析は弁護士に任せることができる。しかし、事実関係、証拠関係については、個々の事件では弁護士は専門家ではないから、事実関係の調査、証拠の収集は自ら相当程度に協力することが必要である。

ポイント⑬　本人訴訟と代理人訴訟の違いを理解し選択する

　訴訟の追行を弁護士に依頼するかを判断するにあたっては、自ら訴訟を追行する場合と比較し、訴訟の費用、弁護士の報酬、時間、手間、心理的な負担等の事情を検討することが必要である。

　訴訟の費用は、証拠の調査、収集、提出書類の作成等に要する費用等があるが、さほどの負担ではない。弁護士の報酬は、相当の負担になるが、具体的には依頼を予定する弁護士と交渉し、合意することになる。

　訴訟に要する時間は、弁護士に依頼した場合であっても、一部の事務処理は弁護士に任せることができるものの、事実関係の聴取、書面の作成、方針の打合せ等に相当な時間を費やすことが必要である。

　手間についても同様であり、弁護士に依頼した場合であっても、主張、立証の準備、書面の検討、方針の打合せ、本人尋問等には自ら関与することが重要であるため、相当な手間がかかるものである。心理的な負担については、訴訟は相当の長期にわたって続くものであり、その間、敗訴の不安、自分の思いどおりに審理が進行しないことへの不満、裁判長の訴訟指揮への不安・不満、原告の主張・立証に対する不安・不満、自ら依頼した弁護士との意見、方針の違いへの不満、訴訟に至ったことへの後悔等のさまざまな思い、出来事が心理的な負担になるものであり、事情によってはうつ状態、さらに病気を誘発したり、仕事の失敗の原因になったりすることがあるが、これらの負担は、弁護士に訴訟の追行を依頼するかどうかによってさほど異なるものではない。

(4) 訴訟追行時

ポイント⑭　相手の挑発に振り回されない

　訴訟が進行し、主張、立証が繰り返される場合、原告の提出する準備書面、証拠の内容を精査し、的確、適切に反論、立証することが重要であるが、原告の中には、被告を挑発するような主張、立証、虚実取り混ぜた主張、立証をあえて行うものもいる。

原告の提出する書面を読んで腹がたったり、不安が生じたり、不満を抱いたり、さまざまな感情が内心に浮かんでは消え、消えては浮かぶことの繰り返しである。訴訟を自己に有利に展開し、最終的に有利な判決を得るためには、これらの挑発に乗せられることなく、感情の起伏に耐え、的確、適切、効果的な主張、立証を繰り返して行うことが極めて重要である。訴訟の追行は、当事者本人にとっては、我慢と忍耐の繰り返しでもある。

ポイント⑮ 代理人との協議・協力を大切にする

　被告にとって訴訟における主張、立証を的確、適切に進行させるためには、被告とその代理人である弁護士との間で、それまでに進行した審理の状況の認識を前提とし、今後の主張、立証の内容、方針につき充実した協議、協力を着実に行うことが重要である。

　依頼者である被告とその代理人の協議であるから、何らの支障もなく協議が進行するかと考えられがちであるが、実際には、双方の認識が相当に異なり、今後の主張、立証、特に事実関係の認識、裁判官への説得力の理解が相当に異なることが少なくなく、主張、立証の内容、仕方、方針につき意見が異なることが多い。

　被告とその代理人である弁護士との間に認識、意見の齟齬がある場合には、当初は些細なものであっても、双方にとって相手方への不満が募り、主張、立証に悪影響を及ぼすことがある（裁判官から和解の勧告があったような場合には、審理の状況の認識、今後の結果に対する見通し等につき意見が対立することは珍しいことではない）。

　最後には、訴訟が敗訴に終わった場合、責任の所在が問題になったり、費用、報酬の支払いに支障が生じたり、事情によっては代理人である弁護士に対する懲戒の請求、損害賠償責任の追及に発展する事例もある。依頼者である被告と代理人である弁護士との間の協力は、被告にとっても、弁護士にとっても、緊張感のあるものである。

2 法的責任を追及された場合の対応

被告にとっては、報酬を支払い、訴訟の追行を依頼した弁護士との間で緊張感が強いられ、心理的な負担になることもある。

ポイント⑯　供述の際には言動に注意する

　主張も一応終わり、文書も大方証拠として提出されると、原告、被告の当事者の尋問が実施されるが（必要な証人がいる場合には、証人尋問も実施される）、現在の訴訟においては、可能な限り、複数の当事者、証人につき同一の期日に尋問が実施される。
　当事者の尋問は、尋問によって得られる供述の内容だけでなく、当事者が裁判官に与える印象も重要な事情になることを心得ることが必要である。
　当事者尋問の前には、弁護士との打合せが行われることが通常であるが、自分の見聞した事実、気持を記憶によって尋問に応じて供述することが求められており、記憶にない事実、憶測による事実を供述することは許されない（弁護士が事前にこのような事実を助言し、指導することも許されない）。
　尋問においては、裁判官は、当事者の容貌、姿勢、供述する態度、供述の仕方、供述の内容、裁判官の尋問に対する対応・内容、法廷内の言動を凝視しているものであり（裁判官の席からは、尋問を受ける当事者等の動静は実によくわかることに留意したい）、これらの事情は弁論の全趣旨として事実認定の基礎とされるから、信頼が得られるよう十分な注意が必要である。
　当事者の供述については、訴訟の結果に直接利害関係があるからといって、それだけで信用できないというものではないが、裁判官が事実認定にあたって当事者の供述を割り引いて考慮することはやむを得ない。
　特に訴訟における自己の主張と異なる供述、すでに提出した文書の内容と異なる供述、客観的に信用性が高い証拠と異なる供述、法廷における見るからに信用できない供述、法廷における矛盾した複数の供述、法廷における見るからにあいまいな供述、単なる憶測に基づく供述、相手方の当事者、弁護士との議論に及ぶ供述、尋問態度が好ましくない供述、裁判官の尋問に対す

295

る真摯でない供述、裁判官の尋問に対する誠実でない供述、裁判官の尋問を逸らした供述がある場合には、裁判官の信用を得ることはできないものであり、法廷内においてつねに心得るべきである。

ポイント⑰　最終準備書面の重要性を理解する

　当事者の尋問等が終わると、訴訟の審理は終結することになるが、最後に当事者双方に主張をとりまとめる機会が与えられることが多い（訴訟によっては、尋問が終了すると、そのまま弁論が終結され、判決言渡しの期日が指定され、判決を待つことになる）。

　審理の最後の準備書面は、それまでの双方の主張、立証を踏まえ、自己の側の勝訴判決を得るために説得力のあるものであることが必要であるが、判決に影響を直接に与える可能性があるため、被告も、代理人である弁護士も十分かつ慎重な検討を経て作成することが必要であり、双方の協力が不可欠である。

　被告は、最も言いたい事項を記載してほしいとの希望をもちがちであるが、弁護士は、勝訴に導くための主張、立証を総括して作成したいとの意向をもつことが多いため、準備書面の内容、強調すべき事項について意見が異なることがあり、十分に時間をとって調整することが重要である。

　被告としては、自分の意向が準備書面に反映されないと、従前の弁護士の態度も思い出されて、腹を立てたり、不信感を抱いたり、報酬の支払いのときには減額を求めようと決意したり、さまざまな思惑を抱くことになる。

　判決期日が指定されると、判決を待つことになるが、判決の結論を予測することは、担当裁判官の志向、偏見、性格等を含めさまざまな事情が影響を及ぼすものであり、相当に困難であり、熟達した弁護士にとっても容易に予測できる事柄ではない。被告が代理人に判決の予測を尋ねても、通常はいくつかの留保が付された予測であり、時には勢いのある明確な予測であることがあるものの、大抵は根拠の乏しい願望にすぎない。

ポイント⑱　判決の意味を理解する

　いよいよ判決の言渡しの期日を迎えると、被告にとって、請求をすべて棄却する全部勝訴の判決の場合には、それまでの苦労をしばらくの間忘れることになる。

　請求の一部を棄却するが、一部を認容する判決の場合には、一部勝訴の部分には目が行かず、なぜ敗訴したのかに疑問が生じ、判決の内容と裁判官の審理、さらに代理人である弁護士の諸活動に不安と不満が溢れ出すことになる。

　請求の全部を認容する判決の場合には、被告にとっては全面的な敗訴であり、なぜこのような判決になったのかが腹立たしくなり、弁護士の責任だなどと不満が頂点に達するだけでなく、判決が自分にどのような影響を及ぼすかに不安を抱くことになる。

　判決には通常仮執行の宣言が付されているから、敗訴判決の言渡しによって強制執行がされる可能性がある（強制執行がされると、財産が差し押さえられる負担が生じるが、他にも職業上の地位、取引上の地位に悪影響を及ぼすことがある）。

　また、敗訴判決が確定した場合には、判決が命ずる金銭的な負担を強いられる。嗚呼。

ポイント⑲　敗訴判決後は速やかに控訴の検討、判断をする

　判決の後、代理人が判決書（正本）を交付し、判決の説明と今後の打合せが行われる。被告が全部または一部敗訴した場合には、控訴をするかどうかを協議し、判断することになるが、その前提として代理人から判決の具体的な内容、問題点、判決の取消しの可能性等につき説明がされる。

　代理人の説明を踏まえ、被告自身が控訴するかどうかの判断をすることになるが、控訴に伴って費用がかかるし、その前に代理人に対してなぜ敗訴したかの質問をするものの、納得の得られる説明はないであろう。所詮は判決をした裁判官の判断に問題があるとか、証拠が足りなかったなどの説明がさ

れるだけである。

　費用をかけて控訴するかといっても、控訴審で勝訴判決を得るかどうかの確たる返事はないのが通常である。

ポイント⑳　勝訴後に相手方の法的責任の追及は難しい

　被告が訴訟において全面的に勝訴判決を得た場合には、原告の訴訟の提起自体が不当であったと考えることがしばしばあるが、このような場合、被告が原告、あるいは原告代理人に対してかかった費用等につき損害賠償責任を追及することができるかどうかが問題になることがある。

　これは、不当訴訟とか、不当な訴訟提起として取り上げられている問題である。不当な訴訟提起については、不法行為が成立する余地があるが、その要件は厳格であり、最三小判昭和63・1・26（民集42巻1号1頁、判時1281号91頁）が重要な判例になっている。この判決は、「法的紛争の当事者が当該紛争の終局的解決を裁判所に求めうることは、法治国家の根幹にかかわる重要な事柄であるから、裁判を受ける権利は最大限尊重されなければならず、不法行為の成否を判断するにあたつては、いやしくも裁判制度の利用を不当に制限する結果とならないよう慎重な配慮が必要とされることは当然のことである。したがつて、法的紛争の解決を求めて訴えを提起することは、原則として正当な行為であり、提訴者が敗訴の確定判決を受けたことのみによつて、直ちに当該訴えの提起をもつて違法ということはできないというべきである。一方、訴えを提起された者にとつては、応訴を強いられ、そのために、弁護士に訴訟追行を委任しその費用を支払うなど、経済的、精神的負担を余儀なくされるのであるから、応訴者に不当な負担を強いる結果を招くような訴えの提起は、違法とされることのあるのもやむをえないところである。

　以上の観点からすると、民事訴訟を提起した者が敗訴の確定判決を受けた場合において、右訴えの提起が相手方に対する違法な行為といえるのは、当該訴訟において提訴者の主張した権利又は法律関係（以下「権利等」とい

う。）が事実的、法律的根拠を欠くものであるうえ、提訴者が、そのことを知りながら又は通常人であれば容易にそのことを知りえたといえるのにあえて訴えを提起したなど、訴えの提起が裁判制度の趣旨目的に照らして著しく相当性を欠くと認められるときに限られるものと解するのが相当である。けだし、訴えを提起する際に、提訴者において、自己の主張しようとする権利等の事実的、法律的根拠につき、高度の調査、検討が要請されるものと解するならば、裁判制度の自由な利用が著しく阻害される結果となり妥当でないからである」と判示している。

　この判例によると、訴訟の提起が不法行為になるのは、原告が敗訴の確定判決を受けたこと、訴訟において原告の主張した権利または法律関係が事実的、法律的根拠を欠くものであること、原告がこのことを知りながらまたは通常人であれば容易にそのことを知りえたといえるのにあえて訴えを提起した等、訴えの提起が裁判制度の趣旨目的に照らして著しく相当性を欠くと認められることが必要である。

　被告が勝訴判決を得て、判決が確定した場合には、これらの要件を満たすかどうかを検討し、弁護士に相談することになるが、不当な訴訟提起を理由に元の原告に対して損害賠償を請求する訴訟の提起を諦めざるを得ないことが少なくない。このような訴訟を提起した場合、逆に不当な訴訟提起を理由に損害賠償を請求する反訴を提起された事例もあり、紛争が続いていくことになる。

(5) おわりに

　インターネットを利用中、不用意な書込み等をした場合、被害を受けたと主張する者からクレームを付けられ、法的な責任を追及された場合の対応は、ざっと概観しただけで、以上に紹介したようなさまざまな出来事が待っている。加害者として指摘されることも心外であるが、事情によっては誤った判決によって損害賠償責任を負担させられることもある。軽口には注意である。後悔は先には立たないのである。

終章

インターネットを安全・安心して利用するために──

終章　インターネットを安全・安心して利用するために——

1　インターネット社会を生きるということ

(1)　インターネットの影の部分と安全・安心

　インターネットがコンピュータ機器を越えて、われわれの日常生活、経済活動に広範な影響を及ぼし始めてから数年を経ただけであるのに、個人にとっても、企業にとっても、重大かつ強力な影響力を発揮しているが、この影響力の中には、社会的な価値のあるものだけでなく、マイナスで悪いものも目立つようになっている。われわれが日常生活を送る場をみても、電車の中で、歩道の上で、自動車の中で、職場で、学校で、あるいは喫茶店、店舗で、公園等、さまざまな場所で各種のコンピュータ機器を使用し、インターネットを利用する者がいるし、その数は年を追うごとに増加している。たしかにインターネットは便利である。

　しかし、他方、インターネットを利用した被害は、取引の場で、娯楽の場で、情報の交換の場等で行われた情報の提供、交換によって発生していることが報告、報道されている。インターネットの利用は、光の部分だけでなく、影の部分があることは否定できないし、近年は、その影の部分が一層明らかになっている。インターネット利用による被害は、利用者にとっては、被害を被ることだけでなく、安易な利用によって加害者にもなる事例も生じている。インターネットは、便利である反面、インターネットの特徴を反映してトラブルの発生の場にもなっているのである。

　インターネットを利用することだけが注目された時代はすでに終わったといえよう。これからのインターネットの時代は、インターネットの利便性を享受するだけでなく、インターネットに伴う安全と安心を確保しながら利用することにも配慮することが必要になっている。

　従来は、インターネットの利用者は、後者の側面にあまりにも無防備ではなかったのではなかろうか。

(2) 悪口、批判の魅力

　インターネットを利用し、自分に関心のある情報を提供し、広く他人と情報の交換をし、注目を集めれば、仮想社会であっても、存在感が感じられ、存在感が増すのが感じられる。提供する情報を注目させようとすると、他人の悪口、批判、中傷が手っ取り早いし、他人の秘密に属する情報であれば、さらに注目を集めることもできよう。

　インターネット上の学校における他人の情報、特に悪口、批判は人間関係を円滑にする一つの手段かも知れない。しかし、悪口、批判は、他からの悪口、批判を誘発し、際限のない悪循環である。

　インターネット上の職場における上司、同僚、部下の情報、特に悪口、批判、プライバシーに属する情報は、蜜の味がする。

　友人、知人の間のインターネット上の情報の交流も、褒める情報は長続きがしないものであり、悪い噂のほうが長生きをする。

　企業の悪口も、製品・サービス等の商品の苦情も、悪い内容であればあるほど、根拠が問われることもなく、情報が流通しがちである。

　他人同士のトラブル、有名人の不祥事、高い地位にある者に対する弾劾等、われわれは、顔を合わすことなく、情報の交換、議論、口論を手軽にすることができる時代になったのである。しかも、匿名で、いつでも、どこでも、どれだけでも、自分は一応安全な場所に身を置いて他人の批判をすることができるのである。

(3) 軽挙な行動が伴う危険を認識する

　インターネットで手軽な悪口を安易に行い、プライバシーに属する情報、秘密の情報を提供することは、われわれの日常生活の一部になりつつあるが、法的には責任を問われる極めて危険な行為である。

　本書では、インターネット利用による被害の防止、被害の救済と、付随的に加害者と指摘された場合の対応を概説したが、インターネットを利用する

にあたっては、このような危険が存在することを十二分に認識することが不可欠である。インターネットの利用者が児童、生徒、学生であっても、このことは例外ではないが、的確に認識できなければ、児童であっても、被害者にも、加害者にもなりうる時代が到来していることを理解すべきである。

インターネットを利用し、情報を提供する場合には、慎重に情報の内容を吟味すべきであり、自己、あるいは他人のプライバシーに属する情報、秘密の情報を提供することは避けるべきである。他人の注目を引くことは無用であるだけでなく、有害になりうるものである。

インターネットを利用し、情報を提供し、交換する場合には、他人の悪口、批判を内容するときは、可能な限り避けるべきであるが、批判等を提供したときは、その表現を穏当にしたり、その根拠があることを確かめることが必要である。

インターネットを利用し、情報を交換し、議論を行う場合には、不要な議論を避けるべきであり、挑発に乗ったり、過激な表現を避けるべきことは当然の要請である。インターネット上で見知らぬ者と議論をすること自体、危険が付きまとうことは社会常識の一つである。

2 おわりに

インターネットを利用する場合、提供する情報がどの範囲に拡散することを確認しているのであろうか。インターネットの利用者が善人だけであるなどという幻想を抱いていないだろうか。インターネット上のトラブルが発生した場合、匿名であることで逃げ切れると思い込んでいないであろうか。

他人によってなりすまされ、自分が提供したものと誤解するおそれがあることを知っているのであろうか。記憶はさほど頼りになるものではないことは十分に知っているはずである。

インターネット上のトラブルが発生し、被害を被った場合、被害の救済を現実に実現するためには、どれだけの時間、費用、手間、心理的な負担がか

かること、救済が実現されないことが多いのが現実であることも、時には思い出したいものである。被害の防止は、被害の救済よりもはるかに勝っているのである。

　インターネットの利用によって自分が加害者であると指摘され、法的な責任を追及されることを考えたことがあるであろうか。情報流通のハイウェーであるインターネットの利用は、情報流通の歩道を歩くよりははるかに危険がいっぱいである。

　今後、インターネットは、ますますわれわれの日常の生活、経済活動、考え方、意思の決定、社会における存在そのものにいたるまで大きな影響を与えることは容易に予想することができる。インターネットに関連する技術、システムは日進月歩であるから、その影響の範囲、影響の仕方は予想することはできないであろう。しかも、インターネット利用による弊害、被害も、多様化し、深刻化し、潜在化し、拡大するものであるから、われわれが安全で、安心な生活をし、経済活動を行うにあたっては、現在以上にインターネット利用による弊害、被害のさまざまな対策を積極的に立て、実行することが必要になるし、すでにそれが必要な時代は到来しているというべきであろう。現在は自分に被害が生じていないとしても（もっとも、自分が認識していないことも少なくないが）、明日には被害が生じるかもしれないのである。備えをしても、憂いがなくならないのが、インターネット社会の重要な特徴である。

【参考文献一覧】

内田晴康ほか編著『インターネット法——ビジネス法務の指針』(平成9年、商事法務研究会)

電気通信における利用環境整備に関する研究会編著『インターネットと消費者保護』(平成9年、クリエイト・クルーズ)

矢野直明『インターネット術語集』(平成12年、岩波書店)

矢野直明『インターネット術語集Ⅱ』(平成14年、岩波書店)

岡村久道ほか『電子ネットワークと個人情報保護——オンラインプライバシー法入門』(平成14年、経済産業調査会)

TMI総合法律事務所編『ITの法律相談』(平成16年、青林書院)

シロガネ・サイバーポール編「インターネット法律相談所——ネットトラブルＱ＆Ａ」(平成16年、リックテレコム)

情報ネットワーク法学会ほか編『インターネット上の誹謗中傷と責任』(平成17年、商事法務)

仲正昌樹『ネット時代の反論術』(平成18年、文藝春秋)

佐々木俊尚『ネットVS. リアルの衝突』(平成18年、文藝春秋)

尾木直樹『ウェブ汚染社会』(平成19年、講談社)

西垣通『ウェブ社会をどう生きるか』(平成19年、岩波書店)

荻上チキ『ウェブ炎上——ネット群集の暴走と可能性』(平成19年、筑摩書房)

丸山正博『インターネット通信販売と消費者政策』(平成19年、弘文堂)

徳田雄洋『デジタル社会はなぜ生きにくいか』(平成19年、岩波書店)

佐々木良一『ITリスクの考え方』(平成20年、岩波書店)

伊地知晋一『ネット炎上であなたの会社が潰れる』(平成21年、WAVE出版)

岡村久道ほか『インターネットの法律Ｑ＆Ａ』(平成21年、電気通信振興会)

山岸俊男ほか『ネット評判社会』(平成21年、NTT出版)

参考文献一覧

高橋和之ほか編『インターネットと法〔第4版〕』（平成22年、有斐閣）

蜷川真夫『ネットの炎上力』（平成22年、文藝春秋）

坂井修一『知っておきたい情報社会の安全知識』（平成22年、岩波書店）

渥美総合法律事務所・外国法共同事業IP/ITチーム編著『最新事例から読む　インターネットと企業法務』（平成22年、ぎょうせい）

ニコラス・G・カー『ネット・バカ──インターネットがわたしたちの脳にしていること』（平成22年、青土社）

田淵義朗『スマートフォン術　情報漏えいから身を守れ』（平成23年、朝日新聞出版）

清野正哉『スマートフォン時代の法とルール──ツイッター、SNS、動画配信サービス、携帯電話のトラブルと解決策』（平成23年、中央経済社）

㈶インターネット協会ほか『インターネット白書2011』（平成23年、インプレスジャパン）

小林直樹『ソーシャルメディア炎上事件簿』（平成23年、日経BP社）

宮島理『あなたのスマートフォンが狙われている！』（平成23年、アスキー・メディアワークス）

山田順『本当は怖いソーシャルメディア』（平成24年、小学館）

神田将監修『これだけは必ず知っておきたいインターネットの法律とトラブル解決法〔改訂版〕』（平成24年、自由国民社）

末藤高義『サイバー犯罪対策ガイドブック』（平成24年、民事法研究会）

守屋英一『フェイスブックが危ない』（平成24年、文藝春秋）

小林直樹『ソーシャルリスク』（平成24年、日経BP社）

山田井ユウキ『サイバー戦争』（平成24年、マイナビ）

土屋大洋『サイバー・テロ　日米VS.中国』（平成24年、文藝春秋）

岡嶋裕史『ハッカーの手口　ソーシャルからサイバー攻撃まで』（平成24年、PHP研究所）

森健『ビッグデータ社会の希望と憂鬱』（平成24年、河出書房新社）

参考文献一覧

第二東京弁護士会編『ソーシャルメディア時代の個人情報保護Q＆A』（平成24年、日本評論社）

田島正広監修・編集代表『インターネット新時代の法律実務Q＆A』（平成24年、日本加除出版）

東京地方裁判所プラクティス委員会第一小委員会「名誉毀損訴訟解説・発信者情報開示請求訴訟解説」（平成24年、判タ1360号4頁）

■判例索引■

判例番号			
1	浦和地判	昭和35・1・29下民集11巻1号170頁	107
2	釧路地判	昭和47・6・30判時677号93頁	108
3	東京地判	昭和52・7・18判時880号56頁	129
4	岐阜地判	昭和52・10・3判時881号142頁	108
5	東京高判	昭和54・2・22判時925号68頁	130
6	東京地判	昭和54・3・12判時919号23頁	130
7	東京高判	昭和54・3・12判時924号55頁	131
8	札幌地判	昭和56・3・26判時1031号148頁	131
9	東京地判	昭和56・6・12判時1021号118頁	271
10	浦和地判	昭和58・6・28判タ508号160頁	109
11	福岡高判	昭和58・9・13判タ520号148頁	110
12	東京地判	昭和59・5・10判時1145号59頁	132
13	東京地判	昭和59・6・4判時1120号9頁	272
14	横浜地判	昭和59・10・29判タ545号178頁	110
15	横浜地判	昭和63・5・24判時1311号102頁	133
16	福岡地判	昭和63・11・29判時1318号96頁、判タ697号248頁	272
17	千葉地松戸支判	平成2・8・23判タ784号231頁	273
18	東京地判	平成3・11・27判時1435号84頁、判タ797号240頁	133
19	東京地判	平成4・1・23判タ865号247頁	134
20	東京地判	平成4・3・25判時1451号143頁	111
21	大阪地判	平成5・3・26判時1473号102頁	135
22	浦和地川越支判	平成5・7・21判時1479号57頁	112
23	東京地判	平成5・11・18判タ840号143頁	274

24	東京高判	平成6・3・23判時1515号86頁 ………………	112
25	東京地判	平成7・2・16判夕896号193頁 ………………	135
26	東京地判	平成7・5・30判夕888号209頁 ………………	136
27	東京地判	平成7・10・25判夕909号205頁 ………………	136
28	東京地判	平成8・12・17判時1603号88頁 ………………	137
29	東京地判	平成9・5・26判時1610号22頁 ………	161, 212, 244
30	東京地判	平成9・7・9判夕979号188頁 ………………	138
31	東京地判	平成9・8・29判夕985号225頁 ………………	138
32	和歌山地判	平成9・10・22判時1649号151頁 ……………	139
33	京都地決	平成9・12・10判夕976号240頁 ………………	113
34	東京高判	平成9・12・17判時1639号50頁 ………………	275
35	東京地判	平成9・12・22判時1637号66頁 ………	162, 213
36	横浜地決	平成10・11・16判時1717号103頁 ……………	114
37	京都地判	平成10・12・18判夕1053号164頁 ……………	114
38	神戸地判	平成11・6・23判時1700号99頁 ………	183, 213, 252
39	東京地判	平成11・7・1判時1694号94頁 ………	123, 276
40	東京地判	平成11・9・24判時1707号139頁 ………	163, 225, 253
41	東京地判	平成12・1・31判夕1046号187頁 ………	191, 225
42	横浜地判	平成12・9・6判時1737号101頁、判夕1104号237頁 ………………………………………	115
43	さいたま地判	平成13・5・15判夕1063号277頁 ……………	140
44	東京地判	平成13・5・29判時1796号108頁 ……………	226
45	東京地判	平成13・8・27判時1778号90頁 ………	164, 214, 253, 263
46	東京高判	平成13・9・5判時1786号80頁 ………	165, 214, 245
47	東京高判	平成14・2・20判時1782号45頁 ………………	140
48	東京地判	平成14・6・26判時1810号78頁 ………	141, 165, 215, 245
49	名古屋地決	平成14・7・5判時1812号123頁 ………………	116

50	札幌地判	平成14・12・19判タ1140号178頁 ……………………	116
51	東京高判	平成14・12・25判時1816号52頁 ………	141, 166, 215, 246
52	東京地判（中間）	平成15・1・29判時1810号29頁 …………	203, 227
53	東京地判	平成15・3・31判時1817号84頁、金商1168号18頁 …	263
54	東京地判	平成15・4・24金商1168号8頁 ……………………	264
55	東京地判	平成15・6・25判時1869号54頁 ………	167, 216, 265
56	東京地判	平成15・7・17判時1869号46頁 ………	142, 168, 216, 246
57	名古屋地判	平成15・9・12判時1840号71頁 ………………	168, 227
58	横浜地判	平成15・9・24判タ1153号192頁 ……………	143, 217, 254
59	最一小判	平成15・10・16民集57巻9号1075頁、	
	判時1845号26頁、判タ1140号58頁 ………………………………		144
60	東京地判	平成15・11・28金商1183号51頁 ……………………	265
61	東京地判	平成15・12・17判時1845号36頁 ……………	204, 228
62	東京地判	平成16・1・14判タ1152号134頁 ……………………	266
63	東京地判	平成16・3・11判時1893号131頁 ………	204, 217, 247
64	東京地判	平成16・5・18判タ1160号147頁 ………	144, 169, 218, 247
65	東京高判	平成16・5・26判タ1152号131頁 ……………………	266
66	東京地判	平成16・11・24判タ1205号265頁 ………	183, 218, 248, 267
67	東京地判	平成16・11・29判時1883号128頁 ……………………	117
68	大阪地判	平成17・1・12判時1913号97頁 ……………………	228
69	名古屋地判	平成17・1・21判時1893号75頁 ………	145, 219, 248
70	東京地決	平成17・1・21判時1894号35頁 ……………………	267
71	東京高判	平成17・3・3判時1893号126頁 ………	205, 219, 249
72	東京地判	平成17・3・14判時1893号54頁 ……………………	145
73	東京地八王子支判	平成17・3・16労働判例893号65頁 …………	276
74	東京地判	平成17・3・23判時1912号30頁 ……………………	277
75	札幌地判	平成17・4・28判例地方自治268号28頁 ……………	198

76	東京地判	平成17・8・29判タ1200号286頁	229, 268
77	東京地判	平成17・9・27判時1917号101頁	192, 229
78	東京地判	平成17・12・16判時1932号103頁	193, 230
79	東京地判	平成18・2・20判時1939号57頁	278
80	大阪地判	平成18・5・19判時1948号122頁	184, 199, 249
81	東京地判	平成18・6・6判時1948号100頁	146, 170, 231
82	東京高判	平成18・8・31判時1950号76頁	147
83	東京地判	平成18・9・14判タ1247号231頁	148
84	大阪地判	平成18・9・27判タ1272号279頁	209, 231
85	東京地判	平成19・2・8判時1964号113頁、判タ1262号270頁	185, 199, 232
86	大阪高判	平成19・2・28判タ1272号273頁	209, 233
87	最三小判	平成19・3・20判時1968号124頁	118
88	東京地判	平成19・3・26判タ1252号305頁	279
89	横浜地判	平成19・3・30判時1993号97頁	233
90	東京地判	平成19・6・25判時1989号42頁	149, 171, 234, 255
91	東京地判	平成19・7・20判タ1269号232頁	118, 280
92	東京高判	平成19・8・28判タ1264号299頁	186, 200
93	東京地判	平成20・9・9判時2049号40頁	242, 268
94	東京地判	平成20・10・1判時2034号60頁	124, 150, 172, 220, 255
95	東京地判	平成21・1・21判時2039号20頁	186, 221, 256
96	神戸地判	平成21・2・26判時2038号84頁	151, 173, 221, 235
97	名古屋高判	平成21・3・19判時2060号81頁	280
98	東京地判	平成21・4・13判時2043号98頁	187
99	東京地判	平成21・5・11判時2055号85頁	188, 235, 281
100	東京地判	平成21・5・20判タ1308号260頁	250
101	東京高判	平成21・6・17判時2065号50頁	152, 174, 236, 257, 282

102	東京地判　平成21・7・28判時2051号3頁、判タ1313号200頁	
	....	153, 175, 237, 258
103	東京地決　平成21・9・10判時2056号99頁	120
104	千葉地松戸支判　平成21・9・11判時2064号88頁	176, 238, 259
105	東京地判　平成21・11・13判時2076号93頁	206
106	東京地判　平成22・1・18判時2087号93頁	238, 259
107	最一小判　平成22・4・8判タ1323号118頁	269
108	東京地判　平成22・7・28判タ1362号168頁	194
109	東京地判　平成22・9・27判タ1323号153頁	189, 194
110	東京高判　平成22・11・25判時2107号116頁	154, 177, 239, 260
111	長野地上田支判　平成23・1・14判時2109号103頁	243
112	東京地判　平成23・4・22判時2130号21頁	
	....	125, 155, 177, 239, 260
113	知財高判　平成23・5・26判時2136号116頁	206
114	東京地判　平成23・6・15判時2123号47頁	195, 240
115	東京地判　平成23・7・19判タ1370号192頁	156
116	東京地判　平成24・1・31判時2154号80頁	222
117	知財高判　平成24・2・22判時2149号119頁	157
118	最二小判　平成24・3・23判時2147号61頁	158, 178, 240, 261
119	金沢地判　平成24・3・27判時2152号62頁	179, 222, 251

〔著者紹介〕

升田　純（ますだ　じゅん）

〔略　歴〕昭和25年4月15日生まれ
　　　　　昭和48年　　　国家公務員試験上級甲種・司法試験合格
　　　　　昭和49年3月　　京都大学法学部卒業
　　　　　昭和52年4月　　裁判官任官、東京地方裁判所判事補
　　　　　昭和62年4月　　福岡地方裁判所判事
　　　　　昭和63年7月　　福岡高等裁判所職務代行判事
　　　　　平成2年4月　　東京地方裁判所判事
　　　　　平成4年4月　　法務省民事局参事官
　　　　　平成8年4月　　東京高等裁判所判事
　　　　　平成9年4月　　裁判官退官、聖心女子大学教授
　　　　　平成9年5月　　弁護士登録
　　　　　平成16年4月　　中央大学法科大学院教授

〔主要著書〕『名誉毀損・信用毀損の法律相談』（青林書院、平成16年）
　　　　　『実務　民事訴訟法〔第4版〕』（民事法研究会、平成21年）
　　　　　『モンスタークレーマー対策の実務と法〔第2版〕』（民事法研究会、平成21年）
　　　　　『最新　PL関係判例と実務〔第2版〕』（民事法研究会、平成22年）
　　　　　『警告表示・誤使用の判例と法理』（民事法研究会、平成23年）
　　　　　『判例にみる損害賠償額算定の実務〔第2版〕』（民事法研究会、平成23年）
　　　　　『一般法人・公益法人の役員ハンドブック』（民事法研究会、平成23年）
　　　　　『風評損害・経済的損害の法理と実務〔第2版〕』（民事法研究会、平成24年）
　　　　　『不動産取引における契約交渉と責任』（大成出版社、平成24年）
　　　　　『民事判例の読み方・学び方・考え方』（有斐閣、平成25年）
　　　　　『現代取引社会における継続的契約の法理と判例』（日本加除出版、平成25年）

　　　　　　　　　　　　　　　　　　　　　　　　　　　　　　　　　　　　など

インターネット・クレーマー対策の法理と実務
──判例分析を踏まえて──

平成25年6月27日　第1刷発行

定価　本体2,900円（税別）

著　者　升田　純
発　行　株式会社　民事法研究会
印　刷　藤原印刷株式会社

発行所　株式会社　民事法研究会
〒150-0013　東京都渋谷区恵比寿3-7-16
〔営業〕TEL 03(5798)7257　FAX 03(5798)7258
〔編集〕TEL 03(5798)7277　FAX 03(5798)7278
http://www.minjiho.com/　info@minjiho.com

落丁・乱丁はおとりかえします。ISBN978-4-89628-870-4　C2032　¥2900E
表紙デザイン：鈴木　弘

▶クレームの本質から実情、対策、解決の方向性まで具体的に明示！

モンスタークレーマー対策の実務と法
〔第２版〕
―法律と接客のプロによる徹底対談―

升田　純 & 関根　眞一

Ａ５判・328頁・定価　2,835円（税込、本体2,700円）

◆学校や病院のみならず金融業界、建築業界でのクレーム対応まで収録！

―――― 本書の特色と狙い ――――

▶第２版では、現場でのより的確なクレーム対応の実現、迅速な解決を図るため、業態ごとの事例をほぼ倍増！
▶法律実務の専門家とクレーム対応の専門家が、社会全体において関心を集めてきたクレーマー、さらに悪質なクレーマーをめぐるさまざまな問題・課題について、専門分野の視点から分析し、問題・課題の実情、解決の方向性を示唆！
▶繰り返されるクレームの弊害に目を向けるだけでなく、いかに事業、経営の重要な情報資源とすべきか、その方策を具体的に摘示！
▶重要な分野については、ワンポイント・アドバイスを設けることによって、必ず把握すべき要点がまとめられ、情報の整理も容易に可能！
▶具体的な事例分析により、効果的な現場でのクレーム対応や、社員教育のあり方、社内体制づくりを実践的に開示！

―――― 本書の主要内容 ――――

第１章　クレームの現状から学ぶ
Ⅰ　クレームと時代の流れ／Ⅱ　クレーム発生の不可避性／Ⅲ　顧客の変化／Ⅳ　情報社会の顧客の反応／Ⅴ　増加するクレームの法的根拠／Ⅵ　さまざまな法的手段が存在する現代のクレーム／Ⅶ　クレーム処理の組織基盤のあり方

第２章　クレーム処理の現場から学ぶ
Ⅰ　クレームの分類と対応／Ⅱ　クレームの側面／Ⅲ　顧客の側面／Ⅳ　企業の側面／Ⅴ　担当者の能力・資質とは／Ⅵ　クレームの法的分析／Ⅶ　モンスタークレーマー対策／Ⅷ　クレーム処理の基本

第３章　具体的事例から学ぶ正しいクレーム処理

第４章　モンスタークレーマー最終章
Ⅰ　さらに重視されるクレーム処理対策／Ⅱ　おわりに

発行　**民事法研究会**

〒150-0013　東京都渋谷区恵比寿 3-7-16
（営業）TEL.03-5798-7257　FAX.03-5798-7258
http://www.minjiho.com/　　info@minjiho.com

▶因果関係の存否・損害額の算定が困難な紛争類型の裁判例を検証し、法理を解説する好評書の第2版！

風評損害・経済的損害の法理と実務〔第2版〕

升田　純著

Ａ５判・530頁・定価　4,725円（税込、本体4,500円）

本書の特色と狙い

▶第2版では、福島原発事故に伴う損害の立証、被害額の算定などの訴訟実務の解説、最新判例17件の解説を追録して大幅増補！

▶事業者が取引事故によって被った営業上の逸失利益、営業機会の喪失による損害、稼働妨害・営業妨害、信用毀損、経済的損害、風評損害といった困難な損害賠償額をめぐる問題を徹底検証！

▶マスコミ・インターネット等によって今後ますます紛争が増大するであろう新たな分野に対応するための弁護士、企業関係等必携の1冊！

本書の主要内容

第1部　風評損害・経済的損害の法理
- 第1章　はじめに──損害賠償額に対する関心
- 第2章　現代の損害賠償実務の風景
- 第3章　損害賠償の実務
- 第4章　風評損害の意義と認識
- 第5章　福島原発事故と風評損害・経済的損害

第2部　風評損害の類型と裁判例
- 第1章　マスメディア等のメディアによる信用毀損の裁判例
- 第2章　行政機関等による信用毀損の裁判例
- 第3章　その他の信用毀損の裁判例
- 第4章　汚染・事故等による風評損害の裁判例
- 第5章　その他の裁判例

第3部　経済的損害の類型と裁判例
- 第1章　経済的損害をめぐる議論の現状
- 第2章　経済的損害をめぐる裁判例
- ・判例索引

発行　民事法研究会

〒150-0013　東京都渋谷区恵比寿3-7-16
（営業）TEL.03-5798-7257　FAX.03-5798-7258
http://www.minjiho.com/　　info@minjiho.com

▶合理的・説得的な賠償額の算定の仕方、あり方、判断基準を探究する好評書の第2版！

判例にみる損害賠償額算定の実務 〔第2版〕

升田　純著

Ａ５判・491頁・定価　4,200円（税込、本体4,000円）

本書の特色と狙い

▶近時話題の士業等の専門家責任をめぐる裁判例など14例の判例を追加するとともに、損害賠償責任が問われた事業者の類型を追録し大幅改訂増補！

▶100件超の損害賠償請求事件の裁判例を取り上げ、事業者の事業の種類、加害行為の種類、損害の種類によって類型化して精緻に分析・検証し、損害賠償額の認定・算定が困難な事例における賠償額の立証や認定・算定の実務のあり方を示す好個の書！

▶著者の好評書『風評損害・経済的損害の法理と実務』の姉妹編として位置づけ、損害賠償責任が問われた者の加害行為と、損害賠償責任を追及する者の受けた損害との間の因果関係の有無、損害賠償額の立証、算定、過失相殺等の法理を探究！

▶判例索引・損害類型別索引を収録しており、裁判官・弁護士などの法律実務家や研究者、企業の法務担当者の訴訟実務にとっては至便な手引書！

本書の主要内容

序章 概説

第1章 事業活動における損害額の認定・算定
不動産・建設関係事業者の責任／金融関係業者の責任／貸金業者の責任／信販業者の責任／保険業者の責任／Ｍ＆Ａの関係事業者の責任／国際取引の関係事業者の責任／食品業者の責任／フランチャイズ事業者の責任／研究開発事業者の責任／販売業者の責任／旅行業者の責任／放送事業者の責任／国・地方自治体の責任／弁護士の責任／司法書士の責任／行政書士の責任／税理士の責任／建築士の責任／不動産鑑定士の責任／医師の責任／獣医師の責任／カウンセラーの責任

第2章 加害行為に基づく損害額の認定・算定
善管注意義務・忠実義務／安全配慮義務／債務不履行責任／不法行為責任／その他の義務・責任

第3章 権利侵害に基づく損害額の認定・算定
法律行為による侵害／競争法上の侵害／生活権侵害／情報侵害／迷惑行為／その他の権利侵害

第4章 株価の下落をめぐる損害額の認定・算定
1　株価の下落と広範な影響
2　株価の下落と株主の権利・利益の侵害
3　株主の権利・利益をめぐる裁判例
4　今後の課題と展望

発行　民事法研究会

〒150-0013 東京都渋谷区恵比寿 3-7-16
（営業）TEL.03-5798-7257　FAX.03-5798-7258
http://www.minjiho.com/　info@minjiho.com